전도서는 양극단의 평가가 난무할 만큼 구약성경에서 가장 난해한 책 중 하나다. 이런 전도서를 훈련된 상상력과 면밀한 관찰력으로 해부하여, 그 중심 메시지를 흑백의 논리가 아닌 총천연색의 어휘로 전달하는 이 책에 경의를 표한다.

전도서 해석의 가장 큰 걸림돌은 우리말 개역개정 성경이 "헛되다"라고 번역한 히브리어 "헤벨"의 의미와 기능에 관련된다. 이에 관해 이 책은 전도서가 헤벨을 강조하는 목적이 허무주의나 염세주의를 말하기 위함이 아님을 분명히 밝히고, 오히려 진정한 지혜의 회복을 말하기 위한 수사적 전략의 결과임을 역설한다. 이 책이 말하는 대로 전도서는 자연 질서에 순응하는 지혜의 삶에서 이탈하여 인과응보라는 기계적 보상 원리를 통해 욕심을 채우려는 인간의 죄성에 제동을 거는 동시에, 소소한 일상적 노동 안에서 하나님이 주시는 선물로서의 기쁨을 누리며 하나님을 두려워하라고 강조한다. 그리고 그것이야말로 풍성한 삶으로 가는 지혜의 시작점이다. 그동안 난해하게 여겨졌던 전도서를 구약의 변방에서 중심부로 견인하는 이 책은 목회자와 신학생뿐만 아니라 평신도들에게 크게 유익할 것이 분명하기에, 기쁘게 추천하며 일독을 권한다.

_김창대 | 안양대학교 구약학 교수

일상! 먹고 마시고 눕고 자고 땀 흘리고 일하고 춤추고 웃고 울고 때론 고뇌하고 분노하는 곳이 일상의 영역이리라. 일상에서 하나님의 은혜를 체험하려면 전도서를 공부하라. 모순, 부조리, 덧없음, 무상, 죽음이 일상화된 곳에 사는 사람들에게 삶의 길을 가르쳐주는 지혜서. 구약 지혜문학의 변방에서 들려오는 목소리. 황혼 녘처럼 모호하기 그지없는 시간과 공간 속으로 들려오는 지혜자의 음성. 해 아래서 반복되는 무료한 삶의 저변에 흐르는 주제 음조. 정체불명인 코헬렛의 음성이 경쾌하게, 중후하게, 분명하게, 모호하게 들려온다. 베다니 마을의 마리아처럼 저자는 코헬렛의 발치에 앉아 현자의 음성을 하나도 빼놓지 않고 듣는다. 그리고 가장 정확하고 부드럽게 그 음색을 되뇌어본다.

미국의 저명한 여성 구약학자 엘렌 데이비스(Ellen F. Davis)를 연상케 하는 격조 있는 학풍에 부드러움과 힘을 느끼게 하는 글쓰기가 더해져 이 책의 완성도는 정점을 찍는다. 이 책은 흐트러짐이 없는 논리와 격이 있는 문장과 깊이 있는 성찰로 코헬렛의 생기를 완벽하게 이끌어낸다. 전도서의 뼈대와 근육과 모세혈관과 피부를 이처럼 생생하게 재현할 수 있음에 놀랐다. 모든 논점에 다 동의하지 않는다 하더라도 이 책은 경제적 글쓰기, 가독성 높은 문장들, 곱씹어 삼켜야 할 깊은 맛의 육질, 향기로운 과즙… 어디에 내놓아도 자랑스러운 작품이다. 한국에 이만한 전도서 연구는 없었다! 참 지혜를 배우고 싶은 목회자, 설교자, 신학도, 일반 신자 모두에게 적극적으로 추천한다.

_류호준 | 백석대학교 신학대학원 구약학 은퇴 교수

전도서는 잘못 읽으면 회의주의자의 푸념으로 오해하기 쉬운 책이다. 전도서의 저자인 코헬렛은 이스라엘의 전통적인 지혜와 새롭게 밀려드는 정신적 사조의 틈 사이에서, 옛 지혜와 새 지혜라는 두 진영과 비판적으로 대화하면서 제3의 지혜론을 모색하는 야웨 신앙에 입각한 철학자같이 보인다. 따라서 전도서는 일종의 논문집에 해당한다. 지혜에 대한 제3의 길을 개척하는 코헬렛의 논증은 오늘의 독자에게 쉽게 넘을 수 없는 장벽처럼 보이기도 한다. 특히 전도서 여기저기에서 발견되는 모호성은 가장 큰 걸림돌이다. 하지만 이 책은 전도서의 모호성을 코헬렛의 수사학적 전략으로 판단하고, 그 의미를 잔잔하게 풀어내며 오늘의 독자를 설득해나간다.

"코헬렛은 독자들이 가장 사소한 것들의 소중함과 그것이 선사하는 즐거움, 그리고 그 안에 숨으신 하나님의 은밀한 질서를 발견하면서 차곡차곡 쌓이는 기쁨을 누리기를 기대한다"는 저자의 전도서 해석은, 이 책을 통해 오늘의 독자에게 바라는 저자 자신의 마음으로도 읽힌다. 이 책은 세상 및 삶의 보편성과 예외성을 포괄하면서 그 의미를 새롭게 해석해가는 코헬렛을 우리 일상의 무대 위로 초대한다. 독자들은 "전도서가 현실에 뿌리를 내린 경건을 위한 가르침"이라는 저자의 주장에 쉽게 설득될 것이다. 전도서 전문가의 농익은 연구가 바탕이 되어 대중을 향하여 손짓하는 흥미 있는 책이 우리의 손에 선물과 같이 다가온다.

_차준희 | 한세대학교 구약학 교수

일상의 신학, 전도서

일상의
신학,
전도서

지금, 여기, 행복한 일상을 위한
코헬렛의 지혜 탐구

김순영 지음

새물결플러스

오랫동안 구약 학자로서
한길 걸어오신 나의 선생님,
류호준 박사님께 이 책을 헌정합니다.

감사의 글

책을 펴내는 일은 저자의 수고 외에도 많은 이의 도움이 없이는 불가능하다. 우선 나보다 앞서 전도서 연구의 길을 터놓은 수많은 연구자에게 감사한다. 나에게 미지의 영토를 열어준 그들의 치밀한 학문적 성과들은 내가 겨우 이어온 글쓰기 노동의 훌륭한 밑거름이 되어주었다.

무엇보다 전도서에 관한 글쓰기를 시작할 수 있었던 실제적인 동력은 전도서 강의에서 나왔다. 안양대학교 신학대학원장 김창대 교수님은 석박사 과정에 전도서 수업을 개설하여 전도서 전체를 꼼꼼하게 읽고 질문하며 토론할 수 있는 계기를 마련해주었다. 또한 새물결아카데미에서 개설해준 전도서 강좌는 시시각각 결단과 행동을 요구하는 현실을 바탕으로 신학과 현실의 밀착을 좀 더 깊이 숙고해보는 기회가 되었다.

미완의 책을 읽고 추천사를 써주신, 나의 신앙과 신학의 스승이신 류호준 교수님, 연구자로서의 동등한 동료 의식과 따뜻함을 보여주신 김창대 교수님, 한세대학교의 차준희 교수님께 감사를 드린다. 또한 늘 같은 자리에서 같은 마음으로 글쓰기의 든든한 후원자가 되어주는 남편 진성과 아들 지훈에게도 큰 고마움과 사랑을 전한다. 마지막으로 나의 글이 책의 형태를 갖추기까지 수고해주신 분들께 감사의 인사를 남긴다. 이 책의 출판을 결정해준 새물결플러스 김요한 대표님과 편집 및 디자인으로 수고해준 직원들께 고마움을 표한다.

이 모든 수고의 결합과 제작 과정을 거쳐 하나의 결정체가 만들어졌지만, 혹시 책에서 부족한 것들이 발견된다면 그것은 모두 저자인 나의 착오다. 신실한 독자들을 통해 각양각색의 착오가 발견된다면 그 역시 감사한 일이다. 그 미완성을 기반으로 나는 새로운 초점과 깊이를 배우게 될 것이다.

마음의 잔물결 일으키는 푸른 오월을 주신
나의 주 하나님께 감사드리며

김순영

차례

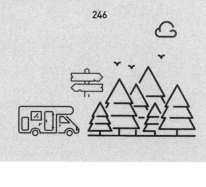

형통한 날에는 기뻐하고
곤고한 날에는 되돌아보아라.
이 두 가지를 하나님이 병행하게 하사
사람이 그의 장래 일을
능히 헤아려 알지 못하게 하셨느니라.
_전도서 7:14(개역개정)

일상을 위한 신학, 전도서

전도서의 화자인 전도자는 "많은 책을 짓는 것은 끝이 없고, 많이 공부하는 것은 몸을 피곤하게 한다"라는 말을 남겼다(전 12:12). 그의 말은 설득력이 있다. 왜냐하면 "전도자"(קֹהֶלֶת[코헬렛])는 지식을 가르치고 연구할 뿐 아니라 여러 자료를 수집하고 정리해 잠언들을 많이 만들어낸 고대 이스라엘의 지혜 선생이기 때문이다(전 12:9). 계속되는 공부의 과정은 실제로 몸을 고단하게 하고 때때로 성격까지 예민해지게 한다. 그런데도 많은 사람이 전도자의 뒤를 따라 끝없이 공부에 매진한다. 사람들은 왜 공부를 할까?

공부의 이유는 다양하다. 적어도 나에게 공부의 이유는 나의 얄팍한 지식 체계를 깨뜨리기 위함이다. 아는 것에 안주하는 순간 상상력은 사라져 버릴 것이다. 또한 나는 무지나 오해 속에서 불행한 모든 일에 하나님의 뜻이라는 꼬리표를 붙이고 싶지 않다. 오히려 나는 공부를 통해 세상의 온갖 일에서 하나님의 임재와 뜻을 어떻게 분별할 수 있는

가를 질문하며 그 답을 찾고 싶다.

그 어떤 책보다 구약의 전도서는 현실 세계에 질문하는 힘을 키우도록, 그리고 영적인 낭만주의나 경건에 관한 감상주의로 기울지 않도록 나에게 큰 도움을 주었다. 그러나 구약의 지혜서들(욥기, 잠언, 전도서, 아가)은, 그중에서도 특히 전도서는 한국교회에서 별다른 관심을 받지 못한다. 전도서가 교회 강단에서 자주 다뤄지지 않는 이유는 한마디로 낯설고 이해하기 어려워서다.

전도서는 열두 장으로 분량이 적다. 하지만 그 안에는 허무와 모순, 부조리가 넘쳐나는 세상과 인간의 삶에 관한 가볍지 않은 시선과 관점이 빼곡하게 들어 있다. 복잡한 세상살이와 인간 관계 안에서 당신의 백성이 좀 더 기쁘게 살기를 바라시는 하나님, 그분의 뜻을 찾아가는 책이 전도서다. 그래서 전도서는 원대한 비전을 품고 더 큰 일을 하라고 우리를 채근하시는 하나님이 아니라, 하루하루 먹고 마시며 노동하고 즐거워하는 지극히 일상적인 삶을 긍정하시는 하나님을 만나는 책이다.

나는 "세속의 삶에서 경건한 일상을 위한 철학"이라는 별명을 전도서에 붙여주고 싶다. "철학"(philosophy)이라는 말의 어원적 의미는 "지혜에 대한 사랑"이다. 또한 철학은 모름지기 인간과 세상에 관한 통찰을 얻기 위한 탐구의 과정이 아닌가? 전도서가 그렇다. 전도자의 지혜는 삶의 참된 의미를 추구하면서 가정, 시장, 광장으로 확대되는 예배의 삶을 다룬다. 이 때문에 전도서는 일상을 위한 신학을 담아낸다.

조직신학자 다이어네스(William A. Dyrness)의 말처럼 "지혜는 교회

밖의 종교다."[1] 또한 모든 인류는 하나님의 형상을 가진 존재다. 따라서 전도자는 보편적이고 인류학적인 성찰들을 통해 하나의 신학을 제기한 셈이다. 그것은 삶의 갖가지 노동과 소소한 일상의 가치를 변호하는 신학이다.

이 책은 전도서 연구로 박사학위를 받았으니 한국교회를 위해 해설서를 내놓아야 하지 않을까 하는, 나 스스로에게 부과하는 의무감에서 시작되었다. 그렇다면 학문적 성과에 부응하는 학술적인 글이어야할까, 아니면 좀 더 친근하게 독자 곁으로 다가갈 수 있는 글이어야 할까? 고민이 되었다. 어느 쪽을 선택하든 지식을 생산하고 보급해 누구에겐가 영향을 끼친다는 것은 결코 만만한 일이 아니기 때문이다. 전자는 치밀성과 섬세한 비평적 기술이 뒷받침되어야 하고, 후자는 뛰어난 표현력과 문장력으로 독자의 마음을 움직여야 한다. 어느 것 하나 쉬운일이 아니다. 나는 그 중간쯤을 선택했고 글을 쓰면서 "나의 언어의 한계는 나의 세계의 한계"라는 비트겐슈타인(Ludwig Wittgenstein)의 말이 머리와 심장에서 떠나지 않아 여러 번 숨 고르기를 해야 했다.

이 책이 독자들의 가슴을 뚫고 들어가 도장처럼 분명한 흔적을 남기지 못하더라도 긴 여운으로 잔잔한 파문을 일으키길 바라는 것은 욕심일까? 우리가 살아가는 시대는 더 높음과 더 많음을 욕망하는 시대다. 외적으로는 풍요롭지만 극도의 빈부 격차와 불평등 때문에 일부 특권층을 제외한 많은 사람이 불안 속에서 살아가고 있다. 그 와중에 삶의 부조리와 허무, 덧없음을 논하면서 가장 소소한 일상의 기쁨이 가치

---

1   윌리암 다이어네스, 『주제별로 본 구약신학』, 김지찬 옮김(생명의말씀사, 2013), 222.

있다고 선언하는 전도서의 부름이 신앙을 가진 독자들의 마음을 어떻게 두드릴지 궁금하다.

많은 이들이 학식 높고 의식 있는 저술에서는 비판적인 시각이 드러나야 한다고 생각한다. 하지만 이 책은 비판적이거나 비평적인 토론을 목적으로 하지 않는다. 이 책은 단지 고대의 지혜 선생 코헬렛의 가르침을 따라가며 그 지혜의 숲속에서 찬찬히 나 자신과 세상을 읽어가는 성찰의 시간으로 안내하는 역할을 한다. 독자들이 이 책을 통해 전도서가 드러내 주는 역설과 모순의 현실을 수용할 수 있기를 바란다. 또 독자들이 흑과 백만이 아니라 총천연색으로 이루어진 현실이 우리 앞에 있음을 자각해 일상의 작은 변화를 꿈꾸게 되면 좋겠다. 그 작은 변화가 세상을 좀 더 따뜻하게 만들 수 있기를, 풍요와 높아짐을 향한 경쟁을 뒤로하고 작고 낮은 것을 가치 있게 가꾸며 좀 더 살 만한 세상을 만들어가는 발걸음을 이끌 수 있기를 바라며 이야기를 시작한다.

◆ 일러두기

책에 언급된 성경 구절은 개역개정 성경과 새번역 성경을 주로 참고했으며, 별도의 표시가
없는 것은 지은이의 번역이다.

전도서를 읽기 전에

1. 구약의 지혜문학, 전도서는 어떤 책인가?

전도서는 "땅 위에" 살아가는 사람들과 세상의 여러 문제에 관한 담론을 담고 있다. 일상의 문제들은 다양하게 변화하며 복잡하게 얽히는데, 전도서는 그런 문제에 질문을 던지고 성찰하며 반성하도록 돕는다. 전도서의 저자는 고대의 지혜 선생 "코헬렛"(전도자[개역개정])이다. 그는 삶의 문제들을 관찰하되 일목요연한 정답을 제시하는 것이 아니라 처음 생각이나 결단을 고집하지 않고 수정에 수정을 거듭하는 철학자의 기질을 가졌다. 그 결과 전도서에는 하나님 경외를 바탕에 두고 "해 아래"서 벌어지는 현실의 문제들을 꼼꼼하고 집요하게 따져 묻는 현실주의자의 사색이 담기게 되었다.

기독교 전통에 따라 잠언, 욥기, 전도서는 "지혜서"라고 불린다. 이 세 권의 지혜서를 지혜의 3중주로 읽는 것이 전통적인 분류인데 간혹 여기에 아가를 덧붙이기도 한다. 왜 아가까지 한데 묶일까? 성경에 따르면 태초에 인류가 처음 시작될 때, 에덴의 정원지기 아담은 여자를 위해 사랑의 노래를 불렀다. 그 여자는 남자와 동등한 존재이면서도 돕는 배필로 지어주신 짝이었다. 그 후로 지금까지 사랑은 삶과 문학과 예술의 중요한 주제였다. 고대 이스라엘의 역사 속에서 남녀의 사랑을 은유적인 언어와 색채로 아름답게 묘사한 대표적인 시가 바로 "아가"다.

그런데 성경에서 아름다운 사랑의 노래와 지혜에 관한 글들은 독특한 문학 형태를 띤다. 이 문학 형태를 한데 묶기 위해 "지혜문학"이라는 이름이 생겨났다. 이는 해당 장르의 독특성 때문에 생겨난 현대적 협약의 결과였다. "지혜문학"이라는 개념과 관련하여 일부 독자는 거룩한 권위를 가진 정경을 "문학"이라고 표현하는 것이 귀에 거슬리거나 불편할 수 있다. 그러나 이는 성경 본문의 문학적인 양식과 장르를 파악하여 그것에 맞게 읽는 방법을 찾아보려는 데 주된 목적이 있다. 지혜문학이라는 개념이 각 책이 가진 정경으로서의 권위를 훼손시키는 것은 아니라는 뜻이다.

성경은 신앙인을 위한 "거룩한 문학"이라 할 수 있다. 거룩한 문학으로서 구약 지혜문학의 특징은 무엇일까? 우선 "지혜", "지혜로운"이라는 말이 단연 많이 등장한다. **지혜**는 보편적인 개념이기 때문에 삶의 모든 영역을 아우를 수 있다. 하지만 특별히 성경적 지혜는 우주적 질서 안에서 인생의 방향을 결정하는 기술이며, 어떻게 살아야 사람답게 살 수 있는가를 아는 지식과 관련된다.

구약의 지혜 문헌에서 지혜를 뜻하는 히브리어 "호크마"(חָכְמָה)는 지식, 이해, 방향, 질서, 정의, 인간 행위에 대한 도덕적이며 기술적인 유형들의 개념과 결합해 나타난다. 그래서 타고난 재능을 가진 자들이나 금속 세공 등에 숙련된 자들도 "지혜로운 자"라고 불렸다(출 36:1-

2). 이와 같은 지혜 개념의 현실적인 성격은 실용주의를 낳았고 고대인들에게 지혜는 건강, 부, 명성, 장수 등을 가져오는 수단으로 여겨지기도 했다.[1]

그런데 구약신학 연구에 큰 발자국을 남긴 폰 라트(G. von Rad)는 **"지혜는 사물의 근저에 하나님의 질서, 즉 조용하고 거의 느낄 수 없지만 균형을 이루게 하는 질서가 있음을 아는 것"**이라고 했다.[2] 즉 구약의 지혜는 자연과 경쟁하며 정복하거나 구별하거나 초월하려는 자세가 아니다. 지혜는 자연계의 질서에 맞추어 살아가는 삶의 원리로서 현실에 관한 어떤 특정한 태도, 곧 세계관을 반영한다.

전도서의 지혜는 하나님이 수립하신 **창조 질서를 견지하는 것에서 시작**된다. 구약성경에서 전도서를 뺀 나머지 책들은 하나님을 가리킬 때 언약 백성 이스라엘에게 알려주신 거룩한 이름인, "야웨"(여호와[개역개정]; 주님[새번역])를 많이 사용한다. 하지만 전도서는 하나님의 인격적·언약적 이름인 "야웨"를 단 한 번도 부르지 않는다. 창조자 하나님을 강조하는 일반적 명칭인 "하나님"(אֱלֹהִים[엘로힘])만 호명될 뿐이다. 이는 창조세계를 묘사하는 장엄한 하나님의 목소리가 들려오는 욥기 38-41장과 비슷하다. 그만큼 전도서는 구원의 역사보다는 하나님의 창조 질서에 맞추어 사는 삶, 곧 자연의 순리에 따라 질서정연함 속에서 일상을 책임 있게 구현하는 보편적 가치에 관심을 둔다. 설령 모

---

1   제임스 크렌쇼, 『구약 지혜문학의 이해』, 강성렬 옮김(서울: 한국장로교출판사, 1993), 19-34. Crenshaw는 지혜의 보편성에 착안하여 고대 이스라엘의 지혜 개념뿐만 아니라 고대 이집트와 메소포타미아의 지혜 문헌까지 연구하면서 포괄적인 이해를 시도했다.

2   게르하르트 폰라트, 『구약성서신학 III: 이스라엘의 지혜 신학』(칠곡, 1980).

순이 발견된다고 해도 전도서의 저자 "코헬렛"(전 1:1, 전도자[개역개정, 새번역])은 그것을 질서의 결함으로 생각하지 않는다.

구약의 지혜는 무엇보다 인간의 마음과 줄곧 맞닿아 있다. 고대 이스라엘 사람들에게 마음은 지혜가 거처하는 자리다. 그래서 지혜자는 마음을 가진 사람이다. 잠언도 어리석은 사람을 마음이 없는 사람으로 취급한다(잠 7:1).[3] "지혜 없는 자"(개역개정)로 번역된 말의 본래 뜻은 "마음이 결핍된 자"다. 곧 "지각이 부족한"(lacking sense[NAS]) 사람, "분별력 없는"(no sense[NIV]) 사람이 지혜 없는 자다.

"마음"을 뜻하는 히브리어 "레브"(לֵב)는 "심장"을 가리킨다. 즉 "심장"과 "마음"이 같은 말이다. 이 때문일까? 잠언은 마음을 잃거나 마음이 부족하면 끝내 생명까지 잃게 된다고 말한다(잠 7:26-27). 이것이 바로 고대 히브리인들의 지혜에 관한 관점이며, 거기에는 의지와 양심까지 결합하기 때문에 지혜자의 삶은 하나님이 마련하신 자연 질서에 어긋나지 않으며 도덕적인 책임을 방기하지 않는 자세로 채워져야 한다.

또 지혜로운 사람은 자신이 창조의 일부분이라는 인식과 함께 인간의 한계성을 깨달아 거만하게 행하지 않는다. 그의 마음은 그런 태도를 기반으로 성장한다. 즉 지혜가 성장한다. "사람"(אָדָם[아담])은 "흙"(אֲדָמָה[아다마])에서 기원하기 때문에 땅을 삶의 터전으로 삼고 살아가는 존재이며, 수고로운 노동과 고통과 혼란에 직면하며 살다가 다

---

3   지혜자는 "낯선 여자" 또는 "금지된 여자"(אִשָּׁה זָרָה[이샤 자라]; 음녀[개역개정])에게 유혹받는 젊은 남자를 "지혜 없는 자"(잠 7:7[개역개정])라고 비웃는다.

시 흙으로 돌아가는 운명을 짊어진다(창 3:19). 사람은 영광스러운 하나님의 형상대로 지음을 받았지만(창 1:27), 동시에 흙으로 지어진 존재여서 한계에 결박되어 살아갈 수밖에 없다. 사람은 필연적으로 나고 자라서 늙어가는 쇠퇴의 과정을 겪으며 죽음을 향해 간다. 그 과정에서 사람은 온갖 위협 앞에 던져지기도 하고 깊은 상처를 입기도 한다. 사람은 질병, 타인의 비방, 내적인 두려움, 전쟁의 공포에 이르기까지 다양한 어려움에 노출된 채 살아간다. 그렇게 인류는 삶을 엄습하는 갖가지 고통과 함께 존재해왔다.

　　고대 이스라엘의 지혜자 코헬렛은 해 아래서 일어나는 갖가지 문제를 회피하지 않고 직시한다. 그는 삶의 다양한 문제를 지적하며 해결을 위한 열쇠들을 건넨다. 하지만 그는 정답을 알려주기보다 여러 갈래의 해답들을 깊이 생각해보도록 밀어붙이곤 한다. 지혜자는 삶의 복잡하고 다양한 문제들의 틈바구니에서 문제의 본질을 규명하며 **어떻게 살 것인가를 질문하고 답하는 과정을 통해 성찰을 촉구한다.** 한마디로 지혜문학으로서 전도서는 **삶의 "기예", 곧 삶의 기술을 터득하고 예술적인 심성을 갖추어 철학적으로 반성하도록 촉구하는 가르침이다.**

　　구약의 오경, 역사서, 예언서와는 달리 지혜문학으로서의 전도서는 하나님의 구속사적인 성취들을 드러내지 않은 채 삶의 진리들을 품는다. 하나님이 어떤 사람을 구원의 도구와 협력자로 지명하고 부르셔서 이룩하는 혁혁한 공로들은 전도서가 관심을 두는 대상이 아니다. 오히려 지혜자의 가르침은 신앙의 독자들이 발견해야 하는 지혜의 보물들로서 신중하게 선택된 문장과 문장 사이에 숨겨져 있다. 우주의 질서와 삶의 심원한 진리를 터득한 자들이 기록한 지혜의 가르침 속에서 보물과 같은 지혜는 찾는 자의 몫이 된다. 지혜자 코헬렛은 때로는 심장을 흔드는 듯한 통찰력 있는 진술과 독백으로, 때로는 해학과 역설이 어우러진 문장으로 우리에게 말을 건넨다. 어쩌면 이런 수수께끼 같은 지혜의 성격 때문에 오늘날 교회 강단이 의식적이든 무의식적이든 전도서를 회피하는 것인지도 모른다. 그러면 남다른 마음과 눈으로 세상과 인간사를 깊이 관찰한 코헬렛이 설파하는 주된 내용은 무엇일까?

(1) 묻고 답하는 일상의 구원과 성찰

구약의 오경과 역사서가 하나님이 주도하시는 거대한 구원의 역사를 이야기한다면, 역사서에 뒤이어 등장하는 지혜서는 일상에 파고드는 하나님의 주권과 수수께끼 같은 삶의 본질에 관해 말한다. 어떤 사람들은 구원의 문제를 직접 언급하지 않는다는 이유로 전도서가 신앙적이지 않다고 본다. 이 역시 전도서가 교회에서 오경이나 역사서, 예언서만큼 주목받지 못하고 소외되는 또 다른 이유일 테다. 그러나 놓치지 말아야 할 것이 하나 있다. 구원의 문제를 직접 말하지는 않지만 전도서가 구원받은 하나님의 백성이 어떻게 살아갈 것인지를 묻고 답한다는 사실이다. 이처럼 지혜가 건네는 성찰과 반성으로의 초청은 일상의 구원 문제와 연관된다.

전도서의 지혜 가르침은 현실의 문제 앞에서 시선과 마음을 집중하여 질문하며 깊이 탐구하고 성찰함으로써 삶의 변화와 성숙을 도모하도록 유도한다. 무엇보다 질문은 앎의 폭을 넓혀준다. 전도서의 저자 코헬렛은 현실 이해를 바탕으로 하는 잠언의 주류 지혜 교훈인 전통 지혜를 말하는 측면이 있다. 하지만 그는 거기서 멈추지 않는다. 코헬렛은 부조리한 현실을 경험하면서 무지를 자각하고 질문을 이어간다. 그리고 전통을 무조건 수용하는 것이 아니라 비판적인 접근을 통해 삶의 변화를 꿈꾼다. 따라서 겉보기에는 전도서가 하나님의 구원을 말하지 않는 것처럼 보여도 그 안에는 현실에 대한 정확한 판단과 일상의 구원, 현실에 뿌리박힌 참된 영성이 고동친다.

(2) 일상의 변화를 꿈꾸는 지혜, 가장 사소한 것의 가치

코헬렛은 고대 이스라엘의 지혜 선생으로서 냉철한 눈과 신앙을 가진 현실주의자다(전 1:1; 12:9-10). 그는 누구든 공유할 수 있는 평범한 일상을 유심히 관찰하고 거기서 퍼 올린 다양한 담론들을 한데 모았다. 거기에는 아름다움으로, 때로는 모호함과 고통으로, 또 내적인 투쟁과 고단함으로 얼룩진 인생을 성찰한 가르침이 담겨 있다. 그 가르침은 고된 현실에 뿌리를 두고 있으며 아름답지만 모호하고 수수께끼 같다. 그래서 전도서의 신학은 이른바 사람 냄새 나는 "인간 됨의 신학"이요, "아래로부터의 신학"이요, "땅의 신학"이다.

　코헬렛에게 지혜의 출발점은 무엇일까? 그것은 "해 아래" 곧 땅 위의 가장 사소한 일에서 하나님을 인식하고 경험하는 것이다. 그는 먹고 마시고 노동하며 즐거워하는 것에서 삶의 행복을 추구하라고 촉구한다. 그는 부조리하고 치열하고 냉혹한 현실 속에서, 때로는 모호하고 수수께끼 같은 삶 속에서 먹고 마시고 노동하는 인간의 근원적인 행위를 가장 가치 있게 여기라고 당부한다.

코헬렛의 말은 현실적이고 냉철하면서도 독특하고 모호하여 독자를 당황스럽게 만들곤 한다. 예컨대 그는 부정과 긍정의 양립, 곧 밝음과 어둠이 현실의 씨줄과 날줄처럼 얽혀 공존한다는 사실을 말하기에 주저함이 없다. 어떤 삶의 경험이든지—긍정적이든 부정적이든—양극을 아우르는 코헬렛의 모호한 말하기 방식은 성급하고 억지스러운 판단을 유보하게 하며 독자의 인내심을 담금질한다. 이런 특성은 인간의 삶에 미지의 덩어리들이 존재한다는 사실을 인식한 데서 비롯한다.

그리하여 코헬렛은 어떤 것이든 잠재성이 존재한다고 보고 열린 사고를 추구하는 철학자처럼 삶의 모호성을 적극적으로 수용한다. 그의 이런 태도는 불시에 어떻게 닥칠지 모르는 수많은 사건이 인생 앞에 놓여 있고, 인간의 지성과 힘으로는 도무지 알 수 없는 하나님의 일이 있다는 사실을 인식한 데 뿌리를 둔다. 이런 태도를 가지려면 인류가 그동안 쌓아 올린 인간 중심적 사고를 폐기해야 한다. 결국 코헬렛의 가르침은 오로지 인간을 중심에 두는 사고와 문화를 구축해온 인류에게 던지는 도전이며 일상의 변화를 촉구하는 부름이다.

(3) 정직하게 "아니요", "글쎄요"를 말하는 지혜

코헬렛도 "하나님 경외"를 지혜의 중심 가치로 여긴다. 하지만 코헬렛의 목소리는 주류라 할 수 있는 잠언의 관점과 논쟁하는 것처럼 들리곤 한다. 그는 지혜의 한계를 거침없이 논박하면서 삶과 죽음의 문제를 객관적으로 관찰하며 대면한다. 그는 생명과 안전을 약속하는 지혜의 한계를 말하기 위해 죽음의 문제를 들이대며 독자를 당혹스럽게 만들기 일쑤다. 여기서 현실 세계를 인식하고 인간과 삶을 이야기하는 방식이 여타 지혜자들과 사뭇 다른 코헬렛의 독특함과 매력을 드러낸다.

그러나 그의 독특한 말하기 방식과 모호한 어휘 사용 때문에 편편이 진행되어온 다양한 해석은 역사 속에서 전도서의 정경성에 대한 의구심까지 불러일으켰다. 지금까지도 전도서는 여러 해석자의 시험대 위에 놓인다. 그러나 다시 말하지만 이는 코헬렛만의 말하기 방식 및 어휘와 문체에 관한 오해에서 비롯한다. 코헬렛은 주류 세계를 향해 "글쎄, 정말 그럴까?" 하며 질문하고 좀 더 솔직해지라고 사람들의 마음을 떠민다. 진실과 진리에 대해 질문하며 온 맘으로 성찰하는 그의 말은 때로 옷깃을 여미고 일상을 돌아보게 하는 힘을 가진다. 활짝 열린 생각으로 자유자재의 논리를 펼치는 그는 획일적인 진리 담론에서 벗어나 긴장과 갈림의 자유를 배우게 하는 지식인이다. 더군다나 그의 말은 실타래 풀리듯 한결같은 순서에 따라 이어지는 것이 아니다. 그 결과 우리는 좀 더 천천히, 서두르지 말고 전도서의 숲을 거닐어야 그동안 놓쳐온 것들을 새로이 발견하는 기쁨을 누릴 수 있을 것이다.

(4) 덧없는 삶을 위한 "기쁨의 복음", "기쁨의 신학"

전도서는 다른 지혜서보다 유별나고 야심 차다. 전도서와 이웃하는 잠언은 젊은이들에게 올바른 길을 선택하는 것이 지혜임을 가르치며 정의와 공평을 꽃피우는 것을 목표로 한다(잠 1:2-6). 또한 욥기는 고통의 한복판에서 헤아리기 어려운 하나님의 침묵을 견디며 하나님과의 관계 회복을 희망하는 모습을 보여준다. 반면 전도서는 잠언이나 욥기처럼 책의 목적을 직접 밝히거나 뚜렷한 지향점을 보여주지 않는다. 다만 전도서의 화자는 먹고, 마시고, 노동하며 즐겁게 사는 것보다 좋은 것은 없다고 단언한다. 그와 동시에 독자들이 갖가지 불편한 삶의 문제들에 한발 다가서도록 초청한다.

전도서는 모든 것이 헛되거나 허무하고 부조리하거나 덧없기에 인간의 모든 지혜와 노력은 절망의 상태에 놓였다고 솔직하게 까발린다. 바꾸어 말하면 코헬렛의 본심은 인간의 지혜가 삶에 복지를 가져다줄 것이라는 확신을 꺾는 것에 목적을 둔 셈이다. 그래서 코헬렛은 모든 것이 "헤벨"(הֶבֶל)이라고 말하며 삶의 절망적인 상황을 묘사하면서도(전 1:2, 14; 2:1, 11, 15, 17, 21, 23, 26; 4:7, 8, 16, 5:7; 6:9, 12; 8:14; 9:9; 12:8) 절망에 빠져들지 않는다. 허세 가득한 말도 그에게는 어울리지 않는다. 그는 절망을 말한 자리에서 다시 지혜를 칭송한다. 그러다가 또다시 인간의 지혜에 대한 회의와 한계를 망각하지 않도록 인간의 헤아림 너머에서 활동하시는 하나님의 신비를 말한다. 이런 역동적인 진술의 흐름은 아마도 하나님은 어떤 존재다, 인간은 어떤 존재다 하는 "개념의 감옥"에 갇히지 않기를 바라는 코헬렛의 의도가 반영된 결과일 것이다.

이처럼 전도서의 지혜 가르침에는 반전이 있다. 헛됨과 허무, 부조리하고 덧없는 현실의 묘사를 가로질러 삶을 즐거워하라는 초청이 거듭된다(전 2:24; 3:12-13; 3:22; 5:17-18; 8:15; 9:7-9: 11:7-10). 역설적이다. 허무와 부조리, 헛됨과 덧없음은 오르간의 저음부처럼 현실의 곳곳으로 흘러간다. 그러나 해 아래 발생하는 삶의 온갖 부조리와 덧없음을 쓸어 담는 히브리어 "헤벨"을 거침없이 반복하면서도 기뻐하라고 요구하는 이상한 부름은 우리에게 익숙한 모든 관념적 한계를 무너뜨린다. 코헬렛은 먹고 마시며 노동을 즐거워하는 삶이 하나님의 선물이며 은총이라는 한마디 가르침으로(전 3:12-14) 인류가 구축하는 갖가지 업적들과 성과들을 해체하면서도 단순하고 소박한 삶의 기쁨과 가치를 확정한다.

(5) 현실주의자의 요청, 하나님을 두려워하라

지금까지의 오랜 해석의 역사 속에서 전도서는 "헤벨"을 반복하는 허무주의자 또는 회의주의자의 책이라는 빈축을 샀다. 반대로 전도서에서 강조되는 즐거운 삶으로의 부름과 권고는 그리스 문화에 영향을 받은 쾌락주의자의 관점이라는 오명을 불러왔다. 그러나 코헬렛은 서로 어울릴 수 없는 듯한 삶의 양극적인 양상들을 나란히 세우는 방식을 택했을 뿐이다. 그는 비관주의자나 낙관주의자가 아닌 현실주의자다. 그래서 그의 말에는 양극적인 삶의 양태들이 뒤섞인 현실, 곧 삶과 죽음, 슬픔과 기쁨, 사랑과 증오, "헤벨"과 기쁨이 병행하는 현실이 묘사된다. 현실주의자로서 그의 사색은 오롯하다. 일상적인 삶의 모순과 의외성과 애매함을 받아들이는 정신은 코헬렛만의 독특함이다. 실제로 삶이란 이것인가 하면 저것이고, 저것인가 하면 이것이어서 서로 이어지고 얽히지 않는가? 즉 코헬렛은 삶의 현실에서 일어나는 일들에 대한 합리적 판단이나 지혜가 논리성이나 기술적인 능력만으로 구성되지 않음을 말한 것이다.

코헬렛은 무슨 사태든지 극단으로 향하면 더 큰 모순에 빠지게 된다고 주의를 주며 지혜로운 판단의 근거를 제시한다. 그는 의로운데도 멸망하는 의인이 있고, 악행에도 불구하고 장수하는 악인이 있으니 지나치게 의인이 되거나 지나치게 악인이 되지 말라고 조언한다. 이것도 저것도 놓치지 않는 것이 좋기에 "하나님을 두려워하는 사람"은 극단에서 벗어난다는 것이다(전 7:15-18). 따라서 코헬렛이 말하는 "하나님 경외"의 신앙은 똑 부러지는 논리를 바탕에 두라고 강요하지 않는다. 오히려 코헬렛은 지혜 전통이 붙들고 있는 공식, 즉 의인의 길은 생명이고 악인의 길은 사망이라는 공식을 난관에 봉착하게 하는 말도 거침없이 쏟아낸다. 그는 누구나 "이다"라고 말하지만 "아니다"로 얽히는 현실을 지목한다. 그는 모든 지혜자가 말하는 일반화된 진술에서도 예고 없이 발생할 수 있는 사태로 인한 불안과 불확실성을 밀쳐낼 수 없는 현실의 한계를 생각한다. 그러니 "하나님을 두려워하라"는 조언은 내일의 불확실성이라는 현실을 인식한 데서 생겨난 자발적인 믿음의 선언이며 인간 중심적인 사고를 격파하는 조언임이 분명하다.

전도서를 마무리하며 코헬렛은 편집자적인 가필 형식을 빌려 자신의 지혜 교훈의 바탕이 무엇인가를 밝힌다(전 12:9-12). 그리고 삶의 은밀한 모든 것까지 판단하시는 하나님에 관해 말하며 그분을 두려워하라고 권면한다(전 12:13-14). 이는 그의 신앙고백인 동시에 그동안 자유롭게 발설했던 모든 말을 갈무리하는 해석학적인 첨언이다. 이처럼 코헬렛은 이스라엘의 지혜 선생으로서 "하나님 경외"로 요약되는(전 12:13) 이스라엘 지혜 신학의 전통을 계승하되 세상사에 관한 이해의 획일성을 피하고 양극의 사태를 아우르며 열린 사고를 지향하는 당대의 지성인이었다.

2. 모호한 제목, "전도서"[4]

우리는 성경을 대할 때 자연스럽게 제목을 먼저 보고 그 뜻을 생각한다. 제목을 보면서 저자가 누구일지, 저작 시기는 언제일지 가늠해본다. 대개 구약의 예언서와 지혜서 각 권의 제목이나 첫 절은 그 글이 기록되었을 당시의 역사적·사회적 배경을 추측할 수 있는 근거가 됨으로써 성경을 대하는 사람에게 안내자의 역할을 톡톡히 해낸다. 특히 시편의 표제어와 잠언의 표제절(잠 1:1)은 글쓴이의 기본적인 정보를 전달해준다.

그러면 전도서는 어떤가? 우리가 애용하는 한글 성경(개역개정, 새번역)의 제목인 "전도서"(傳道書)의 말뜻을 풀이하면 "도(길)를 전하는 책"이다. 전도서는 말하자면 삶의 길을 안내하고 알려주는 책이다. 물론 실제로 전도서는 갖가지 현실적인 문제들, 경험, 관찰, 사색과 성찰에 관해 말해주기에 "전도서"라는 이름이 어울리는 면이 있다.

반면 전도서의 영어 제목인 "에클레지아스테스"(Ecclesiastes)는 70인역 전통에 따라 붙여진 그리스어 제목을 음역한 것이다. 그리스어 "에클레시아스테스"(Ἐκκλησιαστής)는 원래 신약성경에서 교회를 뜻하는 "에클레시아"(ἐκκλησία)의 일원을 가리키는 말이다. 즉 에클레시아스테스는 교회 회중의 한 사람을 지칭한다.

그렇다면 히브리어 성경 제목인 "코헬렛"(קֹהֶלֶת)은 무슨 뜻일까?

---

4   모호한 전도서의 제목과 관련한 이번 단락의 내용은 나의 소논문 일부를 정리한 것이다. 김순영, "모호한 이름 코헬렛의 정체성 탐색", 「구약논단」 제70집(2018), 94-124.

히브리어 성경에서 잠언의 첫 말이 "솔로몬의 잠언"인 것처럼 전도서도 "코헬렛의 말들"(קֹהֶלֶת דִּבְרֵי)이라는 표제어로 시작한다(전 1:1). 이때 여성 분사 형태인 "코헬렛"(קֹהֶלֶת)의 어원이라 할 수 있는 히브리어 동사 "카할"(קָהַל)은 자료들을 "수집하다", 또는 사람들을 "불러 모으다", "소집하다"라는 뜻이다.[5] 전도서의 뒷부분에서는 "코헬렛"에 정관사가 덧붙기도 한다(전 12:8, הַקֹּהֶלֶת). 히브리어에서는 고유한 이름에 정관사를 붙이지 않으니 코헬렛은 고유명사가 아니라고 판단할 수 있다. 즉 코헬렛은 직능이나 직책과 관련된 일반명사라고 여겨진다. 그러나 더러 학자들 사이에서 코헬렛이 고유한 이름이라는 주장도 있어서 고유명사인지 일반명사인지 명확하게 말하기는 쉽지 않다. 다만 70인역을 염두에 두면 "코헬렛"이 그리스어 "에클레시아스테스"로 번역된 것에 근거하여 집회와의 관련성을 추측해볼 수 있다. 하지만 이마저도 정확하게 그렇다고 말하기는 곤란하다.

결국 코헬렛이라는 이름 자체가 수수께끼로서 그 의미가 모호하다. 그런데도 "코헬렛"이라는 말의 사전적 의미가 자료 수집이나 사람들을 소집하는 집회와 관련성을 가진다는 사실은 분명하다. 따라서 코헬렛이 회중 가운데서 말하는 사람이었을 것이라는 추측이 힘을 얻는다. 즉 코헬렛은 대중을 상대로 말하는 "연설자"(speaker)인 셈이다.[6] 이런 사전적 의미를 수용해서 번역에 반영한 현대어 성경들은 코헬렛을 "설교자"(Preacher) 또는 "선생"(Teacher)이라고 명명하기도 한다. 반면

---

5   *NIDOTTE*, #7735, "קהל."
6   *TWOT*, 1991c.

그 이름이 가진 모호성을 존중하면서 정확한 의미의 결정을 유보한 결과 히브리어의 음역인 "코헬렛"(TNK; 한국 가톨릭 교회 공용 성경)으로 책의 제목을 표기하는 경우도 있다.

코헬렛의 사전적 의미를 고려하고 잠언과 전도서의 표현을 있는 그대로 읽는다면 코헬렛은 지혜와 관련된 일을 전문적으로 수행한 지혜 선생이라 할 수 있다. 코헬렛은 책의 끝부분에 이르러서야 그런 사실을 분명하게 밝힌다(전 12:9-12).

> ⁹그는 백성들에게 항상 지식을 가르치고,
> 잠언들을 경청하고, 조사하고 정리했다.
> ¹⁰그는 기쁨의 말들(דִּבְרֵי־חֵפֶץ)을 찾으려고 했고,
> 진리의 말들(דִּבְרֵי אֱמֶת)을 정직하게 기록하려고 애썼다(전 12:9-10).

그러니까 코헬렛은 회중에 속한 사람이면서 동시에 사람들을 가르치고 지혜에 관한 자료들을 수집하고 새롭게 구성하여 기록하는 일을 맡은 사람이었다. 따라서 아무래도 "코헬렛"이라는 명칭은 익명성을 고집한 지혜 선생의 직능적인 정체성을 표현한 필명이라고 할 수 있을 듯하다. 다시 말해 그는 지혜를 수집하고 따져보고 가르치는 선생이자 연구자요 글을 쓰는 문인으로서 지식을 생산하고 지혜를 촉진하고 연마하고 추천하는 사람이었던 셈이다.

(1) 전도자(코헬렛)는 솔로몬이다? 글쎄요

대체로 기독교 전통에서는 전도서의 저자가 솔로몬이라고 생각해왔다. 우선 전도서가 처음부터 "다윗의 아들 예루살렘 왕 전도자의 말씀이라"(전 1:1[개역개정])고 말하기 때문이다. 게다가 솔로몬이라는 이름이 명시되지 않았어도 솔로몬 왕을 떠올리게 하는 구체적인 묘사는 전도서의 저자가 솔로몬임을 확신시키는 충분한 근거로 작용했다(전 1:12-18). 또한 코헬렛은 1인칭의 자전적인 담화 기법으로 자신이 온갖 부귀영화를 누린 인물로서(전 2:4-9), 예루살렘에서 가장 지혜로운 자였다고 묘사한다(전 1:16). 이외에도 결정적인 근거가 더 있는데 "나는 코헬렛이다. 나는 예루살렘에서 왕이 되어 이스라엘을 다스렸다"(전 1:12)라는 진술은 솔로몬을 전도서의 저자로 지목하는 분명한 증거로 보인다.

그런데 좀 더 찬찬히 살펴보아야 한다. 앞서 밝힌 것처럼 책이 끝나는 지점에서 코헬렛은 자신이 전문적인 지혜자 집단에 속한 사람이라고 소개한다(전 12:9-12). 코헬렛은 1인칭의 자전적인 문체와 문맥을 통해 자신이 마치 이스라엘의 위대한 왕 솔로몬인 듯이 말하지만(전 1:12-17), 그렇다고 정작 자신이 솔로몬이라고 직접 말하지는 않는다. 설령 "코헬렛"을 직능과 관련된 일반명사가 아니라 고유명사로 읽는다고 해도 다윗의 아들이나 후손 중에 "코헬렛"이라는 이름은 찾아볼 수 없다.

어떤 사람들은 전통적이고 관습적인 방식에 따라 전도서가 지혜의 모범이자 건축과 토목 사업의 수장이었고 어마어마한 부와 수많은 처첩을 소유했던 솔로몬 자신의 반성적인 성찰의 결과라고 말한다. 그러나 이스라엘과 왕들의 역사를 기록한 열왕기와 역대기 어디서도 이에 관한 흔적을 찾을 수 없다. 그뿐만이 아니다. 전도서가 솔로몬의 저작이라면 왜 잠언처럼 직접 저자의 이름을 밝히지 않은 것일까? 이런 모호성은 코헬렛이 솔로몬을 떠올리게 하면서 독자와 수수께끼를 즐기려는 의도에서 비롯한 것은 아닐까 싶다.

전도서의 저자 코헬렛은 모호하게 익명성을 고집하면서 이스라엘 역사 속에서 지혜의 왕으로 이름을 날렸던 솔로몬을 고유한 문학적 장치로서 활용한다. 그는 솔로몬 왕의 의상을 걸치고 위대했던 왕의 경험 속으로 자신을 밀어 넣는다.[7] 이를테면 이는 현대 예술에서 "페르소나"를[8] 내세우는 작가의 기법과 비슷하다.

그렇다면 코헬렛은 왜 작가적 상상력을 통해 독자들이 솔로몬을 생각하도록 담론을 펼쳐야 했을까? 이는 전도서와 아가 주석을 쓴 허바드(David Hubbard)의 지적처럼 솔로몬의 위대한 지혜가 칭송받았기 때문이다(왕상 3:9, 12; 4:30, 32).[9] 많은 자료를 수집하고 기록하며 사람들을 가르쳤던 코헬렛은 이스라엘 국경을 넘어서까지 알려진 솔로몬의 영광과 지혜의 위대함을 적극적으로 활용한다.

크뤼거(Thomas Krüger)의 표현을 빌리자면 전도서는 "솔로몬의 지

---

[7] 고대 근동에서 지혜를 왕권과 연결하는 것은 전통적인 기법으로 알려졌다. Murphy는 전도서의 저자가 자신을 왕처럼 묘사했는지 의문이 남는다는 것을 인정하면서도 그렇게 한 것은 코헬렛이 왕처럼 충분한 권위를 갖고 있었기 때문이라고 본다. 롤란드 E. 머피, 『전도서』, 김귀탁 옮김, WBC(솔로몬, 2008), 135을 참조하라.

[8] 그리스어 "페르소나"는 원래 "가면"을 나타내는 말로서 "외적 인격" 또는 "가면을 쓴 인격"을 뜻한다.

[9] David Hubbard, *Mastering the Old Testament: Ecclesiastes, Song of Solomon*, ed., Lloyd J. Ogilvie(Dallas: Word Publishing, 1991), 59.

혜와 부에 대한 구약 이야기의 패러디"라고 할 수 있다[10]. 한마디로 전도서는 "솔로몬 전통의 패러디"다. 이런 패러디는 인간의 지혜를 문제시하고 그 한계를 발설하는 코헬렛의 의중과 맥을 같이한다. 즉 코헬렛은 어마어마한 재력, 명예, 탁월한 지혜의 상징으로 존경받는 솔로몬의 위대함을 문제시할 목적으로 교묘한 도용을 시도한 것이다. 이에 관한 엘룰(Jacques Ellul)의 주장은 탁월하다.

> "솔로몬의 통치가 웅장하다고? 천만에. 헛되고 안개이며 바람을 잡는 것이다. 그는 지혜를 추구했지만 지혜의 왕인 그는 아무것도 알아내지 못했다." 이것이 코헬렛의 숨겨진 말이다.…코헬렛이 문제시하는 것은 모든 이스라엘이 군주제의 재건을 소망하면서 존경의 눈으로 바라본 한 인물이요 영웅이요 모델이다. 코헬렛은 솔로몬을 무(無)로 만든다. 이는 어떤 신학 논쟁보다도 더 큰 스캔들이다. 하나님 한 분 외에는 다 똑같다. 솔로몬도 모범이나 약속이나 중재자가 될 수 없다.[11]

엘룰이 지적하는 대로 한 시대를 풍미했으며 제국의 영광으로 숭앙받는 왕을 "무"(無)로 만들고, 하나님을 대신할 인간은 아무도 없다는 것을 강조하는 사람이 코헬렛이다. 코헬렛은 제국의 영광을 드높이는 이스라엘의 솔로몬 전통을 패러디하여 자기 본심을 밝힌 것이다.

전도서와 이웃한 성경 본문인 잠언 31장의 표제는 "르므엘 왕의

---

10   Thomas Krüger, *Qoheleth*, trans. O. C. Dean Jr., ed., Klaus Baltzer, Hermeneia: A Critical and Historical Commentary on the Bible(Minneapolis: Fortress, 2004), 62.

11   자크 엘룰, 『존재의 이유』, 박건택 옮김(규장, 2005), 175.

말, 곧 그의 어머니가 그를 가르친 말"(잠 31:1)이다.[12] 즉 잠언 31장은 왕의 어머니가 아들인 왕에게 주는 교훈이다(잠 31:2-9). 정경의 순서를 고려하면 전도서 1:1의 표제는 전도서가 르므엘 왕실의 교훈에 이어 또 다른 왕의 말을 소개하는 것처럼 보이게 한다. 하지만 정작 잠언의 이른바 "현숙한 아내" 또는 "유능한 여성"을 칭송하는 22행의 알파벳 시(잠 31:10-31)는 왕실을 배경으로 하지 않는다. 잠언 끝에 자리한 이 시는 실재 인물을 묘사하는 것이 아니라 지혜를 의인화한 것으로 여겨지기도 한다. 하지만 앞선 단락에서 "르므엘 왕의 어머니"가 아들을 교훈한 말이 의인화를 사용하지 않는다는 점을 기억해야 한다. 설령 유능한 여성이 지나치게 이상적으로 묘사되어 지혜에 대한 의인화로 읽힌다 해도 실제로 존재했을지 모르는 익명의 여성을 칭송하고 드높이면서 야웨 경외를 지혜의 중심 가치로서 재차 강조하는 편집자의 의도를 반영하는 셈이다(잠 31:30; 1:7). 이는 전도서가 마지막에 다시 "하나님 경외"(전 12:13; 참조. 3:14; 5:7; 7:18; 8:13)의 가치를 강조하는 것과 마찬가지다.

---

12 잠언 31:1의 히브리어 본문은 דִּבְרֵי לְמוּאֵל מֶלֶךְ מַשָּׂא אֲשֶׁר־יִסְּרַתּוּ אִמּוֹ이다. "르므엘 왕의 말들"(דִּבְרֵי לְמוּאֵל מֶלֶךְ)이라는 주절에 "그의 어머니가 그를 가르친 말"(מַשָּׂא אֲשֶׁר־יִסְּרַתּוּ אִמּוֹ)이라는 종속절이 따르는 형태다. 그런데 여기서 보통 "말"로 번역되는 히브리어 מַשָּׂא(맛사)를 창세기 25:14에 근거해 이스마엘의 후손 중 한 사람으로 보는 경우가 있다. 그 결과 해당 본문을 "맛사의 왕"(king of Massa[RSV, TNK])이라고 번역하기도 한다. 물론 "맛사"는 고유명사로 사용되기도 한다. 하지만 여기서는 사전적인 의미에서 "말"(utterance)이나 "신탁"(oracle)이라고 번역하는 것이 더 자연스럽다.

(2) 코헬렛은 아마 여성일지도

전도서 본문은 저자 코헬렛의 정체를 모호한 상태로 남겨둔다. 코헬렛은 독자들이 솔로몬을 상상하도록 교묘하게 미끼를 던진다. 그러나 르므엘 왕의 어머니가 지혜의 수호자이며 담지자로서 아들을 교훈한 것처럼(잠 31:1-9), 코헬렛이 여성 지혜자일 가능성은 열려 있다. 그 가능성은 전도서의 언어와 문학적인 기법이 보여주는 "모호성"의 지지를 받는다. 모호성은 전도서만의 독특한 수사 기법으로서 독자가 즉각 읽어낼 수 없는 불확정적인 요소로 작용한다.

어원적으로 모호성은 "두 길로 몰고 간다"라는 의미와 연결된다. 모호성은 일상적 대화나 과학적 진술에서는 배제되어야 할 특성이다. 그러나 내포적 의미를 중시하는 시적 언어에서는 하나의 시적 장치로서 옹호된다. 따라서 모호성은 명확성의 또 다른 형태로서 역설과 비슷하게 진리 전달의 수단이 될 수 있다.[13]

글의 모호함은 당혹스러워도 성급하거나 억지스러운 판단을 피할 수 있게 한다. 또 사안의 복잡성에서 한 걸음 거리를 두고 좀 더 깊은

---

13   모호성과 관련된 내용은 나의 박사학위 논문 "코헬렛의 열쇳말과 모호성의 수사: 전도서 1:1-18; 6:10-12; 11:7-12:14의 수사적 구조를 중심으로"(백석대학교 기독교전문대학원, 2010), 1장에서 밝힌 바 있다. 어떤 학자는 전도서의 모호한 문학적인 구성이 저자의 빈약한 구성 능력을 드러낸다고 평가한다. 하지만 의도적인 모호성은 저자의 교묘한 문학적 수단이 되기도 한다. 문학 용어로서 모호성의 사전적인 의미는 "두 가지 이상의 지시 내용이나 상이한 태도와 감정을 표출하기 위해 단어나 어떤 표현을 사용하는 곳에서 발생하는 시적 자질"을 뜻한다. 문학비평 용어로서 모호성에 관한 좀 더 자세한 설명은 다음 자료를 확인하라. 유종호 등, 『문학비평용어사전』, 한국문학평론가협회 엮음(국학자료원, 2006), 413-14.

이해와 지혜를 터득할 시간을 갖게 한다. 이 때문에 모호성은 매력적이면서도 학술적인 개념이 될 수 있다. 거기다 모호성은 독자들에게 예술적인 예민성을 훈련할 기회를 제공한다. 결국 모호성은 전도서의 저자 코헬렛만의 예술적인 구성과 구술 방식으로서 그를 이해하고자 하는 독자의 읽기 전략에 반드시 고려되어야 할 요소로 자리매김한다.

전도서에는 코헬렛의 모호성을 대표하는 흥미로운 어구가 있다. "코헬렛이 말했다"라는 해설자 양식의 문장인데 책 전체에서 세 차례 발견된다(전 1:2; 7:27; 12:8). 그런데 이 문장은 남성형(אָמַר[아마르], 전 1:2; 12:8)과 여성형(אָמְרָה[아메라], 전 7:27) 동사를 혼용한다. 따라서 독자들은 말의 책임자가 여성인지 남성인지 확정할 수 없다. 이는 코헬렛이 여성일 가능성을 상상하게 한다.

이에 관해 어떤 사람은 여성 동사(전 7:27)의 사용이 필사자의 오류라고 주장한다. 하지만 잠언에서 르므엘 왕의 교훈을 실제로 그의 어머니가 전한 것처럼(잠 31:1), 코헬렛이 여성이자 어머니이며 아내로서 지혜의 말을 생산했을 가능성은 열려 있다. 또 크렌쇼(James Crenshaw)의 말처럼, 남성형 명사에 비해 여성형 명사를 과감하게 선호한다든지 부사를 빈번하게 사용하는 것도 전도서만의 특징이다.[14] 번역 과정에서 소실되는 여성형 명사의 문제는 논외로 하더라도 앞서 언급한 잠언의 마지막에 등장하는 "유능한 여성"도 입을 열어 지혜를 베풀고 인애의 법을 말하지 않았던가?(잠 31:26)

그리고 이것을 기록한 지혜 시인은 이 여성의 야웨 경외 신앙을

---

14   James L. Crenshaw, *Ecclesiastes*, OTL(London: SCM Press, 1988), 31.

칭송하면서 "그녀를 찬양합시다"(ויהללוה [비할루하], 잠 31:31)라는 말로 잠언을 끝맺는다. 즉 잠언은 신앙 공동체 안에서 하나님을 경외하며 지도력을 발휘한 여성이 지혜의 말씀을 잉태하고 생산하는 일에 권위를 갖고 있었음을 증언한 셈이다. 그렇다면 이 시는 가부장적인 질서로 강고하게 구축된 고대의 위계적인 사회에 충격을 가하지 않았을까 싶다.

　이처럼 구약 지혜서의 맥락에서 코헬렛은 여성일 가능성을 배제하기 어렵다. 그런데 이런 가능성에 관해 짚어볼 문제가 하나 있다. 전도서의 표제어에 등장하는 "다윗의 아들"을 어떻게 해석해야 하는가의 문제다. 실마리가 있다면 "아들"로 번역된 히브리어 "벤"(בן)은 생물학적인 아들만을 지칭하지 않고, 딸을 포함한 자녀들과 후손들을 언급할 때도 사용된다는 점이다(창 3:16). 즉 "벤"은 "자손" 또는 "후손"을 가리키는 포괄적인 말이다. 또 에스라 2장, 느헤미야 7장에서 "벤"은 집안이나 가문을 나타내는 의미로 사용되었다. 그뿐 아니라 "벤"은 영적으로 밀접하게 묶인 집단의 관계성을 표현하는 말이기도 하다(암 7:14, "선지자의 아들"). 따라서 "다윗의 아들"은 생물학적인 의미로 고정해서 이해할 것이 아니라 "다윗의 후손" 등으로도 읽을 수 있다. 이처럼 코헬렛이 여성일 가능성을 열어주는, 모호한 문법과 어휘는 "두 길로 몰고 가는" 자유를 즐기는 코헬렛이 독자에게 건네는 수수께끼 같다.

(3) 전도서의 저작 시기는 언제쯤일까?

성서학자들은 전도서의 저자 문제와 관련해서 여러 의견을 내놓았다.[15] 그리고 저자와 저작 연대는 분리해서 생각할 수 없다. 우선 솔로몬 저작이라는 전통적인 입장을 수용하면 전도서는 기원전 10세기쯤의 작품이 된다. 그러나 전도서에 등장하는 어휘들은 좀 더 늦은 시기에 아람어의 영향을 받아 형성된 미쉬나 히브리어 형태들이 많아 골칫거리다. 구약성경에 관한 언어학적 연구를 매우 폭넓게 시도한 쇼어즈(Antoon Schoors)는 전도서에 포함된 미쉬나의 흔적과 차용된 아람어 등을 통해 후대 히브리어의 구문과 문법적인 특징들을 찾아냈다.[16] 델리취(Franz Delitzsch)도 만일 코헬렛의 책이 옛 솔로몬의 원천이라면 히브리어의 역사는 없다고 했을 정도다.[17] 히브리어 문법에 능통한 시아우(Choon-Leong Seow)도 코헬렛의 철자법이 포로기 또는 포로기 이후의 형태라고 보아 전도서가 기록된 시점을 기원전 6세기 초반에서 3세기 끝자락 어

---

15   전도서의 저작권 문제에 관한 학자들의 치열한 논쟁은 현창학, 『구약 지혜서 읽기』(합신대학원출판부, 2009), 142-56에서 확인하라. 이 자료에는 대표적인 학자들, 곧 E. J. Young, G. Archer, F. Delitzsch를 비롯해 다양한 학자들이 소개되어 있다. 그중에는 전도서의 저자가 여성일 가능성을 제안하는 사람은 없지만 반대로 솔로몬이 저자라고 확신하는 경우도 없다. 성경 원어와 문자적 해석에 지대한 관심을 두었던 종교개혁가 마르틴 루터조차도 전도서의 복잡성을 인정하면서 솔로몬의 저작 가능성에 회의적이었다.

16   Antoon Schoors, *The Preacher Sought to Find Pleasing Words: A Study of the Language of Qoheleth*(Leuven: Peeters, 1992), 116, 180-81.

17   C. F. 카일, F. 델리취, 『전도서, 아가』, 카일·델리취 구약주석 17, 송종섭 옮김(기독교문화사, 1987).

디쯤일 것으로 추정한다.[18]

그러나 반대로 프레더릭스(Daniel C. Fredericks)는 전도서의 저작 시기를 포로기 이후로 보는 "후대 저작설"이, 편견에 근거한 언어학적 분석에서 비롯했을 가능성을 들어 논박하면서 포로기 이전 저작을 주장했다.[19] 그 결과 학자들이 추정하는 전도서의 저작 시기는 기원전 10세기에서부터 그리스의 철학적인 개념들을 암시하는 헬레니즘 시대의 영향을 고려한 기원전 2-3세기의 늦은 시기까지 폭이 넓다.

수많은 학문적 논의 속에서 전도서의 언어 사용에 관한 연구들이 쏟아졌지만 전도서의 저작 시기와 관련한 실제적인 합의점은 아직 없다. 언어학적인 증거 자료를 수집하고 해석하는 문제는 전문성을 요구하는 일로서 이 책에서 그런 내용을 모두 다루기는 적절하지 않다. 전도서는 진리의 보편성과 일상의 구체적인 삶 및 세상의 복잡한 문제를 다룬다. 따라서 정확한 저작 시기를 특정하는 작업이 전도서를 해석하는 일에 결정적인 영향을 끼치는 것은 아니다.

그러나 저작 시기와 관련하여 코헬렛 당대의 사회·경제적인 배경은 따져볼 만한 문제다. 왜냐하면 코헬렛의 독특한 말과 사상이 생성된 바탕과 거기에 영향을 준 요소들이 있었을 것이기 때문이다. 시아우

---

18 지면 관계상 고대 이스라엘 언어가 주변국의 영향을 받은 흔적에 관한 언어학적 설명은 자세히 다루지 않는다. 자세한 설명은 다음 자료를 참고하라. Choon-Leong Seow, *Ecclesiastes*, The Anchor Bible 18C(New York: Doubleday, 1997), 12. Delitzsch는 전도서에만 발견되는 용어들, 곧 "하팍스 레고메나"(*hapax legomena*)와 관용구들의 목록을 소개하면서 이것들이 후대에 속한 것이라고 설명했다. 그에 관한 몇 가지 예시들은 Seow의 주석을 참고하라(Seow, *Ecclesiastes*, 16-20).

19 Daniel C. Fredericks, *Qohelet's Language: Reevaluating Its Nature and Date*, Ancient Near Eastern Texts and Studies 3(Lewiston, NY: Mellen Press, 1998).

는 페르시아 제국 시대를 암시하는, 특히 기원전 5세기에서 4세기 중반 사이의 언어학적인 증거가 전도서의 사회·경제적 배경의 실마리라고 보았다. 그는 이 시기가 이스라엘 역사의 "암흑시대"였다고 지적하며 코헬렛이 경제적인 문제에 깊이 고심하는 독자를 가정하고 말했을 것이라고 주장한다. 왜냐하면 전도서의 내용이 포로기 이전의 농경문화에 의존하는 사회가 아니라 화폐 가치와 상업에 바탕을 둔 사회를 반영하는 것으로 보이기 때문이다. 실제로 기원전 5세기의 예루살렘은 왕성하게 성장하는 세계적인 시장이었고, 심지어 안식일에도 노동을 하면서 농업 생산물들을 거래했을 정도였다(느 13:5-6).[20] 그렇다면 당시 예루살렘에는 경제적인 수단을 통한 계층이동의 기회와 함께 착취의 위험성이 모두 있었을 것이다. 이와 같은 사회·경제적인 환경을 추측한다면 코헬렛이 즐겨 사용한 경제적 개념, 특히 "노동"과 "이득", 돈과 부에 관한 솔직하고 비판적인 관점은 자연스럽게 느껴진다.

하지만 전도서 본문은 특정 시대나 고유한 이름을 밝히지 않은 채 "코헬렛"이라는 필명으로만 전해졌다. 따라서 저작 시기에 관한 추론은 이 정도에서 멈추고, 고대 이스라엘의 지혜 선생이 이야기를 펼치는 지혜의 숲으로 들어가 보자. 그 숲에 들어가기 전에 코헬렛이 전한 말의 숲이 어떤 형태인지, 그 안에서 펼쳐지는 담론들이 어떤 것인지 개괄해주는 지도를 살펴보아야 한다. 코헬렛이 사용한 문체와 구성적인 전개 방식이 어떻게 메시지를 구현하는지 알아보자.

---

20   Seow, *Ecclesiastes*, 21-23.

3. 전도서의 다채로운 문학 양식과 구성적인 어울림

코헬렛의 말하기 방식은 모호한 것으로 유명하다. 하지만 어떤 저술이든 저자는 독자와의 소통과 설득을 위해 자기만의 독특한 문체를 사용하기 마련이다. 본문의 문체와 표현법을 알고 익히는 것은 저자와 좀 더 가까워지는 하나의 방법이다. 그런데 전도서의 장르를 결정하기란 쉽지 않다. 짧은 격언이나 속담 형식, 수수께끼처럼 간결하면서도 함축적인 은유가 어우러진 전도서를 해석할 때는 오래도록 한 구절에 머물러야 비로소 펼쳐지는 의미의 세계로 들어갈 수 있다.

독일의 소설가이며 시인이었던 헤르만 헤세(Herman Hesse)는 일찍이 자신의 독서 기술을 밝히며 "진정한 독자만이 철자와 단어의 그 독특한 경이로움에 여전히 매료당한 채 살아간다"고 말했다. 그에 따르면 독서 행위는 지식이 아닌 지혜로 인도되는 성스러운 행위다. 전도서를 거룩한 정경의 말씀으로 읽는 우리가 깊이 새겨야 할 관점이다. 은유 및 간결한 언어의 얽힘과 어울림은 전도서의 특징이다. 이런 특징은 해석을 어렵게 만들지만 동시에 독자를 매료시키는 문학적인 장치로서 작용한다. 예컨대 전도서에서 가장 유명한 "때"에 관한 아름다운 시가 대표적이다(전 3:1-8).

그런가 하면 전도서에는 고대 사회에서 왕이 신하들이나 젊은이들에게 지혜의 삶을 권하던, 1인칭 서술 방식의 자서전적인 유언 양식들도 고루 섞여 있다. 그도 그럴 것이 고대 이스라엘 주변 국가들의 여타 지혜 문헌들과의 비교 연구는 전도서가 주변국의 다양한 문학 유형을 차용했다는 사실을 보여주기 때문이다.[21] 많은 자료를 수집하고 가르치는 일을 했던 지혜자로서 코헬렛은 주변 국가들의 다채로운 문학 양식들과 언어에 친숙했을 것이다(전 12:9-12).

예레미야서에는 "제사장에게서 율법이, 지혜로운 자에게서 모략이, 예언자에게서 말씀이 끊어지지 않을 것"이라고 기록되었다(렘 18:18). 여기서 우리는 고대 이스라엘 사회에 제사장, 예언자, 지혜자로 구분되는 전문적인 집단이 존재했다는 사실을 알 수 있다. 그중 지혜자 집단은 글을 읽고 쓰는 것은 말할 것도 없고 다양한 문학 양식에 친숙하여 이를 자유롭게 사용할 줄 알았을 것이다. 따라서 이스라엘 밖에서 발견되는 문학 양식들의 흔적이 전도서에서 보이는 것도 자연스럽다고 하겠다.

(1) 산문과 시의 어울림

전도서에는 산문과 시가 어우러져 있다. 시는 산문보다 읽는 이의 섬세

21　이집트의 지혜 문헌 중 "한 남자와 그의 영혼 사이의 논쟁"에는 인생의 곤경을 나열하면서 자살을 포함한 삶의 다양한 해결 방식을 사색하는 내용이 기록되어 있다. 또 "하퍼의 노래"는 무덤의 비문으로서 죽음의 불가피성을 말하며 삶을 즐기라고 충고한다. 메소포타미아 문헌 중에는 날카로운 풍자뿐만 아니라 비관론자의 조언이나 비관주의에 관한 대화를 통해 인생의 고통과 불확실성을 부각하는 자료들이 있다. 전도서와 유사한 메소포타미아 작품으로 손꼽히는 『길가메시 서사시』에는 도덕성을 주제로 해 아래 사는 인간의 업적이 무익하다는 사실을 말하는 내용이 있다. 이와 관련된 요약적인 논의는 리처드 J. 클리포드, 『지혜서』, 안근조 옮김(대한기독교서회, 2015), 135-38을 보라. 이 논의와 관련된 좀 더 폭넓은 정보는 다음 자료를 확인하라. Leo G. Perdue, *Wisdom Literature: A Theological History*(London: Westminster John Knox Press, 2007), 161-85.

함을 요구한다. 시의 힘은 세다. 시는 기계적이고 수학적인 정답을 말하는 방식을 사용하지 않는다. 하지만 시는 읽는 이를 본문 앞에 오래 머물게 하면서 겸허하게 만드는 힘이 있다. 거기서 독자는 새로운 가능성을 발견하기도 하고, 자아의 세계를 더 넓혀야만 하는 상황을 맞닥뜨리기도 한다. "신은 시의 숲을 산책하기를 좋아한다"라고 누군가가 말했듯이 "하나님이 시인의 원형일지도 모른다."

히브리 시문학의 가장 대표적 특징은 평행법(parallelism)이다. 평행법이란 한마디로 같은 의미를 다른 개념으로 반복하는 말하기 방식이다. 평행법이 사용된 히브리 시는 소절이나 시행 사이에 동의적 혹은 반의적 의미를 배열하거나 확대된 의미를 언급함으로써 주제를 드러낸다. 히브리 시는 그 밖에도 문학 단위의 시작과 끝에 동일한 문법 구성이나 내용을 배치하는 수미상관법(inclusio), 단락들을 교차구조(chiastic structure)로 구성하는 기법을 즐겨 사용한다. 또한 비슷한 음가의 단어들을 나열하여 조화시키는 유음법이나 두음법은 본문을 읽고 듣는 이에게 음악성을 전달하는 장치로 활용된다.

전달과 설득을 목표로 하는 반복 기법과 연관되는 이런 히브리 시의 특징들은 소절과 소절 사이에서, 단락과 단락 사이에서, 배열 구성과 순서에서 다양하게 나타나곤 한다. 물론 히브리어의 형태나 발음의 유사성은 번역의 단계를 거치면서 대부분 소실된다. 이런 한계 때문에 아쉬움을 삼켜야 하지만 이런 특징들이 히브리 시에서 자주 발견되는 문학적인 기법들임을 기억하는 일은 매우 중요하다.

구약성경에 대한 수사비평의 최초 발의자로 알려진 뮬렌버그(James Muilenburg)는 이런 반복의 특징이 고대 이스라엘의 말하기를 뒷받침하는 정신 구조에 의한 현상이라고 이해했다. 그는 반복이 기억 연상 장치로 기능한다고 보았다. 그에 따르면 고대 히브리어에서 반복은 글에 통일성과 중심점을 부여하고 단어들이 얽힌 모양과 짜임새를 구별하게 한다.[22] 코헬렛이 사용하는 어휘와 독특한 어감의 미세한 차이, 난해한 구문법은 그의 말 자체를 이해하는 데 어려움을 준다. 하지만 반복되는 어휘들이 책 전체에 고루 퍼져 코헬렛의 사상을 결집시켜 모호성을 해소하는 중요한 기능을 수행한다.

그 결과 앞선 전도서 연구자들도 반복되는 어휘에 깊은 관심을 두었다. 예컨대 "수고", "지혜", "즐거운", "일", "시간", "알다", "태양", "어리석은", "먹다", "유익", "바람", "죽음" 등이 관심을 끄는 어휘들이었다. 전도서에는 적어도 5회 이상 나타나는 히브리어 어근이 25개나 있고, 30회 이상 등장하는 단어들도 있다.[23] 물론 자주 등장하는 어휘들은 글을 지루하게 만들 수 있다. 하지만 전도서에서 반복 어휘들은 코헬렛이 강조하려는 담론을 집약시켜 암호화된 전도서의 본문을 풀어주는 열쇳말로 작용한다.

한편 여타 지혜서와 다르게 코헬렛은 1인칭의 자전적인 화법을 자주 사용한다. 이는 코헬렛의 사색적이고 반성적인 성격과 자기 경험을 제대로 드러내기에 충분하다. 예컨대 "나는 알았다", "나는 보았다", "나는 깨달았다", "나는 지혜를 쌓았다", "나는 내 마음을 두었다", "나

---

22   James Muilenburg, "Form Criticism and Beyond," *JBL* 88(1969), 67-68.

23   M. Goshen-Gottstein, "Tanakh Theology: The Religion of the Old Testament and the Place of Jewish Biblical Theology," in *Ancient Israelite Religion: Essays in Honor of Frank Moore Cross,* eds. Patrick D. Miller, Paul D. Hanson, S. Dean McBride(Philadelphia: Fortress, 1987), 617-44.

는 내 마음속으로 말했다" 등의 표현은 삶에 대한 관찰과 반성의 응축
을 보여준다. 또한 이런 표현들의 반복은 전도서가 경험과 관찰, 그리
고 사색이 바탕이 된 책이라는 정당한 평가를 뒷받침한다. 그리고 무엇
보다 이런 표현들은 시시각각 결단과 행동을 요구하는 현실에서 논리
적인 추론만으로는 합리적 판단이 불가능하다는 사실을 드러내기 위
함인지도 모른다.

(2) 수사학적인 질문과 당혹스러움

유달리 수사학적인 질문이 많은 것도 전도서만의 특성이다. 같은 낱말
의 반복이 모호한 문장의 뜻을 밝히는 열쇳말이 된다면 자주 반복되는
수사학적인 질문은 코헬렛이 설득을 위해 사용하는 중요한 수단이다.
전도서에서 수사학적인 질문은 적어도 30회 이상 발견된다. 수사학적
인 질문은 청중과의 합의를 끌어내고, 논쟁적인 삶의 정황에서 양극적
인 논쟁을 강화하거나 문학적인 정황에서 논증을 촉진한다. 수사학적
인 질문은 상대를 공격하기에 유용하고, 때로는 동정이나 비난, 웃음을
자극한다. 또 어떤 때는 제기한 질문에 대해 독자들이 저자의 의도에
맞는 대답을 하도록 유도한다.[24]

수사학적인 질문은 교육적인 상황에서 효과를 보려는 목적을 갖
기 때문에 필연적으로 독자의 참여를 자극한다. 그리고 수사학적인 질

---

24   전도서의 수사학적인 질문에 관한 자세한 연구는 다음 자료를 확인하라. Douglas B.
      Miller, "What the Preacher Forget: The Rhetoric of Ecclesiastes," *CBQ* 62(2000),
      225.

문을 던지는 화자는 그에 반응하는 참여자를 단번에 낚아채 본문 세계의 희생물로 삼을 수 있다.[25] 이렇게 화자는 수사학적인 질문을 통해 논의들을 진전시켜 책의 구조를 디자인하고, 좀 더 오래된 전제들을 해체하면서 새로운 발견과 재통합으로 안내한다.[26] 한마디로 수사학적인 질문은 독자 혹은 청중을 저자의 의도에 가까워지도록 설득하는 강력한 수단이며 자기만의 독특한 담론을 구현하는 방법이다.

(3) 가치의 상대성과 비교 잠언들

코헬렛이 선호하는 표현 방식이 있다. "A는 B보다 좋다"는 "비교 잠언"(better-proverb, 또는 *tob*-saying) 양식이다. 이 양식 역시 화자의 설득력을 높이는 수사학적인 장치다.[27] 유달리 전도서 7장에는 비교 잠언 양식이 많이 등장한다. "초상집에 가는 것이 잔칫집에 가는 것보다 낫다"(전 7:2)는 유명한 말씀처럼 1행으로 이루어진 짧은 비교 잠언들이 가득하다.

전도서의 비교 잠언 중 "사람이 먹고 마시며 자기의 노동으로 즐거워하는 것보다 더 좋은 것이 없다"(전 2:24)는 말은 가장 독특하다. 코헬렛은 이 말을 비슷한 유형으로 반복하면서 소박한 일상의 가치를

---

25 Raymond Eugene Johnson, Jr., "The Rhetorical Question as a Literary Device in Ecclesiastes"(Ph. D. diss., The Southern Baptist Theological Seminary, Louisville, 1986)는 전도서의 수사학적인 질문과 관련한 면밀한 분석을 제시했다.

26 Johnson, "The Rhetorical Question", 264-70.

27 Graham S. Ogden, "The better-proverbs(tob-spruch), Rhetorical Criticism, and Qoheleth," *JBL* 96/4(1977), 489-505.

드높인다(전 2:24; 3:13; 3:22; 5:17-18; 8:15; 9:7-9; 11:7-10). 또 이 비교 잠언은 "헤벨" 구문과 병행하면서 전도서의 구성과 내용에 긴밀한 응집성과 통일성을 구현하는 책의 중심 주제로 자리 잡는다.

그런데 번역 성경으로는 히브리어의 형식을 드러내기가 쉽지 않다. 그로 인해 전도서만의 독특한 문체나 어휘들의 생생함을 담아낼 수 없다는 아쉬움이 남는다. 하지만 전도서의 문장과 문장 사이를 오가며 섬세하게 읽는다면 우리는 코헬렛의 모호한 말의 숲에서도 수수께끼 같고 부조리한 삶을 가로질러 단순한 삶으로 인도하는 그의 진심을 만날 수 있다. 전도서의 독자는 성찰의 시간을 통해 새로운 깨달음을 얻게 된다. 그동안 익숙함 때문에 미처 깨닫지 못한 것을 다시 볼 수 있게 되는 것이다.

지금까지 전도서의 문학적인 특징들, 곧 코헬렛만의 간결하고 독특하고 시적인 어휘와 그 모호성을 함축하는 수사학적인 장치들을 간략히 짚어봤다. 이런 특징들은 전도서의 이해를 어렵게 만들면서도 예술성을 높여주는데, 여기에 추가해야 하는 요소가 하나 더 있다. 그것은 전도서의 구조 자체가 갖는 모호성이다. 글의 전체 구조를 조망하게 해주는 구성적인 통일성이 없다는 이유에서 어떤 사람들은 전도서를 잘 정리되지 않은 비망록 수준의 "낙제작"처럼 여기는 듯하다. 그러나 파악하기 어려운 구조의 모호성은 도리어 코헬렛만의 교묘한 방식이며, 수사적 효과를 극대화하는 독특한 구성적 전략의 결과라 할 수 있다.

4. 전도서의 구조와 구성의 독특성

전도서의 어휘와 구문이 갖는 모호성이 의미 탐색 작업을 불편하게 하는 것처럼, 전도서에 산개한 작은 일화들도 글의 구조를 찾는 학자들을 곤혹스럽게 한다. 큰 맥락은 시야에 잡히지 않고 산만하게만 보이기 때문이다. 하지만 더 자세히 살펴보면 코헬렛만의 독특한 구성력이 책의 통일성을 구현한다는 사실을 알 수 있다.

전도서의 통일성을 지원하는 글의 구성 전략 중 가장 눈에 띄는 특징은 3인칭으로 기술된 표제어와 맺음말이다(전 1:1; 12:9-14). "코헬렛의 말들"(전 1:1)이라는 표제어와 "코헬렛은 지혜자였다"(전 12:9-14)라는 맺음말은 전도서의 바깥 틀이 된다. 그리고 코헬렛의 말 중에 가장 유명한 "헤벨" 경구, 곧 "헛되고 헛되며 헛되고 헛되니 모든 것이 헛되다"(전 1:2; 12:8[개역개정])라는 문장은 핵심 주제어로서 안쪽 틀을 형성한다. 즉 전도서의 앞뒤는 이중 틀로 싸여 있다. 그리고 그 안쪽에는 책의 몸말인 1인칭 화법의 자전적이고 사색적인 담론이 신중하게 자리한다.

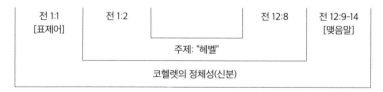

전도서의 이중 틀

전도서의 바깥 틀인 표제어(전 1:1)와 맺음말(전 12:9-14)은 코헬렛이 지혜 집단의 일원인 지혜자라는 정체성을 명시적으로 드러낸다. 즉 코헬렛은 사람들을 불러 모아 가르치고 격언을 모아 정리하는 수집의 대가로서 지혜의 글을 저장하는 동시에 창조적인 글쓰기를 수행하는 지식인이었다. 그리고 바깥 틀의 바로 안쪽에 자리하면서 전도서 전체를 관통하는 "헤벨" 경구(전 1:2; 12:8)는 삶의 "즐거움"을 권고하는 구절들과 병행하며 일곱 차례 다시 등장한다(전 2:24-26; 3:12-13, 21-22; 5:18-20; 8:15; 9:7-10; 11:7-10). "즐거움"과 "헤벨"의 반복적인 구성은 책에 통일성을 부여하며 거시 구조를 형성한다.

또한 전도서 1:12에서 1인칭 화법의 담화 양식이 시작되기 직전에 등장하는 2연시(전 1:4-11)는 책의 끝자락에 있는 3연시(전 11:7-12:7)와 마주 보는 모양새를 이룬다. 이 시들은 책의 안쪽 틀과 어울리며 전도서의 시작과 끝을 떠받쳐 준다. 그중 첫째 시는 끊임없이 순환하는 자연의 질서와 인류의 역사가 드러내는 반복을 노래한다(전 1:4-11). 그리고 담론을 종결하는 마지막 시는 역사와 우주의 종말의 시간을 맞이하는 노래로서 앞의 시와 내용 면에서 짝을 이룬다(전 11:7-12:7). 이렇게 두 편의 시는 책의 시작과 끝에서 서로 마주 보며 교차구조 형식의 어울림으로 글의 구성력을 높여준다.

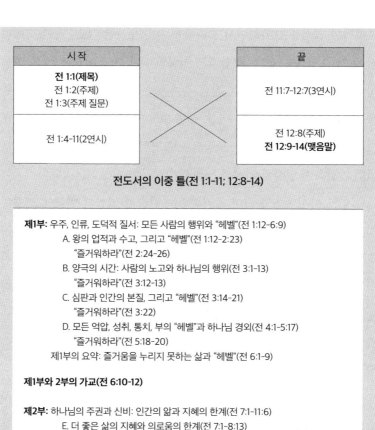

전도서의 이중 틀(전 1:1-11; 12:8-14)

제1부: 우주, 인류, 도덕적 질서: 모든 사람의 행위와 "헤벨"(전 1:12-6:9)
    A. 왕의 업적과 수고, 그리고 "헤벨"(전 1:12-2:23)
     "즐거워하라"(전 2:24-26)
    B. 양극의 시간: 사람의 노고와 하나님의 행위(전 3:1-13)
     "즐거워하라"(전 3:12-13)
    C. 심판과 인간의 본질, 그리고 "헤벨"(전 3:14-21)
     "즐거워하라"(전 3:22)
    D. 모든 억압, 성취, 통치, 부의 "헤벨"과 하나님 경외(전 4:1-5:17)
     "즐거워하라"(전 5:18-20)
    제1부의 요약: 즐거움을 누리지 못하는 삶과 "헤벨"(전 6:1-9)

제1부와 2부의 가교(전 6:10-12)

제2부: 하나님의 주권과 신비: 인간의 앎과 지혜의 한계(전 7:1-11:6)
    E. 더 좋은 삶의 지혜와 의로움의 한계(전 7:1-8:13)
     "즐거워하라"(전 8:14-15)
    F. 사람의 지혜와 한계, 그리고 죽음(전 8:16-9:10)
     "즐거워하라"(전 9:7-10)
    G. 지혜와 어리석음 사이, 그리고 감춰진 미래(전 9:11-11:6)

전도서의 내부 구성과 내용(전 1:12-12:7)

전도서의 수사적 구조

앞의 표에서 확인할 수 있듯이 전도서 1:12-11:6은 크게 전반부와 후반부로 나뉜다(전 1:12-6:12; 7:1-11:6). 제1부는 우주와 인류의 도덕적인 질서를 묘사하면서도 사람의 온갖 노동을 "헤벨" 또는 "바람 잡는 것"으로 판단한다. 코헬렛은 지혜의 대명사인 솔로몬 왕을 연상시키는 위대한 업적과 수고, 삶의 즐거움과 증오, 지혜와 어리석음, 죽음 등이 모조리 "헤벨"과 "바람 잡는 것"이라고 선언한다(전 2:1-23). 그리고 곧이어 먹고 마시고 노동으로 즐거워하는 것보다 더 좋은 것은 없다고 말하며 일상의 기쁨을 노래하기 시작한다(전 2:24-26).

먹고 마시며 노동하며 즐거워하는 단순한 일상의 반복에 코헬렛의 사상이 집약된다. 가장 사소한 것에서 기쁨을 발견하도록 촉구하는 코헬렛의 격언은, 영화 "죽은 시인의 사회"로 유명해진 고대 로마 시인 호라티우스(Quintus Horatius Flaccus, 기원전 65-8)의 명언 "카르페 디엠"(carpe diem)보다 앞선다. "카르페 디엠"은 원래 "오늘을 잡으라"는 뜻이지만 "오늘을 즐기라" 또는 "현재에 충실하라"는 뜻으로 대중 속에 여전히 살아 있다.

무엇보다 전도서를 전반부와 후반부로 구분하는 근거는 전도서 6:10-12의 언어학적인 신호 때문이다. 코헬렛의 신조어라고 해도 좋을 "바람 잡는 것"(개역개정)이라는 말은 문자적으로 읽으면 "바람의 열망"이다. 그런데 "헤벨"과 병행하며 반복되던 이 독특한 말은(전 1:14; 2:11; 2:17; 2:26; 4:4; 4:16; 6:9), 전도서 6:9에 등장한 후 더는 등장하지 않는다. 이런 특징 때문인지 마소라 학파도 전도서 6:10이 책의 중간이라고 정확하게 표시해놓았다.

이에 관해 라이트(Addison G. Wright)는 수비학적인 설명을 덧붙였다. 그는 전도서 전체가 222절로 구성되는데 6:9까지가 111절이라는 사실에 착안하여 이 숫값의 의미를 설명했다. 111이라는 숫자는 전도서 1:2에서 3회 반복되는 "헤벨"(הֶבֶל)을 구성하는 자음의 숫자 값 37(5+2+30)을 세 차례 합한 값(37+37+37=111)이라는 것이다.[28] 이런 관찰 결과는 꽤 오래된 것으로서 이후 전도서의 수사적 구조를 찾으려는 해석자들에게 많은 영향을 주었다.

그러나 히브리어에 능숙한 학자들의 수비학적인 관찰이 아니어도 전도서 6:10-12이 후반부로 넘어가는 가교로서 기능한다는 사실을 눈치챌 수 있는 근거는 분명하다. 전도서 6:12은 "무엇이 좋은 것인지 누가 알겠는가?"라고 묻는데 이 질문은 전도서 7-8장에 등장하는 "비교 잠언"(tob-saying)의 예고이기 때문이다. 그뿐 아니라 "누가 알겠는가?"라는 질문은 이후에도 반복되면서 "아무도 발견할 수 없다"라는 답변을 끌어낸다(전 7:14, 28; 8:17; 9:1, 12; 10:15; 11:2, 6).

따라서 전도서 전체의 주제 질문으로서 "해 아래서 수고하는 모든 수고가 사람에게 무슨 이익이 있는가?"(전 1:3)라는 물음은 책의 전반부를 주도한다. 그리고 전도서 6:10-12에서 시작되는 질문으로서 "무엇이 좋은가, 누가 알겠는가?"로 요약되는 수사학적인 물음은 책의 후반부를 지배한다.[29] 다시 말해 전도서 6:12 이후 코헬렛은 인간의 앎

---

28   Addison. G. Wright, "Additional Numerical Patterns in Qoheleth," *CBQ* 45(1983), 32-43. Wright의 수비학적인 관찰과 비슷하게 Freedmann은 전도서 6:9b이 책 전체의 중심점 혹은 선회 지점이라고 밝히며 전도서 6:9a까지 1,491개 단어가, 나머지 부분에서도 1,491개의 단어가 사용되었다고 설명한다. 이처럼 전도서 6:10이 후반부의 시작점이라는 사실은 전도서 6:9의 언어학적인 신호와 전도서의 수비학적인 특성을 부지런히 관찰한 학자들에 의해 밝혀졌다.

29   이 외에도 전도서 전체에 관한 수사학적인 관찰을 시도한 좋은 소논문으로는 다음 자료가 있다. Greg W. Parsons, "Guidelines for Understanding and Proclaiming the Book of Ecclesiastes, Part I," *Bibliotheca Sacra* 160(2003), 159-73.

과 지혜의 한계를 관찰하고 깨달은 결과에 고백적인 형식의 옷을 입혀 변화를 주며 이야기를 계속 이어가는 것이다(전 7:1-11:6).

전도서의 마지막 부분에 다가갈수록 코헬렛의 가르침은 좀 더 긴박하게 흘러간다. 해를 보며 사는 삶의 즐거움을 촉구하면서도 삶의 덧없음, 곧 "헤벨"을 선언하며 그동안의 다양한 담론들을 정리한다(전 11:7-10). 이 부분은 단순한 삶의 기쁨을 촉구하는 7개 단락 중 마지막 단락이지만, 앞선 단락들처럼 "헤벨"을 선언한 후 단순하고 즐거운 삶을 권하는 것이 아니라 순서를 뒤바꾸어 제안한다. 즉 먹고 마시고 노동하며 즐거워하는 단순한 삶을 추구해야 할 이유로 "헤벨"이 제시된다.

마지막으로 젊음과 청춘의 날을 즐거워하고, 어둠의 날을 기억하라는 긴박한 부름은 종말론적인 언어들과 함께 어울려 선언된다(전 12:1-7). 그리고 다시 등장하는 "헤벨" 선언으로 갖가지 담론이 마무리된다(전 12:8). 그 후 코헬렛은 자신이 지혜자 집단의 일원임을 밝히는 해석학적인 가필을 남김으로써 자신의 담론을 완결한다(전 12:9-14). 이렇게 전도서는 3인칭 해설자 양식의 표제어(전 1:1)와 맺음말(전 12:9-14)의 틀 안에 1인칭의 자전적 담론들을 조화로운 듯 아닌 듯 묘하게 펼쳐내면서 지혜의 숲을 만들어간다.

이제부터는 "이다"와 "아니다"의 똑 부러지는 답을 강요하지 않는 코헬렛의 오묘한 말의 숲으로 들어가 보자. 일반화된 생각에 물음표를 던지며 애매함을 기꺼이 수용하고 즐기는 코헬렛의 숲에서 뜻밖의 보물을 찾게 될지 누가 알겠는가?

1장
하나님의 선물, 삶을 즐거워하라
(전 1-2장)

전도서 1-2장의 내용은 "하나님이 선물로 주신 삶을 즐거워하라"는 한 문장으로 요약할 수 있다. 그러나 우리는 전도서를 허무와 헛됨을 논하는 "헤벨"의 책으로 대하는 것에 익숙하다. 그도 그럴 것이 전도서를 펴자마자 "헛되고 헛되며 헛되고 헛되니 모든 것이 헛되다"(전 1:2[개역개정])라는 말이 눈에 들어오고, 글이 마무리되는 시점에도 "모든 것이 헛되다"라고 외치는 코헬렛을 만나게 되기 때문이다(전 12:8).

하지만 코헬렛은 결코 인생의 허무, 덧없음, 부조리로 얼룩진 세상만을 말하지 않는다. 그런 부정적인 진술은 사실 인생의 기쁨과 슬픔, 환희와 절망이 교차하는 양극의 현실을 통틀어 잊지 않도록 일깨운다. 고대 이스라엘 공동체에서 삶의 지혜를 가르쳤을 지혜 선생 코헬렛은 그런 방식을 통해 도무지 어울리지 않는 듯한 삶의 양극적 사태들에 관한 깊은 사고를 독특하게 풀어낸다.

1. 책의 표제어와 주제(전 1:1-3)

(1) 덧없고 덧없다

전도서의 표제어는 히브리어의 특성을 고려해 직역하면 "예루살렘의 왕 다윗의 아들 코헬렛의 말씀들"(전 1:1)이다. 이는 "다윗의 아들 예루살렘의 왕 전도자의 말씀이라"(전 1:1[개역개정])는 익숙한 번역과는 차이가 있다. 둘은 같은 듯 다르다. 번역의 어순 차이가 해석의 차이를 불러온다. 후자의 번역(개역개정)은 전도서를 솔로몬 왕이 기록했다는 전통적인 관점을 옹호한다. 그렇다면 "코헬렛"(전도자[개역개정, 새번역])은 정말 솔로몬일까? 사실 명사만 나열된 전도서 1:1의 문장 구성은 그 뜻이 모호한 수수께끼 같다.

דִּבְרֵי קֹהֶלֶת בֶּן־דָּוִד מֶלֶךְ בִּירוּשָׁלָם:

직역: 예루살렘의 왕 다윗의 아들 코헬렛의 말씀들
NIV: The words of the teacher, son of David, King in Jerusalem
개역개정: 다윗의 아들 예루살렘의 왕 전도자의 말씀이라

개역개정 성경은 예루살렘의 왕과 "전도자"(코헬렛)를 직접 연결한다. 그 결과 전도자가 곧 왕인 것처럼 보인다. 그런데 히브리어에서 명사가 나열되는 경우에는 후자가 전자를 수식하는 방식으로 읽어야 한다. 즉 "예루살렘의 왕 다윗의 아들 코헬렛의 말씀들"이 더 자연스러운 번역이다. 이는 코헬렛이 아니라 다윗이 "예루살렘의 왕"이라는 사실을 드러낸다. 이런 양분된 읽기는 본문이 코헬렛이 왕인지, 코헬렛이

예루살렘의 왕인지를 확언하지 않는 수수께끼처럼 작성되었기 때문이다. 물론 저자를 정확하게 가려내는 것이 전도서의 의미를 탐색하는 데 결정적인 문제는 아니다. 따라서 이것을 논쟁점으로 삼지는 않을 것이지만 전도서의 저자가 스스로 자신이 솔로몬이 아닐 가능성을 열어놓았다는 사실은 분명해 보인다.

더군다나 앞서 살펴본 대로 전도서를 앞뒤로 감싸는 바깥 틀의 3인칭 표제어와 맺음말(전 12:9-14)은 코헬렛의 정체성을 왕으로 제한하지 않는다. 그는 가르치고, 지혜의 말들을 찾고, 꼼꼼히 따져보며 연구하고 정리했던 지혜 선생으로 자신을 소개한다(전 12:9). 또한 코헬렛 자신이 기쁨의 말들과 진실한 말, 곧 진리의 말을 찾고 정직하게 기록하려고 애썼다(전 12:10)는 진술에 걸맞게 전도서 곳곳에는 가시 박힌 듯 뼈있는 말들뿐만 아니라 말놀이의 즐거움도 함께 엉켜 있다.

앞서 잠시 언급했지만 코헬렛의 의도를 가장 간명하게 집약시켜 표현한 전도서 초두의 "헤벨" 경구와 주제 질문은 앞으로 전개될 다양한 담론을 여는 열쇳말들의 조합이다(전 1:2-3). 책의 주제 중 하나를 나타내는 "헤벨" 구절(전 1:2b)은 경쾌한 음악성을 느끼게 하는 짧은 명사절(הֲבֵל הֲבָלִים הַכֹּל הָבֶל[하벨 하발림 학콜 하벨])로 구성된다. 그리고 곧바로 이어지는 주제 질문, 즉 "해 아래 수고하는 온갖 수고가 사람에게 무슨 이익이 있는가?"(전 1:3)라는 물음은 갖가지 담론 전개를 위해 독자를 밀어붙이는 "말 걸기"로 기능한다. 이 질문은 생각하기를 촉구하는 수사적인 성격이 농후한 장치라고 할 수 있다.

전도서의 성격을 결정짓는 "헤벨" 경구의 경쾌한 음악성과 의미를 음미해보자. "전도자가 말한다. 헛되고 헛되다. 헛되고 헛되다. 모든 것이 헛되다"(전 1:2[새번역])에서 "헛되다"라고 번역된 낱말은 수수께끼 중의 수수께끼로서 모호성의 극치를 보여준다. 우리말 성경에서는 주로 "헛되다"로 번역되어 형용사처럼 보이지만 이 낱말에 상응하는 히브리어(הֶבֶל)는 사실 남성 명사다.

"헤벨"은 구약 전체에서 명사형으로 71회 나타나는데, 그중 38회가 전도서에서 사용된다. 이로써 코헬렛은 전도서가 "헤벨"의 책이라고 강변한 셈이다. "헤벨"의 기본적인 뜻은 바람, 숨(호흡), 안개다. "헤벨"은 히브리어와 같은 어족인 아카드어 "아벨"에서 기원한 듯 하며 창세기 4장에 등장하는 가인의 형제 "아벨"의 이름이기도 하다. 우리말 성경에서 아담의 둘째 아들의 이름은 "아벨"로 통일되어 있지만 히브리어 성경에서는 아벨의 철자 형태가 주로 "헤벨"(הֶבֶל)로 기록되어 있다.[1] 가인의 형제 아벨은 너무나 짧은 생을 살다 간 사람이다. 그런 의미에서 모든 인류는 "아벨"의 이름을 달고 태어나는지도 모른다. 형에게 죽임을 당해 요절한 아벨은 이미 인간의 비극적인 삶을 예고한다. 엘룰이 지적했듯이 아벨은 희생 제물을 드린 경건한 사람이었지만 아무 소용이 없었다. 그는 자신의 행위로 구원을 얻지 못했다. 이 얼마나 부조리한 상황인가?[2]

이런 배경에서 "헤벨"은 사전적 의미에 갇히지 않고 그 경계를 과감히 넘어 덧없음, 공허, 허무, 헛됨, 텅 빔, 부조리의 영역으로 확장되는 의미를 지닌다. 무엇보다 "헤벨"은 아침 이슬처럼 영롱한 아름다움으

---

1   *TWOT*, 463a.
2   엘룰, 『존재의 이유』, 21.

로 잠깐 존재하다가 사라지는 것, 곧 일시성에 초점이 모이는 덧없음이다. 또한 헤벨은 아무것도 없는 텅 빔이다. 더군다나 전도서 1:2의 "하벨 하발림"은 단수와 복수 명사를 나란히 놓은 형태다. 이는 최상급을 표현하는 방식으로서 극도의 허무, 부조리, 헛됨, 덧없음을 가리킨다.

덧없고 덧없어라.
코헬렛은 말했다.
덧없고 덧없어라.
모든 것이 덧없어라(전 1:2).

구약성경의 다른 부분에서 "헤벨"은 무익함이나 우상의 무력함, 또는 인간의 무력함을 표현하는 데 사용되기도 한다. 예를 들어 이사야서에서 하나님은 "너의 우상들에게 살려달라고 부르짖어보아라. 오히려 바람이 우상들을 날려버릴 것이며, 입김[헤벨]이 그것들을 쓸어버릴 것이다"(사 57:13)라고 말씀하신다. 잠언의 지혜자도 "속여서 모은 재산은 너를 죽음으로 몰아넣고 안개[헤벨]처럼 사라진다"(잠 21:6[새번역])고 교훈한다. "헤벨"이라는 어휘를 사용해 우상의 무력함을 지적하거나 재물의 덧없음을 드러낸 것이다.

코헬렛이 바라본 세상은 아침 이슬처럼 사라지면 그만이어서 덧없기 그지없다. 인간의 삶이란 허공에 흩어져 버리고 마는 한숨이며 쉬이 풀리지 않는 수수께끼다. 이 세상은 정의와 공평이 아름답게 이루어지는 깔끔하고 단정한 세상이 아니라 부조리로 얼룩진 세상이다. 그 표면은 매끄럽지 않고 울퉁불퉁하다. 어쩌면 이 모든 현상을 포괄하는 금언으로서 "헛되고 헛되다", 또는 "덧없고 덧없다"라는 말이 불편하게 들릴지도 모른다. 그러나 이 말은 현실 세계에 대한 정확한 해석과 판단을 가차 없이 표현한 한마디 외침이 아닌가?

(2) 해 아래 노동하는 사람의 온갖 노동의 이익은 무엇인가?(전 1:3)

코헬렛의 "헤벨" 선언은 대답하기 곤란한 질문으로 이어진다. 코헬렛은 인류의 온갖 수고, 곧 인간의 갖가지 노동을 문제 삼는다. 그는 자신의 "헤벨" 선언을 논하려고 작심한 듯 곧바로 질문을 던진다. "해 아래에서 수고하는 모든 수고가 사람에게 무엇이 유익한가?"(전 1:3[개역개정]) 이 질문은 답을 구하기 위한 것이 아니라 독자를 몰아세워 자신의 말에 동의하도록 끌어들이는 수사학적 장치다. 그는 질문을 던지며 독자에게 생각하라고 강요한다. 생각하기 싫어하는 사람에게도 성찰의 짐을 지워주려는 의도가 엿보이는 듯하다.

코헬렛은 "해 아래"서 수고하는 온갖 종류의 "노동"(수고)에 관한 의문을 제기함으로써 개인이 아닌 우리 모두의 문제를 탁자 위에 올려놓는다. 그는 앞으로도 인생의 수고와 유익을 문제 삼는 질문을 몇 차례 더 반복할 것이다(전 1:2; 2:22; 3:9; 5:15). 그런데 그는 구약성경의 다른 곳에서는 찾아볼 수 없는 "해 아래" 또는 "하늘 아래"라는 표현을 반복해서 사용한다(전 1:13; 2:3; 3:1). 이는 하늘 위의 것을 볼 수 없는 인간의 현실과 한계를 짚어내는 코헬렛만의 독특한 관점이 묻어나는 말이다. "해 아래", "하늘 아래"라는 말은 초월적 세상이 아니라 땅 위의 세상에 관한 관심을 드러낸다. 코헬렛이 관찰한 영역은 우리가 볼 수 없는 하늘 위가 아니라 눈으로 볼 수 있는 하늘 아래의 세상이다.

해 아래 수고하는 모든 수고가 사람에게 무엇이 유익한가?(전 1:3) 코헬렛은 인류의 온갖 수고(노동)와 그 유익을 문제시하며 말을 걸어온다. 사람의 현실을 이토록 간명하게 질문한 말이 또 있을까 싶다. 성경에 따르면 최초의 인류 아담이 타락한 이후로 인간은 노동을 통해 땀을 흘리면서 삶의 조건들과 맞서 싸우며 살아야 하는 존재가 되었다. 수고로운 노동의 땀을 흘려야만 양식을 얻고 생명을 유지할 수 있는 존재가 바로 인간이다. 그러니 코헬렛의 질문은 인간의 현주소를 가장 정확히 짚어낸 질문이라고 하겠다.

코헬렛의 화두는 위로부터의 계시가 아니라 흙과 땅에 잇대어 사는 사람과 세상이다. 그는 "헤벨"의 세상에서 인생의 온갖 수고로움의 이익을 물으며 갖가지 담론을 펼쳐나갈 채비를 한다. 인간의 삶에 무언가 좋은 점이 있을 것이라는 판단을 신속하게 접게 만드는 그의 질문은 혹독하게 느껴진다. 코헬렛은 고단하고 모진 인생을 쉬이 위로하지 않는다. 답변을 제시하지 않기에 질문만 남아 여운을 불러일으킨다. 이는 마치 사유의 시간을 가지라는 암묵적인 초대 같다. 질문의 즉답을 미뤄둔 채, 오히려 그는 하나님이 수립하신 우주와 자연의 반복되는 질서, 그리고 거기로부터 반복되는 인류 역사를 묘사하는 한 편의 시를 내놓는다.

2. 자연의 길, 인간의 길(전 1:4-11)

코헬렛은 인류의 온갖 노동의 의미가 무엇인지 질문하며 생각의 짐을 지도록 독자를 밀어붙인다. 그리고 그는 자연계에서 반복되는 창조 질서와 인간의 반복적인 역사를 묘사한다. 크렌쇼의 말을 빌리면 고대 이스라엘의 현자들은 우주에 근본적인 질서가 감추어져 있다고 믿었고, 이 질서의 원리는 자연과 인간 모두에게 적용된다고 보았다. 따라서 우주의 질서는 하나님의 은총을 드러내는 표지가 된다. 고대 이스라엘 사람들에게 우주의 질서는 하나님의 뜻에 종속된 것이었다. 그들은 만물의 주인이신 하나님이 항상 최종적인 판단자라고 믿었다. 그 결과 이스라엘의 현자들은 동식물의 세계를 세심하게 관찰하며 자연계가 조화로움으로 가득하다고 확신하기에 이르렀다.[3]

　　코헬렛도 자연의 질서를 은총의 표지라고 생각한 지혜 선생 중 한 사람이다. 그는 하나님이 창조하신 자연의 순환적인 질서와 인간의 역사를 간결하고 아름답게 묘사한다(전 1:4-11). 코헬렛의 시는 전도서의 안쪽 틀을 구성하는 "헤벨 판단"(전 1:2)과 이웃한다. 이 시는 인생의 종말과 우주 질서의 종말을 고하는 코헬렛의 마지막 시(전 11:7-12:7)와 대칭을 이루며 서로 마주 본다. 그런데 이 시는 코헬렛이 노동의 이익이 무엇인가를 질문하고서 들려주는 답변처럼 자리 잡지만 즉답은 아니다. 오히려 자연의 순환하는 질서와 역사의 반복을 오묘한 어울림으로 묘사하며 해답의 가능성을 열 뿐이다.

3　　크렌쇼, 『구약 지혜문학의 이해』, 89-90.

코헬렛이 볼 때 자연의 순환적인 질서는 가고 오는 리듬이 있는 운동이다(전 1:4-7). 또 인류 역사도 가고 오는 리듬에 따라 움직이는 여정이다(전 1:8-11). 그의 노래에서 우주와 인간 역사는 끝을 향해 가고 있음을 감춘 채 순환하는 모습만 드러낸다. 우주와 인류의 운동은 끝없는 반복의 연속일 뿐이다. 이 반복의 끝은 존재할까? 코헬렛이 펼치는 담론의 끝에 이르러서야 질서정연했던 자연계와 인류의 역사는 반복적인 운동을 멈춘다(전 12:1-7). 그렇게 가고 오던 태양의 움직임도, 인류가 가고 오던 길도 모두 시작과 끝이라는 양극성을 품고 있다.

우리는 코헬렛의 글을 끝까지 읽고서야 자연의 순환하는 질서와 인류의 반복적인 역사가 양극 사이를 계속 오갈지라도 그 끝이 존재하는 운동이었음을 깨닫게 된다. 끝을 생각하지 않는 이들에게 자연의 순환하는 질서나 인류의 반복되는 역사는 언제 끝날지 알 수 없는 허무하고 지루한 운동일지 모른다. 그러나 우리는 코헬렛의 시를 읽으며 자연과 인류가 질서 있게 움직이는 조화로운 하나의 세계 안에 있다는 사실을 배우게 된다.

(1) 자연의 길(전 1:4-7)

4한 세대가 가고

한 세대가 오지만

땅은 여전히 그대로 서 있다.

5해가 뜨고

해가 지지만

해는 떴던 그곳으로 숨 가쁘게 가고

거기서 해는 떠오른다.

⁶바람은 남쪽으로 가고

북쪽으로 돌아간다.

바람은 돌고 돌아가지만

바람은 돌았던 그곳으로 되돌아온다.

⁷모든 강물이 바다로 흘러가지만

바다는 넘치지 않고

강물이 나왔던 곳으로 돌아가

거기서 돌아 흘러간다(전 1:4-7).

　　해 아래 수고로운 노동의 유익이 무엇인지 질문한 코헬렛(전 1:3), 그가 지켜본 해 아래 자연의 세계는 멈추지 않고 질서 있게 운동한다. 간결한 그의 묘사는 마치 푸른 지구 밖에서 자연계의 운동을 내려다본 사람의 정직한 진술 같다. 그 단순함이 구성적인 예술성과 아름다움을 돋보이게 하는 것일까? 간결한 시는 어떤 긴 서술보다 읽는 이의 잠자던 상상력을 흔들어 깨우고 잔잔하던 마음속에 물결을 남긴다.

　　독특한 시다. 번역문에서는 시의 독특함이 잘 드러나지 않아 아쉽다. 특히 소절 사이를 연결하는 접속사 "그러나"(י)의 반복이 두드러지지 않는다.[4] 시에 접속사가 반복되는 것이 어색할지도 모르지만 "그러

4　　히브리어 접속사 י(바브)에는 다양한 뜻(그리고, 그러나, 때문에, ~하기 위해, ~할지라도)이 있다. 하지만 여기서 우선하는 의미는 선행하는 것과의 관계 설정에서 쉼표 또는 반성(reflection)을 요구하는 것이다. T. Anthony Perry, *Dialogue with Kohelet: The*

나"의 반복은 사물의 대조적인 양극성을 더 강렬하게 해준다. 우리는 사물의 양극성 앞에서 잠깐 숨을 가다듬고 생각의 샘으로 인도받는다.

한 세대가 가고 한 세대가 온다. "그러나" 땅은 여전히 그대로 서 있다. 해가 뜨고 해가 진다. "그러나" 해는 그 떠올랐던 곳으로 숨 가쁘게 간다. 그리고 거기서 해는 다시 떠오른다(전 1:4-5). 세대가 가고 오는 것처럼 해가 의인화되어 가고 온다. 바람도 강물도 가고 온다. 자연과 사람이 함께 걸어가야 할 동반자인 양 "가고 온다." 둘은 서로 다르지만 어울려 간다. 마치 서로에게 꼭 필요한 짝꿍처럼 한 쌍이 된다. 가고 오는 자연의 운동과 가고 오는 인류의 발걸음은 인간과 자연이 마치 하나의 공동체를 이룬 것처럼 보이게 한다. 서로 다른 둘이지만 하나처럼 여기는 지혜 시인의 마음이 따듯하다.

이후에 코헬렛은 "가고 오다"라는 말을 사람의 출생과 죽음을 표현하기 위해 사용한다. 즉 "가고 온다"는 것은 삶과 죽음을 나타내는 완곡어법이다(전 5:15). 코헬렛은 죽음을 "가는 것"(전 3:20; 6:6, 9; 7:2; 9:10; 12:5)으로, 출생을 "오는 것"(전 5:15; 6:4)으로 표현한다. 이런 언어 습관은 코헬렛만의 것은 아니다. 우리도 옛적부터 삶과 죽음을 말할 때 "오고 가다"라는 말로 표현하기를 즐겼다. 빈손으로 와서 빈손으로 간다는 의미의 "공수래공수거"(空手來空手去)라는 고사성어를 모르는 사람은 거의 없다.

이후에 코헬렛은 오고 가는 생명의 원리를 좀 더 근원적인 관점에

Book of Ecclesiastes(Pennsylvania: The Pennsylvania State University, 1993), 191을 참고하라.

서 묘사한다.

> 둘 다 같은 곳으로 간다.
> 모두 흙에서 와서 흙으로 돌아간다(전 3:20).

> 낙태된 자는 헛되이 왔다가
> 어두운 중에 간다…(전 6:4).

가고 오는 세대의 교체와 자연계의 반복적인 운동은 하나의 질서 안에서 보내고 맞이한다는 공통점을 가진다. 그러나 인간의 역사에는 오묘한 역설이 숨어 있다. 한 세대는 가고 다른 세대가 오는 세대교체의 흐름은 반복되지만, 개별적인 한 인간의 삶은 반복되지 않기 때문이다. 사람이 나고 죽으며 세대는 반복되어도 "땅은 영원히 그대로다"(전 1:4). "영원히"(לְעוֹלָם[레올람]) 그대로 있는 땅! 여기서 "영원히"는 아득하고 아득하여 알 수 없는 미지의 시간, 언제 어디서 시작하고 언제 어디서 끝날지 모르는 시간을 표현하는 말이다. 세대와 세대가 서로를 맞이하고 보내지만, 그 연속성을 뒤편에 두고 각 사람은 단 한 번뿐인 삶을 산다. 시작도 끝도 모를 아득한 시간과 순간처럼 왔다 가는 존재의 일시성이 대비를 이룬다. 사람은 다시 오지 않는다. 영원과 순간이 교차하는 교묘한 이중성! 이것이 인간의 진실일까? 죽음을 향해 걸어가는 사람의 한계와 일시성은 여전히 거기 그대로 있는 땅의 끝 모를 지속성으로 인해 뚜렷하게 드러난다.

이 역설적인 묘사는 인류학자이자 사회학자인 레비스트로스

(Claude Lévi-Strauss, 1908-2009)의 말을 떠오르게 한다. 그는 "세계가 시작했을 때 인류는 존재하지 않았고 세계가 끝날 때도 인류는 존재하지 않을 것이다"라고 말했다. 인류는, 각 사람은 자신에게 주어진 짧은 시간대를 통과할 뿐이다. 코헬렛은 이미 오래전에 인류가 하나님이 지으신 자연의 일부임을 노래했다. 그러니 인류, 곧 사람(아담)은 하나님의 형상을 닮은 고귀한 존재로 이 땅에 왔지만 "흙"(아다마)에 그 존재의 뿌리를 두고 살 수밖에 없는 존재다. 사람은 본질에서 그렇게 이중적인 긴장감 안에서 살아간다.

아침마다 새로이 비춰오는 태양도 가고 오는 반복 운동을 멈추지 않는다(전 1:5). 바람도 돌고 돌다가 불던 곳으로 온다(전 1:6). 강물은 흘러 바다로 가지만 넘치지 않고 왔던 곳으로 되돌아가 다시 흐른다(전 1:7). 시인이 보기에 자연계는 반복적인 운동을 멈추지 않는다. 모든 것이 순환하는 규칙성 안에서 흘러가며 지속된다. 우리는 지혜 시인 코헬렛 덕분에 그동안 당연하게 생각하며 바라보았던 태양의 숨 차오르는 운동, 바람과 강물의 운동을 인격적으로 맞이하게 된다. 그리하여 자연의 반복적인 운동은 이제 지루하고 무의미한 운동이 아니다. 기계적으로 움직이는 당연한 운동이 아니라 숨 쉬며 바삐 살아 있는 율동이다.

반복하며 순환하는 자연의 움직임은 인류에게 안전한 공간을 마련해준다. 자연계의 운동이 멈추는 순간을 생각해보았는가? 반복적인 자연계의 운동이 멈춘다면 온 세상은 혼돈에 빠질 것이다. 해가 뜨고 지는 일, 바람이 불고, 강물이 흘러 바다를 돌아 다시 강으로 흐르는 단조로운 우주의 운동이(전 1:4-7) 없다면 인류는 생존할 수 없다.

반복적인 순환 운동은 인간이 살아갈 공간을 마련해주는 질서다.

이 질서는 인류에게 커다란 복이다. 사람이 아침마다 맞이하는 환희의 조건들은 우주의 반복적인 운동이 만들어내는 규칙성에서 비롯되는 것이 아닌가? 이 반복은 페리(T. Anthony Perry)의 말처럼 인간의 모든 "허황된 무한성으로부터 우리를 구원한다."[5] 왜냐하면 모든 자연의 운동은 자신의 경계를 넘지 않고 제자리를 지키는 것으로 책임을 다하기 때문이다. 사람은 창조세계의 놀라운 통치 질서를 인식하고 맛보는 순간, 거기로부터 살아 있다는 자각과 함께 삶의 환희를 느낀다. 그렇게 사람은 자연의 규칙적인 반복과 운동을 보며 기계적인 질서가 아닌 인격적인 창조자의 일하심을 깨닫는다.

땅이 그대로 있는 한 뿌려진 씨앗들이 자라고, 추위와 더위, 여름과 겨울, 밤과 낮이 그치지 않고(창 8:22) 반복하며 운동을 지속해간다. 이것이 창조세계의 규칙성이며 창조의 질서다. 우리는 세계의 규칙적인 반복 운동 뒤에 숨으신 창조자의 손길을 느낀다.[6] 그 누구도 자연의 반복적인 운동을 억지로 멈추게 할 수 없다. 그리하여 해 아래의 규칙적인 자연 질서를 인식한 "사람"(human)은 땅의 "흙"에 기반을 두고(창 2:6) 언제나 "거기 서 있는 땅"(전 1:4)을 떠나 살 수 없는 존재다. 결국 사람은 땅을 창조하신 자 앞에서 "겸손"(*humility*)의 덕을 실천하며 살

---

5   T. Anthony Perry, "Kohelet's Minimalist Theology," in *Qohelet in the Context of Wisdom*, ed., Anton Schoors(Leuven: Leuven University Press, 1998), 453-54.

6   코헬렛은 하나님과 이스라엘의 언약 관계를 핵심적으로 표현한 신명 "야웨"를 사용하지 않는다. 그러나 우주적 질서를 통찰하는 가운데 하나님과 야웨를 분리하지 않는 지혜 신학이 코헬렛의 간결한 시에 농축된 형태로 담겨 있다. 지혜 신학에 관한 통찰들을 잘 녹여낸 다음 자료를 참고하라. 월터 브루그만, 『구약신학』, 류호준, 류호영 옮김 (기독교문서선교회, 2003), 541-51.

아야 할 존재로 부름 받는다.

(2) 인간의 길(전 1:8-11): 해 아래 새것은 없다

코헬렛은 자연의 반복적인 운동을 보며 "만물"(개역개정, 새번역)이 지쳐 있음을 말로 다 할 수 없다고 노래한다(전 1:8). 그는 끊임없이 반복해서 움직이는 "만물" 곧 "온갖 것들"(כָל־הַדְּבָרִים)의 피곤함을 헤아렸다. 이때 "온갖 사물들", "온갖 일들" 혹은 "만물"이 인격성을 부여받는다.

코헬렛은 멈추지 않고 운동하는 자연계의 고단함에 공감한 것일까? 그가 보기에 "만물"은 멈추지 않는 반복적인 운동에 지쳐 있다(전 1:8a). 그는 만물의 끊임없는 운동과 질서에 감사나 경탄이나 환희를 표하는 것이 아니라 그 지쳐 있음에 연민의 마음을 전한다. 자연을 대하는 코헬렛의 태도가 독특하다. 그에게 사물은 비인격적인 대상이 아니다. 그는 고대인들의 사유 방식이 그러했듯이 자연계를 "그것"이 아니라 나와 당신의 관계로 끌어당겨 포용하며 인격적으로 대면한다.

서구의 교육 방식에 익숙한 현대인들은 중립적이거나 객관적인 관찰 결과를 진리로 믿는 경향이 있다. 현대의 과학적이며 합리적인 관찰은 사물을 대하는 비인칭의 관점, 곧 "그것"으로 바라보는 데 바탕을 둔다. 반면 고대인들은 좀 더 인격적이고 통합적이다. 과학적인 접근이 아니라 비과학적인 관계성에 기초해서 사물과 인간을 들여다본다. 코헬렛도 사람과 사물의 관계를 "나-당신"의 관계로 이해한다. 사물과 인간을 분리하지 않고 인격적인 관계로 통합시킨다.

코헬렛을 비롯한 고대인들은 자연을 시적인 심상으로 응시하며 거기서 삶과 죽음의 의미를 찾았다. 반면 오늘날 사람들은 과학적인 진보에 열의를 다하고 의학 기술의 진보에 발맞추어 삶을 연장하는 데 많은 관심을 둔다. 어느 것이 더 낫다고 말할 수 있을까? 고대 지혜 선생 코헬렛에게 죽음은 단지 "가는 것"이었다. 빛나는 태양이 가고 오는 운동을 멈추지 않는 것처럼, 인류도 자연의 길고 긴 리듬 속에서 함께 가고 오며 호흡한다.

코헬렛의 눈에 들어온 만물의 운동은 피곤하다. 코헬렛은 지친 만물에 연민을 느낀다. 그러면서 동시에 그는 만족하지 못하는 사람의 귀와 눈을 문제시한다. 그가 보기에 "눈은 보아도 만족하지 않으며, 귀는 들어도 차지 않는다"(전 1:8b[새번역]). 즉 사람은 보고 듣는 행위를 반복하며 정보와 지식을 축적하지만 결코 만족할 줄 모르는 존재라는 뜻이다. 사람의 신체 기관 중 눈과 귀는 정보를 인식하는 가장 중요한 기관들이다. 눈으로 보고 귀로 듣는 것보다 사람에게 중요한 일이 또 있을까? 특히 "눈으로 보는 것"은 코헬렛의 생각과 사상이 결집하는 중요한 열쇳말 중 하나다. 이 때문에 바톨로뮤(Craig G. Bartholomew)는 시각을 통한 관찰이 "코헬렛의 인식론의 중심"이라고 말했다.[7]

그러면 코헬렛의 눈에 들어온 사람은 어떤 존재인가? 한마디로 말해 사람은 팔팔한 지적 호기심을 가졌지만 채워지지 않는 열망을 품고서 만족함을 모르는 존재다. 이 때문에 사람은 좌절하며 불안해하는 것인지도 모른다. 이에 관해 코헬렛은 좀 더 신랄하게 "해 아래 새것이

---

7   Craig G. Bartholomew, *Ecclesiastes*, Baker Commentary on the Old Testament(Grand Rapids: Baker Academic, 2009), 112.

없다"(전 1:9)라는 명문장으로 인간의 온갖 열망을 꼬집어 잠재운다.

이미 일어났던 일이 훗날에 다시 일어날 것이고,

훗날 일도 이미 과거에 있었던 일이니,

해 아래 새로움은 없다(전 1:9).

코헬렛은 과거(이미)와 현재(해 아래), 그리고 미래(훗날)를 하나의 순간처럼 동일시해버린다. 과격한 발언이다. 그는 모든 것을 현재성 안으로 포섭해버린다. 만족할 줄 모르는 사람은(전 1:8) 열렬하게 새로운 것을 기대한다. 하지만 코헬렛은 인류가 겹겹이 이루어낸 오랜 역사의 흐름 속에도 새로움은 없다고 단언한다. 모든 것이 반복의 연속일 뿐이다. 그렇다면 해 아래 사람의 "온갖 수고"가 "헛것"(헤벨)이 아닌가? 우리는 코헬렛이 몰아세우듯 던진 첫 질문, "해 아래서 수고하는 온갖 수고가 사람에게 무엇이 유익한가?"(전 1:3)라는 질문 앞에 다시 서게 된다. 결국 모든 것이 "헤벨"(전 1:2)이라는 말의 진의가 여기서 밝혀진 셈이다.

코헬렛은 더욱 거세게 "보라, '이것이 새것이다' 말할 수 있는 것이 있는가?"라고 다시 묻는다. 새것이라고 여긴 것들이 이미 오래전부터 있었던 것이고(전 1:10), 이전 시대의 기억은 이미 사라졌으며 장차 도래할 시대도 마찬가지가 될 것이다(전 1:11). 더군다나 모든 것이 "오래전부터"(לְעֹלָמִים[레올라밈]), 그러니까 "영원토록" 있었던 것이다. "오래전부터"(오래전 세대들로부터[개역개정])라는 말은 먼 미래뿐만 아니라 과거로 확장되는 시간적 개념, 또는 공간적인 개념으로서 사람이 인식하고 깨닫는 영역을 넘어선 시공간을 가리킨다. 하지만 사람은 만족할 줄 모르기 때문에 새로운 무엇인가를 위해 끊임없이 생산하며 노동을 멈추지 않는다. 따라서 코헬렛은 사람이 이뤄낸 업적에서 새로움을 찾을 수 없다고 말한다. 이는 인간의 반복적인 역사에 대한 실망과 절망의 표출일까?

여기서 한 가지 더 당황스러운 것이 있다. 코헬렛은 인간의 짧은 기억력을 꼬집는다. 새로움의 부재는 기억의 부재와 통합된다. 새로움의 부재 자체가 아니라 기억하지 못하는 인간의 부족한 기억력이 문제다. 코헬렛은 아무도 지나간 세대를 기억하지 않는다고 말하며 집단적인 기억력 부재를 문제시한다(전 1:11).[8] 이로써 오묘한 역설이 성립된다. 누군가 "이것은 새로운 것이다"라고 말하는 순간 자신의 빈약한 기억력을 선언하는 꼴이 되기 때문이다.

그렇다면 코헬렛의 목표는 무엇일까? 그는 모든 새로운 것이 결국에는 모두 옛것이 되고 만다는 사실을 강조한다. 다가올 내일도 지나간 어제가 될 것이기에 과거와 미래 모두 현재 안에서 하나가 되어버린다. 바로 이 지점에서 **코헬렛이 목표하는 이중적인 의도**가 드러난다. 모든 인류가 새로움을 기대하지만 오늘은 어제가 되고, 내일은 오늘이 되는 미묘한 시간 놀이 속에서 진정한 어제, 진정한 오늘, 진정한 내일의 구분은 사라지고 만다. 오늘은 어제라는 과거와 내일이라는 미래로 연결된 하나다. 즉 코헬렛은 새로움의 부재로 인한 절망을 말하는 것이

---

8   김순영, 『열쇳말로 읽는 전도서』, 한국구약학총서 20(프리칭아카데미, 2011), 133.
     옛것과 새것에 관련된 히브리어의 구문법적인 이해와 그에 관한 좀 더 자세한 설명은
     127-38을 참조하라.

아니라 "오늘"이라는 현재의 가치와 중요성을 자기만의 방식으로 풀어
낸 것이다.

코헬렛이 수수께끼를 즐기듯 말하니 행간의 의미를 찾기가 쉽지
않다. 우리는 그의 가르침 앞에서 잠시 멈추거나 속도를 늦추어 생각할
시간을 가져야 한다. 코헬렛의 말에 담긴 진의는 무엇일까? 그는 끝없
이 새로움을 추구하는 인간의 거짓된 허영심을 드러내려고 자연의 순
환적인 질서에 빗대어 인류의 반복적인 역사를 말하는 듯하다. 역사의
반복과 지나간 세대는 기억되지 않는다는 말에서 짐작되는 것이 있다
(전 1:11). 삶의 의미와 인간의 정체성을 어디에 위치시켜야 할지 부단
히 고민했을 코헬렛은, 역사의 반복과 기억의 부재를 말함으로써 인간
의 갖가지 허황한 추구를 꼬집는 대신 역설적으로 진정한 새로움을 기
대했는지도 모른다. 결국 그 새로움이란 사람에 의해 만들어지는 새로
움이 아니라 완전히 다른 기원에서 오는 새로움일 것이다. 지금은 분명
하지 않지만 코헬렛은 책의 *끄트머리*에 이르러 사람과 우주의 마지막
종말을 상상한다(전 11:7-12:8).

3. 지혜를 추구했으나 "헤벨"이로다!(전 1:12-18)

코헬렛은 새로운 담론을 시작하면서 말하기 방식을 바꾼다. 그는 "나
는 코헬렛이다. 나는 예루살렘에서 이스라엘의 왕이었다"(전 1:12)라고
말하며 자신이 이스라엘의 왕이었다고 밝힌다. 이런 독특한 1인칭 화
법은 자연의 길과 사람의 길을 노래한 시(전 1:4-11)를 뒤로하고, 책의

끄트머리에서 우주와 인간의 종말을 노래할 때까지(전 11:7-12:7) 계속
된다. 물론 중간에 다시 "코헬렛이 말했다"라는 3인칭 여성형 동사가
끼어드는 부분은 예외다(전 7:27). 여하튼 이 지점에서 누구든 "코헬렛
의 말"(전 1:1)이나 "코헬렛이 말했다"(전 1:2)라고 언급되는 "코헬렛"
이 이스라엘 왕 솔로몬임을 의심하는 사람은 없을 것이다. 게다가 이미
전도서의 저자가 솔로몬이라는 교회의 전통적인 해석이 우리들의 생
각 속에 굳게 자리를 잡고 있다. 전통의 힘은 너무 세서 새로운 가능성
을 제기하려면 따가운 눈총을 감수해야 한다.

하지만 전도서 본문은 "코헬렛"이 솔로몬이라고 명시하지는 않는
다. 실제로 코헬렛이 솔로몬이 아니라는 의견은 끊임없이 제기되어왔
고 이 문제는 앞서도 간략하게 다루었다. 그리고 최근에 주석가들은 전
도서 1:12-2:26을 하나의 문학적인 허구(literary fiction)로 보기 시작했
다. 왜냐하면 "나"라는 1인칭 독립 인칭 대명사를 사용하는 자전적인
화법이 서부 셈어와 아카드어로 기록된 비문에서 다양한 용도로 사용
된다는 연구 결과들이 있기 때문이다.

1인칭의 자전적인 양식으로 기록된 이스라엘 주변 고대 국가들
의 비문에 관한 학자들의 비교 연구를 살펴보면 그 내용이 주로 왕의
지혜와 위대함을 자랑하는 상투적인 문구로 작성되어 있음을 알 수 있
다.[9] 그런데 코헬렛의 1인칭 화법은 그런 비문 양식과 닮은꼴이라는 사
실이 확인되었다. 즉 전도서 1:12-2:26의 문학적인 양식은 왕의 경험

---

9   Michael V. Fox, *The JPS Bible Commentary: Ecclesiastes*(Philadelphia: The Jewish
     Publication Society, 2004), 10.

과 회상을 1인칭의 유언 형식으로 기록한 고대 근동의 비문과 유사하며 코헬렛은 고대 이스라엘의 위대했던 왕의 경험을 문학적으로 패러디한 것이라고 볼 수 있다. 이로써 고대 주변국의 비문에 새겨진 자기소개 양식을 코헬렛이 모방한 것이라는 견해가 폭넓게 받아들여지게 되었다.[10]

코헬렛은 자료들을 수집하고 정리하고 가르치는 지혜자 집단에 속한 전문가다(전 12:9-12). 앞서도 지적했듯이 전도서의 맺음말을 해석학적인 가필로서 이해한다면 코헬렛은 자신의 고유한 이름을 숨긴 채 솔로몬의 의상을 걸치고 위대한 왕의 경험 속으로 자신을 밀어 넣었다고 할 수 있다. 곧 코헬렛이 왕으로 가장하여 솔로몬으로 자처했다는 것이다.

그렇다면 코헬렛은 왜 굳이 솔로몬의 경험에 기대어 이야기를 펼친 것일까? 우선 솔로몬은 이스라엘의 역사에서 가장 지혜로운 왕으로 칭송을 받은 사람이었다. 그는 하나님께 지혜를 구해 응답을 받았다. 열왕기 저자는 솔로몬 이전이나 이후로도 그와 같은 사람은 없었다며 칭송을 아끼지 않는다(왕상 3:9, 12). 심지어 솔로몬은 동방의 어떤 사람도 그 지혜를 따를 수 없을 만큼 지혜로웠다고 한다(왕상 4:30, 32). 그러니 코헬렛이 이스라엘 역사를 통틀어 지혜의 모범으로 가장 인정받는 솔로몬의 이름을 빌려 지혜의 말을 가르치려 하는 것도 어색하지 않다.

---

10   Seow, *Ecclesiastes*, 119; Michael V. Fox, *A Time to Tear Down & A Time to Build Up*(Grand Rapids: Baker Academic, 1999), 170-71; Krüger, *Qoheleth*, 5.

그러나 코헬렛이 솔로몬으로 가장한 결정적 이유는 다른 데 있다. 그는 지혜가 모든 인간 문제의 해결책이 아님을 사례를 들어 입증하기 위해 지혜의 상징처럼 존재하는 솔로몬 왕을 소환한다. 박학다식했던 솔로몬은 오늘날의 심리학자요, 사회학자요, 인류학자요, 생물학자이며 물리학자라 할 수 있다(왕상 4:33). 코헬렛은 그처럼 세상이 인정하는 지혜의 본보기인 솔로몬의 위대함을 문제시하기 위해 솔로몬으로 가장한다. 즉 독자들이 솔로몬의 이름을 떠올리도록 교묘하게 "의도적인 모방"을 한 셈이다. 이런 모방은 한마디로 솔로몬 전통의 패러디라 할 수 있다.[11] 솔로몬의 영광을 모방한 문학적인 픽션을 활용한 이 패러디는 지혜를 문제시하는 코헬렛의 의중을 뒷받침하며 대중화된 솔로몬의 이미지에 새로운 의미를 부여하기 위한 목적에 이바지한다.

전도서 1:12-18은 지혜의 왕이며, 지혜의 일인자로 손꼽혔던 솔로몬을 떠올리게 하는 이야기를 전해준다. 그런데 이 단락을 두 부분으로 나누어 살펴보면 구성적 어울림이 돋보인다. 두 부분이 서로 병행적인 구성력을 갖추기 때문이다.[12]

---

11   Krüger, *Qoheleth*, 63.

12   Hubbard, *Ecclesiastes*, 57-58.

A. 코헬렛의 자기소개(전 1:12)
　B. 이해 추구(전 1:13)
　　C. 부정적인 요약 평가(전 1:14)
　　　D. 평가를 확증하는 경구(전 1:15)
A´ 코헬렛의 자기평가(전 1:16)
　B´ 지혜 추구(전 1:17a)
　　C´ 부정적인 요약 평가(전 1:17c)
　　　D´ 평가를 확증하는 경구(전 1:18)

전도서 1:12-18의 구성

　　코헬렛은 자신이 마음을 다해 "하늘 아래"에서 일어나는 모든 것을 지혜로 찾으며 탐구했다고 말함으로써 새로운 주제를 소개한다(전 1:13a). 하지만 이어지는 첫마디부터 실망감이 역력하다. 그는 마음을 쏟아 탐구하는 일은 괴로운 일로서 하나님이 사람의 마음에 고민거리로 주셨다는 사실을 알았다고 한다(전 1:13b). 그의 문장은 독특하다. 그는 자신의 담론을 펼치는 과정에서 독립 인칭 대명사 "나"를 자주 사용하면서도 보통명사에 1인칭 대명접미어(이를테면 "나의~")를 붙이는 습관을 보인다. 예컨대 "내가 나의 마음"(전 1:16)이라는 표현이 대표적이다. 이미 1인칭 소유격 접미어가 붙은 단어를 사용하면서도 굳이 "나"라는 주체를 표시하는 독립 인칭 대명사를 사용하는 것이다. 이런 습관은 암암리에 자기의 개인적인 경험에 생생함을 불어넣으려는 의도로 보인다.

　　코헬렛은 말의 반복을 즐긴다. 그는 유달리 "마음"이라는 단어를 41회나 사용한다. 앞서도 밝혔듯이 구약에서 "마음"을 가리키는 히브리어 "레브"는 정신, 심장, 마음을 뜻한다. 우리말 성경에서 레브는 "양심"으로 번역되기도 한다. 우리가 생각하기에 보통 "마음"은 감정적인 측면이 강조되는 어감을 띠지만 고대 이스라엘인들에게 마음, 곧 심장은 정신과 의지까지 모두 포함한 말이다. 즉 목적, 의도, 인격, 생각과 의지, 지혜와 이해의 자리가 바로 레브, 마음이다.[13] 그도 그럴 것이 고대 근동의 철학에서 마음은 의사 결정 기관이기 때문이다.[14] 구약성경에서 "마음"은 사람의 내면과 본질을 표현한 가장 의미심장한 말로서 한 사람의 온전한 내면뿐만 아니라 인간적·육체적·정신적 삶의 중심을 언급하는 중요한 은유로 활용된다.[15]

코헬렛은 지혜를 탐구하기 위해 "나의 마음"을 쏟았다고 말한다. 이는 관습적 혹은 관용적 표현일지라도 탐구에 대한 철저성과 진지함이 오롯이 묻어나는 표현이다.[16] 우리는 코헬렛이 지혜로 "하늘 아래" 곧 지상의 일들을 살피고 탐구하는 일에 헌신적으로 몰두했음을 충분히 짐작할 수 있다. 더군다나 코헬렛은 "하늘 아래" 일들을 탐구하는 도구가 있었다. 그 도구란 곧 "지혜"다. 그에게 지혜는 추구의 대상이면서(전 1:17) 사물을 탐구하는 도구다. 앞서 밝혔듯이 지혜를 가리키는 히브리어 "호크마"는 장인들이 손을 이용해 제품을 만드는 기술과

---

13 *TWOT,* 1071a; BDB, 525.

14 Seow, *Ecclesiastes,* 119-20. Seow는 "레브"를 다룰 뿐 아니라 "나탄 레브"(마음을 다하다; 문자적으로는 "마음을 주었다"라는 뜻)라는 관용구를 자세히 설명하면서 마음을 정하고 정신을 집중하거나 결심하는 것을 나타낼 때 사용하는 단어라고 풀이했다.

15 Alex Luc, "לֵב," *NIDOTTE,* 2:749-54.

16 Graham S. Ogden, Lynell Zogbo, *A Handbook on Ecclesiastes*(New York: United Bible Societies, 1997), 41.

예술적인 능력은 물론이고 모든 지적인 활동을 총칭한다. 고대 이스라엘의 지혜 선생들이 지혜를 윤리적인 신중함과 의사 결정의 중심 기관으로 생각한 흔적은 잠언에서도 발견된다.

> 미련한 자는 행악으로 낙을 삼는 것 같이
> 명철한 자는 지혜로 낙을 삼느니라(잠 10:23[개역개정]).

이스라엘의 구속 역사에서 하나님 말씀의 중재자였던 위대한 지도자 모세도 "지혜의 마음을 얻게 해주십시오"(시 90:12)라고 기도했다. 더 나아가 이스라엘의 현자들은 여성명사 "지혜"를 칭송하는 동시에 일평생 함께할 배우자를 찾는 것처럼 지혜를 사랑하고 추구하라고 조언했다(잠 3:13-18; 4:6-9).

> [6]지혜를 버리지 말라. 그녀가 너를 보호하리라.
> 그녀를 사랑하라. 그녀가 너를 지키리라….
> [8]그녀를 높이라. 그리하면 그녀가 너를 높이리라.
> 그녀를 품으면 그녀가 너를 영화롭게 하리라.
> [9]그녀가 아름다운 관을 네 머리에 두겠고
> 그녀가 영화로운 면류관을 네게 주리라(잠 4:6-9).

이처럼 고대 이스라엘의 지혜자들은 지혜 추구를 강조했다. 하지만 그것으로도 충분치 않았다. 이스라엘의 지혜 전통은 하나님 경외를 지혜와 지식의 뿌리로 제시하면서 지혜의 신학화를 도모하기에 이른다(잠 1:7; 7:10). 코헬렛도 마찬가지다. 다만 그는 언약 관계를 강조하는 이름인 "야웨"가 아니라 "하나님"을 경외하는 것을 지혜의 절정으로 제시한다(전 12:13-14).

그런데 코헬렛은 다른 지혜자들과 달리 독특한 관점을 드러낸다. 그에게 지혜는 추구의 대상일 뿐 아니라 탐구를 위한 수단이기 때문이다. 그는 지혜의 한계와 취약성을 그 누구보다 강렬하게 인식했다(전 1:17; 2:14, 16; 8:16-17; 9:1, 16, 18; 10:1). 이는 코헬렛이 지혜를 과소평가했다는 말이 아니라 인간의 지혜가 갖는 허약성에 관심을 두고 강조했다는 뜻이다. 그는 인간의 지혜가 인간을 자칫 그릇된 길로 인도할 수도 있음을 염려하듯 지혜의 위대성을 인정하면서도 그 한계를 논하며 자랑하지 말라고 경고한다. 오랜 세월이 흐른 뒤 사도 바울도 하나님이 지혜 있는 자들의 생각을 헛것으로 아신다고 말하며 강도 높게 인간적 지혜의 허약성을 꼬집었다(고전 3:19-20).

코헬렛은 괴로웠다. 그는 "해 아래" 지혜로 모든 일을 살피고 탐구하기란 괴로운 일이라고 과감하게 말한다. 왜냐하면 하나님이 "사람의 아들들"에게 "괴로운 일"(עִנְיָן רָע) 곧 "행복하지 않은 일"(an unhappy business[NIV])을 주셨다고 생각하기 때문이다(전 1:13). 그가 보기에 인간에게 괴롭고 힘든 일을 주시는 주체가 바로 하나님이시다. 이는 하나님이 믿는 자에게 가장 좋은 것을 주신다는 대중적인 믿음에 균열을 일으키는 발언이다.

코헬렛은 하나님의 언약적 측면을 강조하는 이름인 "야웨"를 단한 번도 발설하지 않는다. 그는 오직 보편적 명칭인 하나님(엘로힘)만 말한다. 코헬렛이 야웨, 곧 이스라엘과 언약을 맺으신 하나님의 인격적이고 고유한 이름이 아니라 우주와 모든 사람의 하나님, 조물주를 지칭하는 보편적인 이름만 말하는 이유는 무엇일까? 코헬렛이 묘사한 하나님은 우주 안에 언제나 현존하고 활동하며 항상 주는 분, 행하고 만드는 분이시다.[17] 그런데 코헬렛에게 하나님은 항상 좋은 것만 주시는 것이 아니라 괴로움도 함께 주는 분이시다.

당혹스럽다. 하나님을 향해 이렇게 솔직해도 되는가? 코헬렛은 이후에도 하나님이 좋은 것만 주시는 분이 아니라 때에 맞게 삶의 좋고 나쁨의 양극적인 사태 속으로 사람을 밀어 넣거나 거기에 있게 만드시는 분이라고 소개한다(전 3:1-10). 그는 인생의 불편함과 모호함을 피하지 않고 있는 그대로 끌어안고 표현한다. 코헬렛이 지혜를 수단으로 삼아 "해 아래" 모든 것을 탐구한 결과는 감정적이든 육체적이든 정신적이든 삶의 고통은 따라오기 마련이라는 깨달음이다(전 1:18; 12:12). 그리하여 우리는 코헬렛이 "모든 것이 덧없으며 바람 잡는 것"(전 1:14)이라고 내리는 판단에 수긍할 수밖에 없다.

그는 사물을 눈으로만이 아니라 마음으로 보는 사람이다. 그는 눈으로 관찰하고 마음으로 받아들인다. 그래서 그의 바라봄은 마음과 눈의 결합이 이루어내는 통찰로 이어진다. 그에게 관찰과 탐구는 눈에서 그치지 않고 마음, 곧 심장까지 내려가는 일이다. 그가 지향하는 삶의 탐구는 마음(심장)의 활동을 통한 깨달음이다. 코헬렛에게 마음과 눈이 중요한 이유다. 이 둘의 상호작용은 지혜로 연결된다.

코헬렛은 사물을 바라보고 관찰하는 몸의 기관인 눈을 9회 언급

---

17   Seow, *Ecclesiastes*, 146.

할 뿐 아니라 "보다"라는 동사를 47회나 사용한다.[18] 히브리어에서 "보다"(רָאָה[라아])라는 말은 실제로 시각적 활동이라는 문자적 의미를 넘어 경험하고, 고찰하고, 시험하고, 깨닫는다는 의미로 문맥에 따라 폭넓게 사용된다. 그래서 코헬렛이 "보다"라는 말을 얼마나 자주 사용하는지 눈치채기가 쉽지 않다. 그렇더라도 코헬렛이 새로운 담론들을 소개할 때 즐겨 사용하는 "나는 보았다"라는 말은 도드라져 보인다. 세상을 향한 그의 "바라봄"은 눈에서 머무르지 않고 마음(심장)으로 연결된다. 눈으로 보고 머리로 판단하는 것이 아니라 마음으로 판단한다는 관점이 독특하다. 이는 코헬렛의 생각이 생명과 의지의 중심 기관, 곧 마음의 작동에서 비롯된 것임을 깨닫게 한다. 그러니 눈과 마음은 코헬렛의 사상이 어디에 중심을 두고 있는지를 밝혀주는 중요한 열쇳말이다.

그가 해 아래 일어나는 일들을 바라본 후에 내린 결론은 "헤벨"이며 "바람 잡는 것"이다(전 1:14). 이 말은 삶과 세상의 문제들을 관찰하고 내놓은 다양한 담론들에 대한 요약적인 평가다. 앞서도 밝혔듯이 "바람 잡는 것"(개역개정)이라는 말을 있는 그대로 직역하면 "바람의 열망"이다. 이 말은 "헤벨"과 병행관계로 묶여 짝을 이루며 반복해서 등장한다(전 1:14; 2:11; 2:17; 2:26; 4:4, 16; 6:9). 이 둘의 병행적인 구성은 구약 어디서도 찾을 수 없는 코헬렛만의 독특한 표현으로서 일종의 신조어다. "바람"도 "헤벨"만큼이나 다차원적인 의미를 지닌 말이다. "바람"(רוּחַ[루아흐])은 때때로 숨(breath), 영(spirit)을 의미한다. 그런데 시

---

18 "나는 보았다"(1인칭 완료형)라는 동사의 용례는 Anton Schoors, *The Preacher Sought to Find Pleasing Words: A Study of the Language of Qoheleth I, II*(Leuven: Peeters, 1992-2004), 59-75에 상세하게 설명되어 있다.

아우가 밝힌 것처럼 "헤벨"과 결합한 "루아흐"는 다른 구약성경의 용례와 구별된다.

"루아흐"는 지혜문학 전반에서 지속할 만한 가치가 없거나 실체가 없는 것들을 은유적으로 표현할 때 자주 활용된다. 예컨대 "바람을 물려받는 것"(잠 11:29)이라든지 "바람의 지식"(욥 15:2)이나 "바람의 말들"(전 16:3)이라는 표현이 그렇다. 이 모든 용례에서 바람은 무익함과 무의미함의 뜻으로 통한다(참고. 사 41:29).[19]

> 지혜로운 자가 어찌 헛된 지식으로 대답하겠느냐?
> 어찌 동풍을 그의 복부에 채우겠느냐?(욥 15:2[개역개정])

> 헛된 말이 어찌 끝이 있으랴?
> 네가 무엇에 자극을 받아 이같이 대답하는가?(욥 16:3[개역개정])

> 자기의 집을 해롭게 하는 자의 소득은 바람이라.
> 미련한 자는 마음이 지혜로운 자의 종이 되리라(잠 11:29[개역개정]).

이처럼 "루아흐"가 "헛됨"의 의미로 번역되는 것은 "루아흐"를 생명력, 숨, 정서, 의지력, 신적인 전능함을 표현할 때 사용하는 것과 사뭇 다르다. 곧 다시 돌아올 수 없이 사라지는 인간의 허약한 입김을 표

---

19 Seow, *Ecclesiastes*, 122; 김순영, 『열첫말로 읽는 전도서』, 185.

현한 셈이다.[20] 구약의 다른 본문들과는 차이가 있다.

한편 예언자 호세아의 말에서도 코헬렛이 의도한 "루아흐"(바람)의 의미가 잘 드러난다. "에브라임은 바람을 먹고 살며, 온종일 동풍을 따라 다닌다"(호 12:1)라는 언급에서 호세아는 아무리 노력해도 성취하기 어려운 일과 결과 없는 허무한 추구를 말하려고 "루아흐"를 사용했다.[21] 호세아나 코헬렛은 모두 인간의 허망한 추구를 꼬집어 "바람"으로 표현한 것이다.

코헬렛이 "헤벨"과 "바람"을 병행시키는 것은 수수께끼 같은 인생의 덧없음을 담아내기 위함이다. 한곳에 결코 머무르지 않고 손에 잡히지도 않는 바람의 속성과, 순간 또는 일시성을 표현하는 "헤벨"의 조합은 덧없는 삶과 사람의 눈에 가려진 신비를 가장 잘 포착한 말로서 실제의 삶을 집약시킨 은유적인 표현이다. 두 낱말의 조합은 순간처럼 짧은 생애를 사는 인간의 차원, 곧 시간의 한계성 안에 갇힌 존재를 표현하는 강렬한 은유를 생성한다. 이처럼 비슷한 어휘를 조합해 해 아래에서 일어나는 현실 세계의 한계성을 제시한 코헬렛은 하나님이 섬세하게 다루시는 자연계의 반복적인 운동과 추진력, 그리고 우주 질서를 바라보고 경탄하는 신앙인이면서 동시에 현실 세계의 한계성을 짚어내는 냉철한 현실주의자이기도 하다.

코헬렛은 전도서 1장의 마지막 단락(전 1:16-18)에서 자신을 평

---

20 다음 자료가 이 부분을 상세하게 설명한다. 한스 발터 볼프, 『구약성서의 인간학』, 문희석 옮김(분도출판사, 2003), 68-81.

21 Ernest W. Hengstenberg, *A Commentary on Ecclesiastes*(Eugene, Oregon: Wipf & Stock Publishers, 1998), 63-64; Tremper Longman III, *The Book of Ecclesiastes*(Grand Rapids: Eerdmans, 1998), 83.

가한다. 이 단락은 전도서 2장의 내용을 예감하게 하는 간략한 맛보기다. 코헬렛은 "나는 내 마음에 말했다"(전 1:16; 2:1; 3:17, 18)라고 표현한다. 자기 내면과 대화하는 태도가 엿보이는 말이다.[22] 입 밖으로 내놓는 것이 아니라 마음에 두고 한 말이어서 내면의 성찰을 추구하는 지혜자다움이 느껴진다. 코헬렛은 자기가 예루살렘에서 그 누구보다 지혜와 지식을 더 많이 경험했고(전 1:16) 지혜를 알기 위해, 그리고 "망상"과 "우둔함"(미친 것들과 미련한 것들[개역개정])을 알기 위해 마음을 쏟았지만 그마저도 "바람 잡는 것"(바람의 열망)임을 깨달았다고 한다(전 1:17).[23] 마음으로 말하고, 자기 마음을 쏟았다고 할 정도로 "마음"을 강조하는 그에게서 자기 확신에 빠지지 않기 위해 내면의 대화를 끊임없이 이어가며 자기반성의 성찰에 집중하는 철학자의 모습을 볼 수 있다.

그런 그가 지상의 일들과 지혜의 관계를 조명하며 던지는 짧은 말이 무척 강렬하다.

지혜가 많으면 번뇌도 많고

---

22 이뿐만이 아니라 코헬렛은 1인칭 동사구 "나는~했다"라는 말 다음에 1인칭 독립 인칭 대명사 "아니"(אֲנִי)를 자주 사용하는데 이 역시 그만의 독특한 문체로서 1인칭 주체를 강조하는 수사적 효과를 기대한 표현으로 보인다(전 1:16; 2:11, 12, 13, 14, 15, 18, 20, 24; 3:17, 18; 4:1, 4, 7; 5:17[18]; 7:25; 8:15; 9:15, 16).

23 개역개정 성경은 "망상", "광기"를 뜻하는 "הוֹלֵלוֹת"(홀렐로트)를 "미친 것들"로 번역하고, "어리석음", "우둔함"을 뜻하는 "סִכְלוּת"(시클루트)를 "미련한 것들"이라고 번역했다. 하지만 이 어휘들은 둘 다 여성 복수 명사로서 오직 전도서에서만 발견되어 그 용례를 정확히 밝히기 어렵다. 굳이 말하자면 특정 행위가 아니라 비이성적인 생각을 가리키는 것으로 이해하는 것이 좋겠다. 또 전도서 1:17에 등장하는 "דַּעַת"(다아트)를 명사로 읽을 것인지, 동사(יָדַע)의 부정사 연계형으로 읽을 것인지에 대한 논의들이 제기되기도 했다. 이와 관련한 좀 더 자세한 언어학적인 설명은 김순영, 『열쇳말로 읽는 전도서』, 166-70을 참고하라.

아는 것이 많으면 걱정도 많더라(전 1:18[새번역]).

코헬렛은 세상의 온갖 일을 알려고 머리를 짜내며 심혈을 기울였지만 괴로움뿐이었다. 그가 보기에 "유쾌하지 않은 일"(עִנְיַן רָע; an unhappy business[TNK, NIV])을 주신 주체는 하나님이다(전 1:13). 더군다나 그는 하나님이 하시는 일을 누구도 변경할 수 없다는 결론에 이르게 된다(전 1:15). 결국 코헬렛의 눈에 "지혜와 지식"은 번뇌와 고통일 뿐이다(전 1:18). 그것이 무엇이든 사람이 알면 알수록 괴로움만 더 커질 뿐이라니, 이쯤 되면 지혜와 지식에 대한 파산 선고를 내린 것이 아닌가?

지혜와 지식은 번뇌와 고통으로 연결된다. 번뇌 또는 슬픔과 고통은 지혜의 영역에서 걷어낼 수 없는 감정이다. 코헬렛은 사람이 지상의 삶을 사는 동안에는 번뇌와 고통을 벗어버릴 수 없음을 정확히 꼬집는다. 그의 말들이 쓰디쓴 약초 같이 느껴진다. 그가 말하는 지혜란 사물의 중심에 다가갈수록 장밋빛 미래를 낙관하게 하는 것이 아니라 삶의 고생스러운 현실에 밀착되어 살아가라고 떠미는 힘이 아닐까 싶다.

이스라엘의 지혜 전통에 따르면 지혜는 진주보다 낫고, 원하는 그어떤 것보다도 좋다(잠 8:11). 그래서 지혜를 가까운 친족처럼, 누이처럼, 친구처럼 가까이하라는 조언이 주어진다(잠 7:4). 하지만 코헬렛은 그런 지혜 전통을 무력화시킨다. 이런 관점은 다른 지혜자들보다 코헬렛이 좀 더 야심 차고 거침없는 사람처럼 보이게 한다. 그런데도 지혜와 지식에 관한 그의 도발적인 발설은 끊이지 않는다. 곧 이어지는 전도서 2장에서 코헬렛은 솔로몬을 연상시키는 묘사를 사용해 인간의 위대한 지혜와 업적을 의문시하며 무(無)로 만들어버린다. 그는 솔로몬의 위대성을 구체적인 사례를 들어 제시한다. 하지만 그것을 통해 밝혀지는 것은 인간의 모든 수고와 업적의 덧없음, 그리고 인간이 축적해온 지식과 지혜의 한계일 뿐이다.

4. 온갖 노동과 "헤벨"에서 출생한 기쁨(전 2:1-26)

전도서 2장은 솔로몬 왕을 짐작하게 하는 1인칭 화법의 담론으로 구성된다. 특히 전도서 2:4-11의 묘사는 솔로몬을 제외하고 다른 누구를 생각하기 어렵게 한다. 그렇더라도 코헬렛은 절대로 솔로몬의 이름을 직접 언급하지는 않는다. 그는 단지 누구나 솔로몬을 떠올리게 하는 의도적인 모방, 곧 솔로몬 전통에 대한 패러디를 시도할 뿐이다. 코헬렛은 즐거움, 웃음, 지혜를 화두로 삼지만 또다시 "헤벨"이라는 결론으로 돌아간다(전 2:1-11). 전도서 2장의 둘째 단락(전 2:12-26)에서 코헬렛은 "내가 돌이켜 보았다"고 말을 건네면서 첫째 단락에 묘사한 경험들을 더 깊게 파헤치며 좀 더 근원적인 문제들을 다룬다.

(1) 솔로몬을 패러디하다: 온갖 수고와 허무(전 2:1-11)

코헬렛의 1인칭 담론의 대화 상대는 자기 자신이다. 문자적으로 "나는 내 마음속으로 말했다"라고 말하며 이야기를 시작하는 그에게서 인생의 문제를 깊이 따져보고 사색하려는 태도가 느껴진다. 그는 솔로몬이

착수했을 법한 굵직한 사업들을 나열하면서 마치 자기가 솔로몬인 것처럼 왕의 의상을 걸치고 과거를 회상한다. 그는 이미 온갖 활동들과 지혜를 논한 후 그 모든 것이 덧없고 바람을 잡는 것이라고 판결했지만 말이다(전 1:13-15; 1:16-18).

이제 그는 즐거움마저 "헤벨"이라고 선언하며 갖가지 삶의 영역과 그 한계를 나열한다. 그가 마음속으로 한 말들은 사실 자기 독자들이 듣기를 바라는 말이다. "자, 네가 기쁘고 즐겁게 살아봐. 그러나 아, 그것도 헤벨이다"(전 2:1). 코헬렛에게 지식이나 지혜가 번민거리이자 고통이었던 것처럼(전 1:18) 왕의 가면을 쓴 화자에게는 모든 즐거움이 "헤벨"이다. 즐거움도 순간이다. 덧없고 무의미하다. 웃음도 어리석은 것이다. 왕의 목소리를 빌린 코헬렛은 즐거움, 그것이 무엇을 이루겠는가 하고 질문한다(전 2:2). 기쁨과 웃음마저도 "헤벨"이다. 그러니 생의 갖가지 문제들을 곰곰이 따져볼 수밖에 없지 않겠는가?

코헬렛은 지난날을 회고하듯 말한다. 그는 여전히 1인칭 소유격 대명사를 유달리 많이 반복하면서 자기 마음, 곧 심장에서 들려오는 소리에 귀를 기울인다. 본래 마음을 빼앗기면 눈은 아무것도 보지 못한다. 반대로 마음에서 들려오는 소리는 시각이 따라갈 수 없는 깨달음으로 이어지는 법이다. 그가 하는 말에 귀를 기울여보자.

나는 내 마음속을 면밀히 살폈다.
내 육신을 술에 빠져보게도 하고,
지혜로 내 마음을 수행하기도 하고,
어리석음에 푹 빠져 지내기도 했다.

짧은 생을 사는 동안 사람의 아들들에게

어떤 것이 좋은지 깨달을 때까지(전 2:3).

코헬렛은 단번에 최고의 것을 찾는 사람이 아니다. 그는 비교를 통해 어떤 것이 더 좋은 것인지를 찾는다. 왜 "최고"가 아닌 "좀 더 좋은 것"을 찾는 것일까? 아마도 그가 해 아래의 그 무엇도 절대적으로 좋은 것이 없다는 사실을 이미 깨달았기 때문일 것이다.

그는 엄청난 재력과 재능과 권력을 가진 사람만이 성취할 만한 위대한 업적들을 나열한다. 그의 묘사는 대규모 토목 사업과 건축 프로젝트를 수행한 권력자의 모습을 비춰준다. 그는 궁전, 포도원, 정원, 과수원, 저수지를 만들고 남녀 종들을 두었다고 한다. 또 많은 가축을 사들이고 왕들이 소유하는 여러 나라의 보물도 수집해보고, 자기만을 위한 가수들과 많은 처첩까지 소유했다고 한다(전 2:4-8). 거기에 자기 자신이 예루살렘의 그 누구도 미치지 못할 위대함과 지혜를 가진 사람이었다는 자화자찬도 빼놓지 않는다(전 2:9). 그의 말을 문자적으로 읽으면 자부심의 농도가 보통이 아니다. 그는 심지어 "나의 지혜가 나를 위해서 있었다"(전 2:9)라고 말할 정도다.

그는 자신이 예루살렘에서 그 누구보다 큰 세력을 떨치던 사람이었다고 회상한다. "예루살렘"이라는 어휘는 "샬롬"과 뜻이 같은 "샬렘"을 포함한다. 샬롬이란 단지 전쟁이 없는 "평화"만이 아니라 "부족함이 없는 상태"를 의미한다. 이로써 코헬렛은 자신이 사람들에게 완전한 복지를 제공한 사람인 양 지혜와 권력을 자랑하며 더할 나위 없이 높은 자만심을 드러낸다. 더군다나 지혜를 자랑하는 왕이 누린 것은 제한이 없는 절대 권력이었다.

> 무엇이든지 내 눈이 원하는 것을
>
> 내가 금하지 아니하며
>
> 무엇이든지 내 마음이 즐거워하는 것을
>
> 내가 막지 아니하였으니
>
> 이는 나의 모든 수고로 말미암아
>
> 얻은 몫이로다(전 2:10[개역개정]).

권력을 쟁취한 왕의 삶을 압축적으로 표현한 이 문장에는 코헬렛이 즐겨 사용하는 말들이 대거 등장한다. "내 눈", "내 마음", "즐거움", "나의 모든 수고", "몫"이라는 어휘들이다. 1인칭 소유격을 빈번하게 사용하는 코헬렛의 말하기 습관뿐 아니라 세상을 세밀히 관찰하는 태도를 반영하는 짝꿍 단어들―마음과 눈, 수고와 즐거움―및 "몫"(분복)이라는 어휘의 사용은 이후로도 여러 차례 확인하게 될 것이다. 특히 "해 아래 수고하는 사람의 온갖 수고가 무슨 유익이 있는가?"(전 1:3)라는 주제 질문과 상응하는 "나의 온갖 수고"라는 어구의 반복도 눈에 띈다.

코헬렛이 솔로몬 왕을 패러디해 말한 내용에서 좀 더 찬찬히 살펴보아야 할 것이 있다. 왕은 무엇이든 가질 수 있고 원하는 대로 즐거움을 누릴 수 있다. 하지만 그는 성취한 모든 것을 돌아보며 "덧없고, 바람을 잡는 것이요, 해 아래 아무 유익이 없다"(전 2:11)고 말한다. 자기 손으로 행한 갖가지 노고들을 아무것도 아닌 "무"(nothingness)로 만들어버리는 것이다. 여기서 "유익" 또는 "이익"으로 번역되는 히브리어

"이트론"(יִתְרוֹן)은 어떤 행위에 따른 결과로 얻어지는 "이득", "이윤", "잉여"를 가리키는 것으로서 경제적 뉘앙스가 농후한 말이다. 그런데 각종 생산 활동이 가져오는 잉여 이익의 극대치를 누리는 절대 권력자로서 왕은 온갖 세속적인 열매와 영광을 향유할 수 있었지만 어떤 유익도 없었다고 말한다. 말 그대로 그 모든 수고가 "무"(無)였다.

왕의 업적, 권력, 부, 쾌락으로 채워진 삶에 대한 묘사는 솔로몬을 떠올리게 한다. 더군다나 경제적 이득을 논한다면 솔로몬이야말로 고대 이스라엘을 세계 경제의 중심에 세웠던 권력의 절정으로 기억되는 인물이다(왕상 3-11장). 이 지점에서 코헬렛이 솔로몬의 가면을 쓰고 왕이 누렸을 삶으로 들어가 솔로몬 전통을 패러디한 진심이 드러나게 된다. 솔로몬은 이스라엘 왕국의 역사에서 전 세계를 그의 발아래 둘 정도로 부와 권력과 지혜와 위엄을 갖춘 통치자로서 당혹스러울 정도로 극찬을 받았기 때문이다.

> ²³솔로몬 왕의 재산과 지혜가 세상의 그 어느 왕보다 큰지라. ²⁴온 세상 사람들이 다 하나님께서 솔로몬의 마음에 주신 지혜를 들으며 그의 얼굴을 보기 원하여 ²⁵그들이 각기 예물을 가지고 왔으니 곧 은 그릇과 금 그릇과 의복과 갑옷과 향품과 말과 노새라. 해마다 그리하였더라(왕상 10:23-25[개역개정]).

솔로몬으로 가장한 코헬렛의 본심은 솔로몬의 위대함이 아니라 다른 곳에 있다. 앞서 전도서의 저자 문제를 말하면서 살펴본 엘룰의 탁월한 지적처럼 코헬렛은 지금 한 인간, 그것도 위대했던 왕의 모든 업적을 덧없는 바람의 열망으로, 아무 유익도 없는 것으로 만들고 있다.

코헬렛은 왜 솔로몬의 영광을 "무"로 만들어버리는가? 위대한 성공으로 칭송받았던 솔로몬은 사실 무소불위의 권력을 행사하며 사치스러운 방종을 일삼고(왕상 4:22-23), 국책 사업을 명분으로 노동력을 착취하며(왕상 5:13-16), 700명의 후궁과 300명의 첩을 두었던 왕이었다(왕상 11:3). 솔로몬이 그토록 많은 후궁을 둔 이유는 정략적인 결혼을 통해 정치적·군사적 동맹들을 포섭해 국제적인 안전망을 구축하기 위함이었다. 그는 하나님을 사랑했다(왕상 3:3). 하지만 그는 이집트 공주와의 결혼을 통해 자신의 이중적인 마음을 드러낸다(왕상 3:1). 자기 조상들을 억압했던 이집트 제국과의 정략결혼은 출애굽을 역전시키는 이집트로의 회귀나 다름없었다. 요컨대 코헬렛은 솔로몬에게 향수를 느끼며 제국의 욕망을 추구하는 이스라엘 사회를 향해 솔로몬의 권력과 부, 그리고 인간의 지혜를 맹목적으로 숭앙하지 않도록 경고한 것이다.

더군다나 코헬렛은 아무리 위대한 왕의 업적이라도 이전 왕이 했던 것의 반복일 뿐이라고 말함으로써 모든 왕이 자랑하는 능력, 부, 업적을 무효화시킨다(전 2:12). 이로써 그는 무엄하게도 이스라엘의 영광을 상징하는 위대한 솔로몬 왕의 업적을 헛것으로 만들어버린다. 엘룰의 말처럼 이것은 이스라엘의 영광을 바랐던 동시대 사람들에게는 어떤 신학적 논쟁보다도 더 큰 스캔들이었다. 코헬렛에게는 하나님을 제외한 그 모두가 다 똑같다. 위대했던 솔로몬도 절대적 모범이나 약속의 중재자가 될 수 없다. 엘룰의 말처럼 바로 이 부분에서 코헬렛은 예수님을 지향한다. 오랜 세월이 흘러 역사의 무대에 등장하신 예수님은 공중의 새들과 들의 백합화를 돌보시는 하나님에 관해 말씀하면서 "솔로몬의 모든 영광으로도…이 꽃 하나만 같지 못하였다"라고 비교하셨다(마 6:26-29; 참고, 눅 12:27). 예수님은 솔로몬 제국의 영광을 꽃보다 작은 것으로 평가절하하면서 "솔로몬보다 더 큰 이가 여기 있다"고 말씀하심으로써 자신의 정체를 밝히셨다.[24]

이처럼 인간의 거대한 업적을 "무"로 만든 코헬렛의 관점은 수 세대를 넘어 예수님에 의해 확대 적용된 진리의 말씀이 되었다. 코헬렛은 절대 권력의 무상함과 인간 지혜의 한계점을 밝힘으로써 당대의 사람들만이 아니라 앞으로 오는 모든 세대의 사람들에게 충격이 가해지기를 바랐을 테다. 이렇게 지혜 선생 코헬렛이 시도한 "솔로몬 전통의 패러디"는 인간의 자기 기만적인 위대함 숭배를 격파하는 진리 주장이 되었다.

고대로부터 현대에 이르기까지 권력이나 부나 명예를 단호히 거절할 사람이 얼마나 될까? 코헬렛의 사상과 태도는 과학적인 진보와 문명 성취를 일궈낸 현대인들에게 훨씬 더 적실성 있는 말로 다가온다. 지금 우리 사회에는 부와 권력이 주는 안전을 쟁취하기 위해 온 인생을 무차별적인 경쟁 속으로 밀어 넣는 사람들이 넘쳐나지 않는가?

좀 더 높이, 좀 더 많이 성취하려는 사람들의 온갖 수고와 노력은 자기 자신을 상품화시키는 데 이를 정도로 자본의 논리에 종속되기 일쑤다. 가끔은 자본과 시장의 구조가 만들어내는 비인간적인 삶의 체계를 비판하면서도 그 악의 고리를 끊지 못하는 우리의 슬픈 자화상이

---

24   엘룰, 『존재의 이유』, 175.

삶의 현장 곳곳에 촘촘히 들어차 있다. 그런데도 우리 시대의 교회는 이런 현실을 혁파할 진리 주장을 펼치지 못하고 있다. 이런 상황에서 코헬렛의 고언은 시대 논리에 포박당한 채 끌려가는 우리에게 대안적인 삶을 창조하라는 일침으로 들려온다.

(2) 삶을 평준화하는 죽음과 삶의 기쁨(전 2:12-26)

솔로몬의 경험을 패러디한 코헬렛은 갖가지 굵직한 사업과 업적들, 어마어마한 부와 풍요가 모두 덧없고 바람을 잡는 것이며 아무 유익도 없는 일이라고 선언한다(전 2:11). 그리고 그는 이에 대한 반성적인 성찰을 이어간다. 그는 "헤벨" 판단과 함께 모든 인간에게 닥치는 죽음의 문제를 제시한다. 그는 인간의 지혜와 어리석음의 차이와 우열을 논하는 대신 죽음 앞에 나란히 세움으로써 그 둘을 평준화시킨다(전 2:12-17). 모든 지혜와 온갖 위대함, 그리고 갖가지 인생의 수고와 슬픔을 논하는 코헬렛에게 여전히 모든 것은 "헤벨"이다. 그러나 그는 "헤벨"을 뒤집어 삶의 즐거움을 추천한다. 그가 삶의 덧없음을 앞세워 기쁨을 추천하는 진의는 무엇일까?

가. 피할 수 없는 죽음, 우리는 공동 운명체(전 2:12-17)

코헬렛의 반성적인 성찰을 드러내는 한마디, "그리고 나는 돌이켜 보았다"라는 말이 다시 반복된다. 그는 지혜와 "망상"(הוללות[홀렐로트]) 및 "어리석음"(סכלות[시클루트])을 헤아려보았다고 말한다(전 2:12). 그는 이미 자신이 지혜와 어리석음을 구별해보려고 심혈을 기울였지만 그 모든 노력이 덧없고 바람 잡는 일이었다고 평했다(전 1:17). 그런 그가 다시 되돌아본다. 그가 지혜를 조사하고, 망상(망령됨[개역개정])과 어리석음을 다시 들여다보는 것은 솔로몬을 연상시키는 왕의 뒤를 계승할 자에 관한 생각 때문이다.

한 시대를 풍미했던 위대한 왕도 특별하지 않다. 코헬렛은 그 위대했던 왕의 뒤를 계승할 왕도 그저 이전 사람의 업적을 반복할 뿐이라고 말한다(전 2:12). 왕의 업적과 위대함은 또다시 무효화된다. 이런 무효화의 근거는 모두에게 찾아오는 "죽음"이다. 죽음은 끝이지만 역설적으로 다음 세대를 일으키는 장치다. 그러나 새로운 세대에 의해서도 새로움은 일어나지 않는다. 이는 "해 아래 새로움이 없다"(전 1:9)라는 선언과 뜻이 통하는 묘사다. 결국 코헬렛에게는 왕의 지혜와 어리석음을 구별하는 것도 "헤벨"이다.

그런데 지혜와 새로움을 "헤벨"이라고 판단했더라도 코헬렛은 지혜의 유익을 완전히 철회하지는 않는다. 비교 잠언 형식을 띠는 그의 말에서 드러나듯이 어리석음과 비교할 때 드러나는 지혜의 가치는 여전하다.

내가 보니 지혜가 우매보다 뛰어남이
빛이 어둠보다 뛰어남과 같도다(전 2:13[개역개정]).

나는 보았다.
어리석음보다 지혜에 유익이 있음을.
어둠보다 빛이 유익인 것처럼(전 2:13).

코헬렛은 "유익이 무엇인가?" 또는 "이득이 무엇인가?"를 자주 묻는다. 그런 그가 여기서 지혜의 유익이나 이득, 또는 지혜가 가져오는 성과가 있음을 승인한다. 그의 말은 단지 포괄적인 의미에서 지혜나 빛이 어리석음이나 어둠보다 더 좋다는 정도의 의미가 아니다. 앞서 코헬렛은 다양한 담론을 펼치기 위해 "사람에게 무슨 유익이 있는가?"(전 1:3)라고 말을 걸으며 상대를 몰아세우듯이 질문했었다. 그리고 그는 "해 아래" 온갖 일에서 어떤 이득도 얻을 수 없다고 못 박았다. 그런 그가 지혜는 여전히 유익하다고 말한다. 그렇다면 그는 지혜의 효용적 가치를 밝힌 셈이다.

그렇다면 어리석음과 지혜를 구별하는 것도 "헤벨"이라고 밝힌 코헬렛이 말을 뒤집어서 지혜가 주는 이익과 가치를 승인하는 진짜 의도는 무엇일까? 그의 말이 만들어내는 숲을 탐색하는 일이 쉽지 않다. 삶은 풀리지 않는 수수께끼라는 뜻일까? 이렇게 저렇게 다각적으로 인생을 살피라는 뜻일까? 미묘한 수수께끼 놀이를 즐기는 것처럼 코헬렛은 독자를 편히 놔두지 않는다. 그를 마주하려면 생각에 생각을 거듭해야 한다. 이후에 그는 심지어 돈의 유익에 빗대어 지혜의 가치를 드러내고, 생명의 보존과(전 7:12) 성공을 위한 도구로서(전 10:10) 지혜의 우월성을 말하기까지 하니 말이다.

코헬렛은 지혜의 우수성을 빛과 어둠이라는 양극적인 현상에 빗대어 말한다. 시아우의 말처럼 구약성경은 빛과 어둠을 비교하는 데 익숙하다. 빛은 생명이고, 어둠은 죽음이다(사 9:1; 겔 32:8; 암 5:18-20; 욥 17:12-13; 18:18; 애 2:13). 어둠은 죽은 자들의 영역에 속한 것이어서 사람이 죽으면 빛을 볼 수 없다(시 49:19; 욥 3:16; 33:28). 반대로 빛은

생명과 동의어다(욥 3:20, 23; 33:28; 시 36:9).[25]

> 어찌하여 고난당하는 자에게 빛을 주셨으며
> 마음이 아픈 자에게 생명을 주셨는고(욥 3:20[개역개정]).

또 어둠은 지식의 결핍이나 어리석음을 표현하는 은유다(욥 12:24-25; 37:19; 38:2). 코헬렛에게도 "어둠"은 죽음이나 절대적인 인간의 고뇌와 같다(전 5:17; 6:4; 11:8).

> 사람이 여러 해를 살면
> 항상 즐거워할지로다.
> 그러나 캄캄한 날들이 많으리니
> 그날들을 생각할지로다.
> 다가올 일은 다 헛되도다(전 11:8[개역개정]).

코헬렛은 빛이 어둠을 압도하는 것처럼 지혜가 어리석음을 압도한다고 밝힌다(전 2:13). 그리고 "지혜자들의 눈은 머리에 있고, 어리석은 사람은 어둠 속을 걷는다"(전 2:14a)라고 덧붙이며 지혜의 우수성을 한 번 더 날카롭고 흥미롭게 다룬다. 눈이 머리에 있다는 흥미로운 표현은 우리의 상상력을 발동시킨다. 눈이 머리에 있으니 가장 높은 위치에서 멀리 사방을 두루 볼 수 있다는 뜻일까? 이처럼 코헬렛은 인간 지

---

25   Seow, *Ecclesiastes*, 153.

혜의 한계를 과감하게 지적하면서도 고대 이스라엘의 지혜 전통이 흘러온 맥락에 따라 여전히 지혜의 우월성과 가치를 옹호하고 수호한다.

그러면서 그는 다시 뒤집힘을 기획한다. 그는 자기 자신을 포함해 모든 것들이 끝내 하나의 "운명" 속으로 빨려 들어가고 만다는 것을 깨달았다고 말한다(전 2:14b). 지혜와 어리석음을 비교하며 지혜의 탁월성을 드러내고 지혜를 빛낸 그는 또다시 지혜의 가치를 해체하고 모두를 평준화시킨다.

지혜자들, 그의 눈은 머리에 있고,
어리석은 사람은 어둠 속을 걷는다.
그러나 나는 깨달았다.
하나의 운명이 모두에게 닥칠 것임을(전 2:14).

말 그대로 "하나의 운명이 모두에게 닥친다"(전 2:14). 인류는 공동 운명체다. 모두 죽기 때문이다. 지혜로운 자도 어리석은 자처럼 죽는다. 지혜와 어리석음을 비교하는 전통적인 지혜 수사의 관점에서 보면 코헬렛의 관점은 확실히 날카롭다.

여기서 "운명"(מִקְרֶה[미크레])은 구약성경 전반에 걸쳐 매우 희귀하게 등장하는 어휘다. 운명은 "뜻하지 않은 일" 즉 "저절로 일어나는 일"을 가리키는 말로서,[26] 항상 죽음을 발언하는 맥락에서 발견된다(전

---

26 *HALOT*, 5022. 전도서에서는 이곳 말고 3:19(3회)과 9:2-3에서 사용되었다. 그 외에 사용되는 사무엘상 6:9과 20:26, 룻기 2:3에서는 "우연"(개역개정)이라는 말로 번역된다.

3:19; 9:2-3).[27] 코헬렛이 보니 사람에게 닥치는 운명이나 짐승에게 닥치는 운명이 같다. 짐승이 죽는 것처럼 사람도 죽는다. 그러므로 사람이 짐승보다 뛰어나지 못하다. 모든 것이 헤벨이다(전 3:19). 코헬렛은 인간의 모든 위대함과 지혜를 짐승과 비교하여 사람의 우월성을 해체시킨다. 죽음이라는 공동 운명으로 인해 사람과 동물이 동일화된다. 사람과 짐승이 죽음 앞에서 하나의 공동 운명체로 묶인다. 우주적 관점에서 사람이나 동물이 모두 하나님이 만드신 창조세계의 구성원이라는 점을 각인시킨 셈이다.

이처럼 코헬렛은 죽음을 생의 한가운데 두고 삶의 일부로 받아들인다. 언제 닥칠지 모르는 죽음을 헤아려보는 코헬렛의 관점은 한 가지 분명한 특징으로 자리매김한다. 그는 인간의 존재론에 끊임없이 의문을 제기하면서 죽음을 생각한다. 죽음이란 누구에게나 불시에 닥치는 절대자의 수직 격파 아닌가?

흔히 주류 전통 지혜로 이해되는 잠언은 어리석은 자의 때 이른 죽음을 말한다(잠 2:21; 3:2, 16; 4:10; 10:27; 11:19). 반면 지혜는 생명의 샘과 연결되고(잠 13:14; 14:27), 지혜를 붙잡는 자에게 지혜는 "생명 나무"가 된다(잠 3:18). 여기서 생명 나무는 독자를 태곳적 첫 인류가 받은 축복 및 그 이후에 이어지는 불순종과 심판의 맥락으로 인도한다.

하나님께 반역한 결과 아담과 하와는 에덴동산에서 쫓겨났다. 그리고 하나님은 에덴 동쪽에 양날 검을 가진 천사를 세워 누구도 들어오지 못하도록 지키게 하셨다(창3:22-23). 이처럼 첫 인류가 저지른 반

---

27   Krüger, *Qoheleth*, 69.

역의 죄는 생명 나무에 이르는 길을 차단하는 결과를 가져왔다. 하지만 이스라엘의 지혜 전통은 그 길을 다시 여는 열쇠가 "지혜"라고 말한다. 고대 이스라엘 사회의 지혜 선생들은 태고의 금기를 푸는 지혜의 위대함을 노래했다.

그러나 코헬렛은 여타 지혜자들과 생각의 결이 다르다. 그는 죽음을 생의 한가운데 둠으로써 모든 것을 "하나의 운명"으로 평준화시킨다. 그는 자신의 운명도 어리석은 자의 운명과 같을 것이라는 사실을 잘 안다(전 2:14b). 그래서 그는 다시 마음속으로 질문한다. 어리석은 자의 운명이 자신에게도 덮쳐올 것인데 지혜롭다 한들 무슨 "유익"(יוֹתֵר[요테르])이 있겠는가? 그러니 이것도 헤벨이다(전 2:15).

이렇게 코헬렛은 지혜의 아성을 무너뜨린다. 그는 지혜에서 비롯하는 안전과 낙관을 포기시키려 든다. 이는 그가 지혜의 우월성을 외치면서도 죽음 앞에 놓인 지혜의 한계성을 정확히 인식했기 때문이다.[28] 누군가는 이것을 두고 "죽음이라는 최종적인 현실이 지혜자의 열의를 꺾어버린 것"이라고 말하기도 한다.[29] 하지만 글쎄다. 도리어 코헬렛은

---

28 이 구절은 매우 모호하다. 보통 "유익"으로 번역하는 히브리어 "יוֹתֵר"(요테르)를 "더"(more)로 해석하면 의미가 살짝 달라지기 때문이다. 즉 "내가 왜 좀 더 지혜로워야 하는가?"라는 번역과(ASV, KJV, NAS, 새번역), "내가 지혜롭다 한들 무엇이 유익하겠는가?"라는 번역(TNK, NIV)이 모두 가능하다. 그리고 후자의 번역은 지혜 자체에 대한 파산 선고로 보인다. 하지만 Fox와 Seow는 이 문장이 지혜의 추구와 소유에 대한 파산 선고를 목표하는 것이 아니라 지혜의 "과잉"을 추구하는 것에 대한 경계라고 설명한다(참조. 전 1:16; 7:16). 즉 코헬렛은 좀 더 많은 지혜를 소유하는 것을 문제 삼는다는 것이다. 이에 관해 Fox, *A Time to Tear Down*, 184; Seow, *Ecclesiastes*, 154을 참고하라. 지혜와 노동은 필요하고 가치 있는 것이지만 너무 넘치면 슬픔과 낙담을 가져온다(전 1:18; 7:16). 그러니 죽을 운명을 이야기하는 맥락에서 과도한 지혜는 어울리지 않는 요소가 된다.

29 Hubbard, *Ecclesiastes*, 85.

죽음을 언제나 찾아올 수 있는 생의 일부로 받아들인다. 그래서 그는 또다시 "헤벨"을 말하며 "삶은 곧 순간"이라는 현실 인식과 판단을 거침없이 쏟아내는 것이 아닌가? 다시 말해 코헬렛은 죽음이 먼 곳에 있는 게 아니라 지금 여기서 살아가는 우리 모두의 이야기임을 말하지 않느냐는 것이다.

코헬렛은 지혜의 우수성을 해체하려는 듯이 지혜자나 어리석은 자가 모두 잊히고 기억에서 사라질 것이라고 말한다.

> 지혜자도 어리석은 자와 함께 영원히 기억되지 않을 것인데…
> 오호라, 지혜자도 어리석은 자와 함께 죽는다(전 2:16).

죽음은 인류의 피할 수 없는 운명이다. 지혜로운 자나 어리석은 자나 똑같다. 코헬렛은 죽음 저편에 대해서는 말하지 않는다. 죽음 저편의 일은 알려지지 않았고 알 수도 없으니 당연하다. 이런 점은 위대한 신앙인 욥과는 차이가 있다. 욥은 극도의 절망과 희망을 넘나드는 삶의 변주를 온몸으로 겪은 신앙인이다. 처참한 고난을 겪은 욥은 "그러나 내 구속자가 살아계시고…내 가죽이 벗김을 당한 뒤에도 육체 밖에서 하나님을 보리라"(욥 19:25-26)라고 말한다. 당대의 사람들은 제대로 이해할 수 없었을, "육체 밖에서 하나님을 본다"는 말은 현실의 벽을 초월한 위대한 신앙의 고백이었다. 극단적 상황에 내몰린 욥은 시인들이 그러하듯 남들이 볼 수 없는 세계를 본 것인지도 모른다. 하지만 코헬렛은 욥처럼 말하지 않는다. 그는 탄식하며 죽음이라는 공동 운명을 짊어진 보편적인 인간의 길을 생각할 뿐이다.

"나는 살아 있음을 증오했다"(전 2:17)라는 코헬렛의 거침없는 직설은 우리에게 당황스러움을 안겨줄 수도 있다. 그는 해 아래에서 "행해지는 일"(הַמַּעֲשֶׂה שֶׁנַּעֲשָׂה)이 자신에게 "괴로움이니"(רַע) "모든 것이 덧없고 바람을 잡는 것"(전 2:17; 1:14)이라고 말하며 탐탁지 않은 인간의 삶을 요약한다.

이런 과감한 직설은 현실에 대한 솔직한 마음의 표현이다. 코헬렛은 이미 지혜와 어리석음을 구별하는 것이 죽음 앞에서 무익하고, 인간의 지혜가 보이는 탁월성마저도 맥없이 무너질 수밖에 없다는 사실을 지적했다(전 2:15). 마찬가지로 자기 의지와 무관하게 해 아래에서 "행해지는 일"도 언제든 있기 마련이다. 수동태 표현인 "행해진 일"(하는 일[개역개정])이라는 말에서 엿볼 수 있듯이 세상에는 무기력하게 수동적으로 맞이할 수밖에 없는 일들이 가득하다. 그런 일들은 누군가에게 추한 것이나 괴로움, 도덕적 타격이나 해로움, 불쾌함이나 악한 것이 되기도 한다. 그리하여 삶의 괴로움과 수동적으로 맞이해야만 하는 온갖 사태들에 대한 코헬렛의 "헤벨" 선언은 절대자의 주권과 자유를 인식한 발언이며, 동시에 절대자와 인간의 수직적인 관계에서 한 인간이 발 딛는 허약한 조건을 돌아보게 하는 충고다.

나. 인간의 온갖 수고가 덧없을 뿐이라니(전 2:18-23)

코헬렛은 "내가 살아 있음을 증오했다"(전 2:17)는 말을 곱씹듯이 자기 자신에게 구체화하여 적용한다. 그는 해 아래에서 "내가 수고했던 온갖 나의 수고"를 증오한다고 말한다(전 2:18; 2:11). 이번에 문제가 되는 것은 자신의 의지와 무관하게 수동적으로 맞이할 수밖에 없는 "행해진

일"(전 2:17)이 아니다. 코헬렛은 정확하게 "내가 노력한 온갖 나의 노력" 또는 "내가 수고한 나의 온갖 노동"을 증오한다고 말한다. 더군다나 그는 한 문장에서 같은 어근의 동사와 명사를 반복 사용하면서 자신의 수고로운 노동과 노력을 강조한다. 코헬렛이 마치 작심한 듯 이런 이야기를 쏟아내는 이유는 간단하다. 자신이 수고로 얻은 열매들을 물려줄 생각을 하면 억울하기 때문이다(전 2:18).

그런데 코헬렛의 문제의식은 거기서 멈추지 않는다. 그는 자기 뒤를 이을 사람이 지혜로운 사람일지, 어리석은 사람일지 누가 알겠느냐고 묻는다. 전통적인 지혜의 관점에서 볼 때 유산을 물려받는 사람은 의인이요, 선한 사람이다(잠 13:21-22). 그러나 코헬렛은 현실이 그렇지 않다는 사실을 잘 안다. 유산을 물려받을 사람이 참된 인격을 소유한 지혜로운 사람이라면 좋겠으나 실제로는 어떨지 알 수 없다. 그래서 그는 해 아래에서 감당해온 자신의 온갖 수고로운 노동에 대해 실망감을 끝내 감출 수 없다(전 2:20).

코헬렛은 마음속에 솟구치는 실망감과 좌절감을 감추지 않는다. 그의 실망감을 증폭시키는 일이 한 가지 더 소개된다. 누군가는 지혜와 지식을 다해 수고하지만 그가 받아야 할 몫을 정작 수고도 하지 않은 사람이 차지한다는 것이다. 그러니 그런 수고도 "헛것"(헤벨)이며 너무 큰 "악"(ךעָר)일 뿐이다(전 2:21). 이에 대해 불쾌한 감정을 숨기지 않는 코헬렛은 수고에 대한 정당한 대가를 얻지 못하는 현실을 두고 "악"이라고 말하는 데 주저함이 없다.

코헬렛은 또다시 질문한다. 해 아래 수고하는 사람의 온갖 수고, 곧 갖가지 노동과 마음의 열망이 무슨 이득이 있는가?(전 2:22) 그의 질문은 이미 자기 의견을 정해놓은 후에 상대방을 설복시키기 위해 던지는 수사학적인 수단이다. 이 질문을 통해 그는 수고와 열망에 대한 독자의 본심을 캐묻는다. 앞서 그는 자신의 의지와 무관하게 해 아래에서 행해지는 일들에 대한 무력감을 솔직히 털어놓았고, 자기의 노력에 대한 보상이 헛것이 되는 상황을 악으로 단정했다(전 2:17-18). 이제 그는 인류의 보편적인 수고, 곧 노동의 문제를 꺼내 든다. 노동은 삶이다. 하루하루 거듭되는 갖가지 노동이 모여 삶이 된다. 그런데 코헬렛에게 사람의 모든 날은 고통이요, 사람이 하는 일은 번뇌다. 밤에도 사람의 마음은 눕지를 못하니 그것도 덧없는 일일 뿐이다(전 2:23).

그렇다면 지금 코헬렛은 노동의 가치를 폄훼하는가? 아니다. 코헬렛은 강박적인 태도와 과도한 일로 인해 불안해하고 쉬지 못하는 마음의 문제를 묻고 답하는 방식을 통해 끄집어낸다. 프레더릭스가 제대로 지적한 것처럼 코헬렛은 고생과 안절부절못하는 마음, 무상함으로 점철된 인간의 조건을 배경으로 "마음의 샬롬"을 성찰한다.[30] 이는 열망을 채우려는 온갖 노력에도 불구하고 마음의 평안을 얻지 못하는 세상과 인간을 향해 성찰의 시간을 가지라는 요청이기도 하다.

사람의 온갖 수고로움과 노력은 허전하고 확실하지 않아 더없이 씁쓸하다. 그 "덧없음"을 회피하지 않고 솔직하게 대면하고 말하기란 쉽지 않다. 하지만 코헬렛은 다르다. 그는 세상을 바라보고 의견을 개진하되 과장이나 미사여구가 아니라 담백한 직설로 비판적인 물음을

---

30   Daniel C. Fredericks, Daniel J. Estes, *Ecclesiastes & The Song of Songs*, Apollos Old Testament Commentary(Nottingham: Apollos, 2010), 100.

던지며 성찰의 시간을 독려한다. 그는 인간의 수고로움이나 고단함을 쉬이 위로하지 않는다. 그는 위로를 건네기보다는 현실을 직시하게 도와준다. 그런 솔직함이 때로 당황스럽게 느껴지지만, 인간의 삶을 채우는 갖가지 강박적 불안과 괴로운 현실에 관한 그의 권면은 계속 이어진다. 그의 조언에는 예측을 벗어나는 반전과 역설의 묘미가 있다. 확실히 그는 삶의 수수께끼를 즐기는 지혜자다.

다. 먹고 마셔라, 노동하며 삶을 즐거워하라(전 2:24-26)

사람의 온갖 수고로운 노동과 노력이 덧없는 것으로 판명되는 순간 터져 나오는 코헬렛의 단호하고 경쾌한 충고는 의외다. 그는 삶의 "헤벨" 곧 "덧없음"을 뒤로하고 느닷없이 먹고 마시고 노동하며 삶을 즐기라고 권한다. 밤에도 쉬지 못하는 삶의 강박을 내려놓고 덧없는 삶을 즐기라는 것이다. 괴로운 현실의 실체를 한껏 솔직하게 까발린 그가 내놓은 말은 다음과 같다.

> 먹고 마시고 자기의 노동으로 자기의 삶을 즐거워하는 것보다
> 사람에게 더 좋은 것은 없다.
> 이것도 내가 보니,
> 하나님의 손에서 온 것이라(전 2:24).

신속하게 지나가는 덧없는 삶에 대한 해답은 단순하다. 먹고 마시며 자기의 수고에 따라 삶을 즐거워하는 것보다 좋은 것은 없다. 여기서 "~보다 좋은 것은 없다"라는, 이른바 "엔-토브" 구문은 코헬렛이

즐겨 사용하는 어법이다(전 3:12, 22; 8:15).

인생의 갖가지 수고로움, 노력, 노동이 덧없으니 할 수 있는 대로 삶을 즐겁게 살라는 조언은 무분별한 쾌락이나 방종을 부추기는 말이 아니다. 이는 현실에 대한 올바른 직시와 자각 후에 코헬렛이 내놓은 "대안적인 결론"이다.[31] 왜 즐거워해야 하는가? 그 이유는 분명하다. 즐거움은 "하나님의 손으로부터" 오는 것이기 때문이다(전 2:24). 코헬렛은 무엇이든 주시는 하나님께 초점을 맞춘다. 하나님은 항상 주시는 분이다. 계속되는 그의 수사학적인 질문도 "주시는" 하나님을 강조한다. "그분께서 주시지 않고서야 누가 먹을 수 있으며, 누가 즐길 수 있는가?"(전 2:25[새번역])[32] 모든 것을 하나님이 주셨으니 기쁘게 받아 누리면 된다.

코헬렛은 보편적인 인류의 노력과 노동, 수고로움에 대한 보상이 매우 사소한 것으로 채워질 수 있다고 말한다. 먹고 마시며 자기의 수고 안에서 즐거워하는 생활이라는 해답은 너무 단순하여 어리둥절할 지경이다. 하지만 실제로 삶의 기쁨은 먹고 마시고 노동하는 단순 소

---

31   "대안적인 결론"(alternative conclusion)은 Hubbard의 표현이다. Hubbard, *Ecclesiastes*, 91.

32   전도서 2:25은 까다로운 본문 중 하나다. 개역개정 성경은 마소라 본문의 어순과 철자(כִּי מִי יֹאכַל וּמִי יָחוּשׁ חוּץ מִמֶּנִּי)에 따라 "먹고 마시는 일에 누가 나보다 더 해보았으랴?"라고 번역한다. 하지만 다른 히브리어 사본과 고대의 역본들, 곧 70인역과 시리아역은 "그분께서 주시지 않고서야 누가 먹을 수 있으며, 누가 즐거워할 수 있는가?"라는 의미로 기록되어 있다. 여러 번역을 비교하면 이 문제를 확인할 수 있다. "참으로 누가 먹고, 누가 즐거워할까? 나를 제외하고서"(마소라 사본 직역); "For who eats and who enjoys but myself?"(TNK); "For who can eat, or who can have enjoyment, more than I?"(ASV); "For without him, who can eat or find enjoyment?"(NIV); "그분께서 주시지 않고서야, 누가 먹을 수 있으며, 누가 즐길 수 있겠는가?"(새번역); "그를 떠나서 누가 먹거나 즐거워할 수 있느냐?"(현대인의성경). 이 문제와 관련된 학술

박함에서 비롯된다. 더군다나 코헬렛은 하나님이 먹고 마시며 삶을 즐거워하는 것의 원천이시라고 말하지 않는가? 온갖 수고와 열정 사이를 비집고 "덧없는" 현실을 가로질러 단순한 일상의 즐거움을 맛보는 것보다 더 좋은 것은 없다.

　　누군가에게는 먹고 마시고 노동하며 즐기는 삶이 너무 사소해서 최고의 가치로 붙들기에는 부적절해 보일지도 모른다. 하지만 코헬렛은 단순 소박한 일상의 삶을 즐기라는 조언을 거듭한다. 이 조언은 코헬렛의 다양한 담론 사이 사이에 노래의 후렴처럼 반복되어 등장한다 (전 3:12-13, 21-22; 5:18-20; 8:15; 9:7-10; 11:7-10). 앞서도 밝혔지만 이 조언은 오늘날 "오늘을 즐기라"는 의미로 널리 퍼진 "카르페 디엠"(오늘을 잡으라)이라는 격언의 원천이 아닐까 싶다. 고대 지혜 선생의 말이 수천 년의 세월을 통과하면서 사람들 입에서 거듭 변주되고 새로이 태어나 대중화된 진리로 자리를 잡은 것이다.

　　전도서에서 먹고 마시고 노동하며 즐겁게 살라는 것은 "헤벨"만큼이나 중대한 선언이다. 코헬렛은 삶의 한가운데서 "헤벨" 곧 허무, 부조리, 헛됨, 덧없음을 발견할 때마다 "삶을 즐거워하라"는 권고를 병행시켜 내놓는다. 이것은 건전한 삶의 미덕이 된다. 왜냐하면 불확실하고 불안한 내일에 대한 염려로 온갖 노력과 수고를 축적하고자 해도 소용이 없기 때문이다. 하나님으로부터 선물로 받은 하루를 먹고 마시며 노동하며 즐거워하는 것은 깊은 심연처럼 헤아리기 어려운 하나님

───────
적인 논의는 다음 자료를 참고하라. 김순영, "전도서의 일상과 노동의 관점: 전도서 2:18-26을 중심으로", 「성경원문연구」 42(2018), 22-44.

을 향한 감사의 표시다. 림브루그(James Limbrug)의 말처럼 "하나님과 인간 사이의 깊은 간격은 하나님의 선물을 받고 기뻐하는 이 실증적인 사실들 안에서 메워진다."[33] 이로 인해 사람은 곤경 속에서도 자기의 일 때문에 소멸하거나 가치 없는 일에 스스로를 불살라 소진하지 않으며 살아갈 수 있는 해답을 얻게 된다.

즐거운 삶을 권하는 코헬렛은 하나님이 사람을 어떻게 다루시는지 이야기한다. 두 부류의 사람이 있다. 먼저 하나님은 당신에게 기쁨이 되는 사람에게 지혜와 지식과 기쁨을 주신다. 또 다른 부류는 그릇 행하는 죄인이다. 하나님은 그들이 노고를 감당하며 모아 쌓는 수고를 하게 하시지만 그 모은 재산을 하나님을 기뻐하는 자에게 주게 하신다. 그런데 코헬렛은 이것도 "헤벨"이며 바람 잡는 일이라고 한다(전 2:26).[34]

솔로몬에게는 위대한 지혜가 있었다. 그 지혜는 하나님의 선물이었다(왕상 3:9-12). 하지만 코헬렛은 솔로몬과 연결되는 위대한 업적들과 자기 탐닉적인 즐거움, 대규모 토목 공사를 비롯한 국책 사업에 이르기까지 온갖 수고를 나열한 후 "헤벨"이라고 선언했다(전 2:1-11). 더 나아가 코헬렛은 갖가지 수고와 업적들을 누군가 대신 취하게 되는

---

33 James Limbrug, *Encountering Ecclesiastes: A Book for Our Time*(Grand Rapids: Eerdmans, 2006), 34.

34 두 부류의 사람을 논하는 전도서 2:26의 구문을 살펴보라. 정관사로 표시된 주어 "하나님"(26c)이 26b에서는 생략되었고, 26a에서는 3인칭 대명접미어 형태의 역지시 조응-(cataphora) 유형으로만 표시된다.
  26a: כִּי לְאָדָם שֶׁטּוֹב לְפָנָיו נָתַן חָכְמָה וְדַעַת וְשִׂמְחָה
  26b: וְלַחוֹטֶא נָתַן עִנְיָן לֶאֱסוֹף וְלִכְנוֹס
  26c: לָתֵת לְטוֹב לִפְנֵי הָאֱלֹהִים

현실을 보고 무익함과 헤벨을 논했다(전 2:12-17).

그런데 그는 이제 하나님이 죄인들에게 주시는 것은 "노고"(전 1:13; 5:2)일 뿐이고 그 노고를 통해 축적한 재산을 하나님이 기뻐하시는 자들에게 넘겨주신다고 말한다(전 2:26). 이는 죄인들이 수고하여 축적한 것들을 빼앗으실 수 있는 하나님의 주권과 자유를 인식한 결과다.[35] 하나님이 좋게 여겨지는 사람에게 지혜, 지식, 기쁨을 주신다면, 그것은 인간의 성취에서 비롯되는 것이 아니라 하나님의 선물일 뿐이다. 또한 하나님의 보상과 심판은 적절한 방식으로 성취된다. 정의 실현을 말하는 이 구절에서 우리는 희망을 느낀다.

그러나 코헬렛은 희망적인 정의 실현의 기대를 다시 뒤집는다. 그는 "이것도 헤벨이고 바람을 잡는 것"이라고 결론짓는다. 그는 왜 또 이렇게 말하는 것일까? 하나님이 기뻐하는 자는 오래오래 살며 수고의 열매를 누릴 것 같아도 오늘 당장 생이 끝날 수 있으니 삶이 덧없다고 말하려는 것인가?

גַּם־זֶה הֶבֶל וּרְעוּת רוּחַ׃26d

35 전도서 2:26과 관련해 그 내용이 "시적 정의"(poetic justice)에 해당하는지, "신적 독단"(Divine arbitrariness)에 해당하는지 구분하려는 시도들이 있었다. 시적 정의란 삶의 좋은 모든 것은 도덕적인 선에 기인한다는 관점으로서 일종의 신조 또는 문학적인 장치로 기능한다. 반대로 신적 독단의 관점에서는 착한 사람이나 죄인의 도덕적 의미를 가정하지 않는다. 하나님이 어떤 개인을 대할 때 도덕적인 가치와 관계없이 좋은 것들을 임의로 주시거나 보류하신다고 보기 때문이다. 그런데 코헬렛은 이 둘을 엄격하게 구분하지 않는다. 왜냐하면 코헬렛은 이미 현실 세계에서 정의가 제대로 작동하지 않는다는 사실까지 인식하고 그 모든 것을 "헤벨"로 판단했기 때문이다. 따라서 시적 정의나 신적 독단의 어느 하나로 전도서 2:26을 재단하는 것은 코헬렛의 수사 방식과 어울리지 않는다. 이 개념과 관련된 자세한 논의는 다음 자료를 참고하라. Aron Pinker, "How should we understand Ecclesiastes 2:26?," *Jewish Bible Quarterly* 38(2010), 220-25.

이와 관련해 프레더릭스는 예수님이 비유로 말씀하셨던 어리석은 부자의 예기치 못한 결말을 덧붙여 설명한다.[36] 곳간을 크게 짓고 곡식과 물건들을 쌓아두고 평안히 쉬고 먹으며 즐거워하겠다고 말하는 부자에게 하나님은 질문하신다. "오늘 밤 네 생명을 찾으면 그 모든 것이 누구의 것이 되겠느냐?"(눅 12:18-21)

예수님의 말씀을 통해 우리는 "이것도 덧없고 바람 잡는 일"이라고 말하는 코헬렛의 본뜻을 알 수 있다. 이는 누구도 하나님의 비밀스러운 결정을 알 수 없다는 뜻으로서 "하늘 아래" 살아가는 현실주의자의 정직한 선언이다. 그러니 그가 여기서 다시 말하는 "헤벨"은 삶의 즐거움과 행복이 불가능하다는 염세주의자의 판단이 아니라 절대자 하나님의 신비를 인식한 자의 겸손한 고백이다. 이 고백은 하나님의 내재성과 초월성의 긴장을 모두 살피는 인식의 틀을 드러내 준다. 그리고 여기서 기원전 5세기에 프로타고라스(Protagoras)가 제시한 "인간은 만물의 척도"라는 명제가 뒤집힌다. 코헬렛이 "헤벨" 선언을 통해 인간이 만물의 척도라는 인간 중심적인 사고를 해체하기 때문이다. 즉 코헬렛은 인류의 노동과 온갖 성취와 업적에 대한 인간 중심적인 생각을 격파한다.

코헬렛이 삶에 가득한 슬픔과 온갖 노고, 삶의 일시성을 깨닫고 솔로몬의 영광을 무(無)로 만든 것처럼(전 2:1-11), 예수님도 솔로몬의 영광이 덧없는 것이라고 단정하셨다. 예수님은 들꽃의 영광이 솔로몬의 영광보다 더 크다고 말씀하셨다. 하루 피었다 지는 꽃을 입히시고,

---

36   Fredericks, *Ecclesiastes*, 105.

새들을 먹이시는 하나님의 돌보심 앞에서 인간의 갖가지 업적과 영광은 덧없는 것이 되고 만다(눅 12:22-31).

바쁜 일상에 쫓겨 살아가는 현대인들처럼 코헬렛과 동시대에 살았던 사람들도 먹고 마시고 노동하는 단순한 일상의 즐거움을 실천하기 어려웠을까? 코헬렛이 이처럼 열렬하게 단순하고 소박한 삶의 기쁨을 강조하는 배경이 궁금하다. 그런데 분명한 것은 코헬렛의 권고가 거대 자본의 시스템이 장악한 우리 사회에도 절실하게 필요하다는 사실이다. 더 많이 쟁취하기만을 꿈꾸며 경쟁의 벽을 허물지 못하는 현대인들의 처지를 생각해보라. 오늘 허락된 먹거리에 만족하며 즐거워하는 사람이 몇이나 있는가? 너무나 많은 사람이 당장 내일 일도 모르면서 장밋빛 성공 신화에 이끌려 오늘의 소박한 기쁨을 기꺼이 저당 잡히는 삶을 선택하지 않는가?

인간의 탐욕은 식탁 위에 놓인 오늘 하루를 위한 양식에 절대 만족하지 말라는 시대정신과 자연스레 어울린다. 오늘날은 거대 기업 자본이 압도하는 문화가 사람들의 소박한 꿈을 어리석거나 무능한 것이라고 낙인찍는 시대다. 현대의 과도한 소비문화에서 벗어나 소유욕이나 성과주의에 목메는 노예적인 삶을 뒤로하고 단순한 삶을 선택하는 것은 커다란 용기와 대안적 상상력을 요구한다. 코헬렛이 권하는 단순 소박한 삶의 실천은 시대정신에 저항하는 그리스도인에게 주어진 또 하나의 사명이 아닐까? 더 나아가 소박함이야말로 아름답고도 충만한 삶을 향한 발걸음이 아닐까? 지금 우리는 단순하지만 더 충만한 삶의 비결과 부름 앞에 서 있다.

2장
시간의 신비와 하나님의 선물
(전 3:1-5:20)

전도서 3-5장의 주제는 한마디로 정리하기가 쉽지 않다. 모든 것을 섭리하시는 하나님과 한계 안에서 살아가는 인간이 겪는 삶의 문제를 다각적으로 다루기 때문이다.

전도서 3장 초두에는 전도서에서 가장 잘 알려진 시 한 편이 자리 잡고 있다(전 3:1-8). 코헬렛은 양극적인 삶의 양태 속에서 모든 것이 때를 따라 아름답게 이루어짐을 말하며 시간의 "신비"(mystery)를 노래한다. 그는 삶의 모든 사건에 하나님이 정하신 때가 있지만 그 정확한 때를 알 수 없는 인간의 조건과 상태를 은유적인 언어로 간결하게 조명한다. 이 시는 히브리 시의 가장 큰 특징인 평행법과 교차구조 형식을 오롯이 드러낸다.

전도서 3장 후반부에는 앞의 시를 주석하는 듯한 1인칭 화법의 담론이 이어진다(전 3:16-22). 간결함과 리듬감, 함축적인 아름다움을 맛보게 하는 시와 1인칭 담화는 서로 긴밀하게 하나로 연결되어 하나님의 신비를 묘사하는 언어의 숲을 이룬다. 이후 계속되는 1인칭 담론(전 4-5장)은 삶과 죽음의 문제부터 억압, 수고, 우정, 부자의 고독한 삶

등 현실 세계의 사회적 문제들을 거쳐 지혜와 하나님 경외 신앙이라는
주제에 이르기까지 포괄적인 영역을 다룬다.

1. 양극의 시간과 삶의 신비(전 3:1-15)

오랜 세월 동안 신앙인들 사이에서 전도서는 "헤벨"의 책으로 인식되
어왔다. 그러나 지혜 시인 코헬렛이 말하는 "헤벨"과 "즐거움"의 이중
적인 긴장 관계가 오묘하게 얽혀 있는 수수께끼 같은 삶으로 우리를
초대한다. 그의 사상이 "헤벨"이라는 단어 하나로 압축되는 것 같지만
그 단어는 갖가지 모양과 색깔을 드러낸다. 어쩌면 코헬렛은 우리에게
A는 B라고 단정할 수 있는가를 묻는 것 같기도 하다.

　　그런데 코헬렛은 여전히 삶이 언제든 기쁨으로 채워질 수 있다고
본다. 그는 자신의 의지와 무관하게 삶 가운데 일어나고야 마는 양극의
상황을 과장하지 않고 시로 옮긴다. 꾸미지 않고 본질을 말하니 당혹스
럽기도 하다. 그러나 그만의 독특한 은유와 간결하고 담백한 진술의 배
열은 사람의 의지로 조절할 수 없는 삶의 양극적인 사태를 수용하도록
만드는 힘이 있다. 그리고 이 노래를 해설하듯 풀어내는 1인칭 화법의
자유로운 담론은 코헬렛이 살아온 세월과 함께 단련되었을 언어의 예
술성과 삶의 기술을 맛보게 한다(전 3:9-15).

(1) 때에 맞게 오고 가는 인생(전 3:1-8)

전도서 3:1은 나머지 시행(전 3:2-8)의 표제 기능을 한다. 물론 "범사에 기한이 있고 천하만사가 다 때가 있나니"(개역개정)라는 익숙한 번역은 제목처럼 보이지 않는다. 그러나 마소라 본문에서 전도서 3:1은 무동사절(verbless clause), 즉 동사가 없는 명사절이다. 이와는 달리 전도서 3:2-8은 부정사 구문으로 이루어진 시행이다. 전도서 3:1, 2이 드러내는 구문법의 차이는 둘 사이를 형식적으로 갈라놓는다. 명사절인 전도서 3:1은 다소 길더라도 나머지 시행들을 주도하는 제목처럼 읽어야 한다.

> 모든 것을 위해 정해진 시간,
>
> 하늘 아래 모든 일을 위한 그 때(전 3:1).

"모든 것을 위해 정해진 시간"이 있다. "범사에 기한이 있고"(개역개정)라는 번역에서 "기한"으로 옮겨진 히브리어 "제만"(זְמָן)은 특별하게 "정해진 시간" 또는 "때"를 뜻한다.[1] 이는 정확하게 맞아 떨어지는 어떤 특정한 순간 혹은 찰나를 가리키는 "시점"(a point of time)을 말한다. 앞의 소절과 평행하는 둘째 소절의 "에트"(עֵת)는 구약에서 어떤 사건이 일어나는 정확한 "때"(the right time), 또는 "시대"를 뜻한다. 한편

---

1   BDB, 273.

"에트"는 종말론적인 시간을 언급하는 곳에서도 사용된다.[2] 이 두 단어는 구약성경 전반에서 때와 시간을 언급하는 보편적인 말로서 서로 평행 관계로 연결되었으니 사실상 동의어로 사용된 것이나 마찬가지다. 그중 "에트"는 전도서 3:3-8에 14회나 등장한다. 히브리 문학에서 완전수 개념을 표현하는 7의 배수만큼 반복되어 사용되었다. 유달리 같은 단어의 반복을 즐기는 코헬렛의 언어 습관이 음악적인 리듬감을 높여준다.

"제만"과 "에트"가 평행 관계 안에서 동의어처럼 사용되었더라도 언어학자들은 두 낱말의 차이를 설명하려고 애썼다. 먼저 "제만"은 어떤 특정한 시기(specific time, hour, season)를 지시한다. 이 어휘는 후대 히브리어로서 포로기 이후에 기록된 구약 본문들에서 발견되는 아람어에 영향을 받은 결과로 보인다(느 2:6; 에 5:3; 9:27, 31; 단 2:16; 3:7, 8; 4:33; 7:12).[3] 즉 "제만"은 포로기 이후의 사건들을 기록한 구약의 책들에서 "정해진 시간"(appointed time)이나 "지정된 시간"을 나타내는 데 사용되었다.[4]

시간을 표현하는 두 단어가 형태는 다르지만 비슷한 의미이기 때문에 이를 종합하면 삶의 갖가지 사건들이 정해진 시간에 맞춰 정확하게 발생한다는 말이 된다. 코헬렛은 "정해진 시간"과 "그 때"라는 두 단어를 제시해 사건과 시간의 관계성을 따져볼 기회를 마련했다. 지나간 세대든 지금 세대든 모든 일에 알맞은 "그 때"와 "정해진 시간"이

---

2   *HALOT*, 6656.

3   Crenshaw, *Ecclesiastes*, 92; Seow, 159; Schoors, *The Preacher*, 60.

4   BDB, 273-74.

있다는 말에 동의를 표하지 않을 사람이 어디 있을까마는, 사람이 나고 자라면서 경험하게 되는 삶의 갖가지 맥락들을 염두에 두고 다시 한번 생각해볼 만하다. 그것이 개인적인 일상이든, 가족사든, 한 민족의 역사든 사람은 누구나 "정해진 시간"과 "그 때"라는 시간의 맥락 안에서 살아간다. 코헬렛은 두 가지 낱말을 사용해 온갖 사건의 양극적인 사태를 시간 안으로 끌어와 삶을 압축하여 묘사한다.

여기서 기억해야 할 한 가지는 때와 시간 속에서 발생하는 모든 일은 "하늘 아래"라는 제한된 영역에서 일어난다는 사실이다. 지금까지 코헬렛은 "해 아래"라는 말로 땅의 문제들을 말했지만, 이제 "하늘 아래"라는 새로운 표현을 통해 땅 위의 일들을 강조한다. 하늘 위가 아닌 "하늘 아래", 곧 그가 눈으로 확인할 수 있는 지상의 일들에 대한 꼼꼼한 관찰에서 직조해낸 표현이 독특하다. 그는 "하늘 아래" 일어나는 일들이 모두 제때에 알맞게 일어난다고 생각한다. 그 일들은 양극적인 관점으로 설명할 수 있다. 코헬렛에게는 긴 설명이 필요하지 않다. 간결한 시로 충분하기 때문이다.

²태어날 때와 죽을 때,

심을 때와 심긴 것을 뽑을 때,

³죽을 때와 치료할 때,

헐어버릴 때와 세울 때,

⁴울 때와 웃을 때,

애곡할 때와 춤출 때,

⁵돌들을 던질 때와 돌들을 모을 때,

포옹할 때와 포옹을 멀리할 때,

6추구할 때와 포기할 때,

지킬 때와 버릴 때,

7찢을 때와 꿰맬 때,

침묵할 때와 말할 때,

8사랑의 때와 미움의 때,

전쟁의 때와 평화의 때(전 3:2-8).

코헬렛의 간명한 언어에 삶과 세상의 양극적인 양태들이 줄지어 엮여 있다. 이 시에는 히브리 시의 간결함이 살아 있다. 혹여 전문가처럼 능숙하게 히브리 시를 이해하지 못하더라도 시의 심상이 전달하는 분위기는 명료하게 다가온다. 삶에는 누구나 피하고 싶은 순간들이 있지만 자신의 의지와 무관하게 발생하는 사태들을 받아들일 수밖에 없고, 받아들여야만 하는 상황이 벌어지기 마련이다. 인생사나 세상사는 싫든 좋든 양극의 사태 혹은 시점을 벗어날 수 없다. 이 시를 마주하면 개인이든 국가든 모두가 역사의 소용돌이 속에 직면해야만 하는 정해진 시간이 존재한다는 인식에 이르게 된다.

이 시는 온갖 일에 개입하는 신의 결정에 대한 고백적인 진술이기도 하다. 그렇다고 코헬렛이 결정론이나 숙명론을 말하는 것은 아니다. 정해진 운명을 노래하는 것이 아니라 하늘 아래 살면서 하늘 위를 모르는 사람의 한계와 조건을 말하는 것이다. 코헬렛은 사람의 죽고 사는 문제를 포함해 온갖 일이 발생하는 때와 순간을 바라보면서 사람의 권한을 넘어서는 누군가의 존재를 선언한다.

왓슨(Wilfred Watson)은 은유의 깊이와 간결함의 극치를 보여주는 이 시의 아름다운 평행적인 구성을 드러내기 위해 기호를 사용했다. 그는 선호하는 행위는 "더하기"(+)로, 그 반대의 행위는 "빼기"(−)로 표시했는데, 이를 통해 이 시의 교차구조 형식이 흥미롭고도 명쾌하게 드러난다.[5]

A	+ +	− −	2절
B	− − − −	+ + + +	3절 4절
B′	+ + + +	− − − −	5절 6절
A′	− −	+ +	7절
C	+ −	− +	8절

전도서 3:2-8의 구성

시의 요소들을 부정과 긍정의 양태로 기호화한 왓슨의 예리하고 산뜻한 분석은 독자의 눈과 마음을 시원하게 해준다. 그러나 삶의 현상을 부정과 긍정의 양태로 양분하여 선호하는 것(긍정)과 선호하지 않는 것(부정)을 정확히 구분하는 해석이 코헬렛의 의도에 부합하는지는 의

---

5   Wilfred Watson, *Traditional Techniques in Classical Hebrew Verse,* Journal for the Study of the Old Testament Supplement 170(Sheffield: Sheffield Academic, 1994), 366; Bartholomew, *Ecclesiastes,* 161.

문이다. 왜냐하면 코헬렛은 A는 B가 아닐 수도 있다는 예외성에 주목하는 지혜자였기 때문이다. 그래서 전도서의 행간을 오가며 그 뜻을 파악하는 것 자체가 수수께끼처럼 애매할 때가 많다. 코헬렛에게 언어는 의사소통 이상의 의미를 지닌다.

전도서 3:2-8의 시에는 양극으로 구성된 개념 쌍이 14개 등장한다. 시의 완결성을 고민하며 각 시행을 구성했을 코헬렛을 생각하면 감탄이 절로 나온다. 각 시행의 구성을 찬찬히 들여다보며 코헬렛의 진의를 탐색해보자.

먼저 전도서 3:2의 첫 소절, "태어날 때와 죽을 때"는 삶의 시작과 끝을 나타낸다. 태어나면 반드시 죽음에 이르는 사람의 한계를 생각해보라. "인간이 사는 시간은 한계가 그어진 시간이다. 인간이 살 수 있는 기회는 출생에서 죽음 사이의 제한된 기간이다."[6] 이 법칙을 뛰어넘을 수 있는 사람은 아무도 없다. 모든 사람은 죽는다.

첫 소절과 평행하는 둘째 소절(전 3:2b)은 "심을 때, 심긴 것을 뽑을 때"를 말한다. 사람이 나고 죽는 것처럼, 식물도 삶과 죽음의 과정을 겪는다. 코헬렛은 사람과 식물의 삶을 구별 짓지 않고 식물조차 인격적으로 맞이한다. 사실 땅 위에 살아 있는 모든 생명체는 서로 연결되어 있다. 갖가지 식물과 초원의 동물들, 흙 속의 곤충들과 신비한 심해 생물들까지 생명을 가진 모든 것은 각자가 독립적으로 존재할 수 없지 않은가?

이어지는 전도서 3:3-4의 시행도 부정과 긍정의 양극적 상황으

---

6   볼프, 『구약성서의 인간학』, 178.

로 얽힌 평행 구조를 보여준다. 죽일 때와 치료할 때, 세울 때와 헐 때 (전 3:3), 울 때 와 웃을 때, 슬퍼할 때와 춤출 때(전 3:4)가 있다. 사람은 보통 노화의 과정을 거쳐 죽음을 맞이한다. 그러나 사람이 늙은 후 죽음으로 이어지는 자연스러운 죽음만 존재하는 것은 아니다. 어느 시대든지 예기치 않은 사건 속에 던져져 갑자기 죽음을 맞이할 수밖에 없는 사람들이 있었다. 오늘날을 살아가는 우리도 갑작스러운 죽음의 소식을 때때로 접하면서 놀라기도 하고 슬픔에 젖기도 한다.

성경은 아주 먼 옛날에 사람이 짐승을 도살하듯 형제가 또 다른 형제를 살해한 사건을 기록했다(창 4:8). 가인과 아벨의 사건 이후로 형제간의 살해 의도는 멈추지 않았다. 이삭의 아들 에서와 야곱 사이의 갈등은 직접적인 살인으로 귀결되지는 않았어도 상대를 죽임으로써 한을 풀려는 미움으로 가득한 것이었다(창 27:42). 이스라엘의 역사 속에는 민족 전체가 집단적인 죽음의 위협을 아슬아슬하게 피했던 순간도 있었다(에 7:4). 또한 인간의 증오와 광기로 얼룩진 전쟁은 집단적인 죽음을 몰고 온다. 그런 슬픈 사건들은 세계 역사 곳곳에 촘촘히 박혀 있다. 예를 들어 세계 제2차대전 당시 나치에 의한 유대인 대학살, 일본군에 의한 중국 난징 대학살, 일본 제국 강점기 동안 위안부로 끌려가 집단적인 죽음을 맞이한 조선의 소녀들과 지금까지 이어지는 생존자들의 고통, 남북한의 6.25 전쟁, 우리 군이 저지른 베트남 전쟁에서의 학살 등 말로 다 하기가 어렵다. 그 모든 슬픔과 상처의 흔적은 깨끗이 가시지 않은 채로 여전히 우리 곁에 남아 있다.

반대로 인간의 삶에는 치유의 순간도 찾아온다. 하지만 그때가 언제일지는 누구도 잘 모른다. 생각보다 더디 오는 일이 허다하다. 코헬렛은 죽이는 때와 치유하는 때를 연결 짓는다. 이 연결은 자연스럽지 않고 이상해 보이지만 그가 말하는 치료란 몸의 상처를 보살피는 행위 그 이상이다. 이는 단순히 질병이나 상처와 연결되는 것이 아니라 이스라엘 역사의 슬픔을 떠올리게 하는 치료다.

예를 들어 예언자 호세아는 남유다와 북이스라엘이 전쟁을 벌일 때 누구도 도울 자가 없는 상황을 은유적으로 표현하며 "상처를 치료하지 못할 것"이라고 말했다(호 5:13). 그리고 이어서 "오라. 우리가 여호와께로 돌아가자. 여호와께서 우리를 찢으셨으나 도로 낫게 하실 것이요"(호 6:1[개역개정])라고 요청한다. 이처럼 구약성경에서 치료 또는 치유는 단순히 육체적인 질병이나 상처와만 연관된 것이 아니다. 어떻게 보면 하나님을 떠나 국가적 재난을 맞이한 이스라엘의 상황이 회복되는 것을 하나님의 치료 행위로 묘사하는 것은 관습적인 듯하다. 코헬렛도 이런 표현에 익숙했을 것이다. 그래서 그는 개개인이 통제할 수 없는 극단적인 상황이 회복될 때, 예를 들어 참혹한 전쟁에서 발생한 모든 외상과 정신적인 상처들이 극복될 때를 상정해 "치료할 때"라고 말한다.

"헐어버릴 때"도 있고 "세울 때"도 있다(전 3:3b). 기본적으로 헐고 세우는 것은 건축과 관련된 상황을 떠올리게 한다. 하지만 죽일 때와 치료할 때를 언급한 앞 소절과 연결하면 전쟁을 배경으로 이해하는 것도 자연스럽다. 롱맨(Tremper Longman III)은 이 소절을 전쟁통에 허물어진 건물들을 전쟁이 끝난 후 다시 세우는 상황과 연결한다. 하지만 그는 전쟁을 넘어선 좀 더 광범위한 상황도 염두에 둔다.[7] 헐고 세우는

---

7   Longman, *The Book of Ecclesiastes*, 115.

것을 특정 맥락에만 한정 지어 생각할 필요는 없다. 건물을 헐고 짓는 행위는 일상적으로 반복되는 것으로서 언제든 가까이에서 일어날 수 있는 일이다. 그러니 이 시어들이 전달하는 심상은 삶의 양면성 자체일 수도 있다. 물론 우리가 시인이 의도한 정확한 정황을 그리기는 어렵지만, 볼 수 없는 사건과 사물에는 이면이 존재하기 마련이다. 이것들은 서로 나란히 존재하니 어느 한쪽만을 근거로 쉽게 판단을 내리면 안 된다. 오히려 우리는 그것이 무엇이든 서로 반대되는 심상을 나란히 배열한 것에서 무차별적으로 삶에 닥치는 정반대의 상황들을 떠올려야 한다.

건축의 상황만이 아니라 인간의 감정도 마찬가지다. 울 때와 웃을 때, 애곡할 때와 춤출 때가 있다(전 3:4). 누구든 울기만 하지 않는다. 반대로 누구든 웃기만 하지 않는다. 누구나 울기도 하고 웃기도 한다. 때로는 죽음 앞에서 애곡해야 하는 상황에 맞닥뜨린다. 부모가 자식을 먼저 보내면 격정에 찬 애곡이 터져 나온다. 국가적 재난을 당해 집단적인 슬픔이 사회 전체를 내리누르는 때도 있다. 반대로 기쁨과 흥에 겨워 춤추며 뛰노는 환희의 순간도 찾아온다. 누구에게든지 슬픔의 순간만, 혹은 기쁨의 순간만 존재하지 않는다. 인간의 삶은 그렇게 양극의 시간대를 오가며 성장하는 게 아닐까?

돌들을 던질 때와 돌들을 모을 때, 포옹할 때와 포옹하는 것을 멀리할 때도 있다(전 3:5). 또한 추구할 때와 포기할 때, 지킬 때와 버릴 때도 있다(전 3:6). 계속해서 긍정과 부정의 교차가 평행을 이루며 전개된다. 돌들을 던지고 모으는 것이 어떤 상황을 말하는지는 정확하지 않다. 이에 관해서는 주석가들도 해석의 어려움을 느낀다. 그중 몇몇은 쓸모없는 돌들을 사방으로 흩어버리는 것이나(왕하 3:19, 25), 경작 가능한 땅을 만들기 위해 돌들을 사방으로 던져버리는 것(사 5:2)과 연결해 이 시행을 해설했다.[8] 그 밖에도 다양한 해석이 가능하지만,[9] 시는 분명한 정황을 말하는 역사 기록물이 아니고 은유를 통해 닮음과 다름을 함께 표현하는 것이다. 따라서 너무 명료한 상황 해석은 도리어 시인의 의도를 확대 또는 축소할 위험이 있다.

포옹하는 것과 포옹을 멀리하는 때도 있다(전 3:5b). 포옹은 에로틱한 행위일 수도 있지만(잠 5:20), 사람들 사이에 오가는 따뜻하고 친절한 환대나 단순한 인사를 가리키기도 한다(창 29:13; 33:4; 왕하 4:16). 즉 포옹은 애정과 호의를 표시하기 위해 나누는 몸짓으로 이해할 수 있다. 그러나 언제나 환대와 호의가 지속될 수만은 없으니 그 반대의 상황도 존재하기 마련이다.

찾을 때와 잃을 때, 지킬 때와 버릴 때도 있다(전 3:6). "찾다"라는 동사는 기본적으로 물건과 사람을 발견하기 위해 노력하는 행위를 뜻한다. 하지만 구약성경의 맥락에서는 하나님이 허물을 물으실 때(욥 10:6), 주님의 임재를 간청할 때도(암 8:12) "찾다"라는 동사가 사용된다. 반대로 "잃다"라는 말은 어쩌다 실수로 잃어버리는 것이 아니라 간절히 원했던 것을 포기하는 상황에서 사용되는 말이다. "지킬 때"와 "버릴 때"도 마찬가지다. 보통은 생명을 지키고 보호하며 가치 있는 무언가를

---

8   George A. Barton, *Ecclesiastes*, International Critical Commentary(Edinburgh: Clark, 1971), 100.

9   유대 문학에서 사용되는 성적 표현의 완곡어법이라고 보기도 하고, 상업적인 거래에서 계산을 위한 용도로 가방에 돌들을 담던 관습과 연결하기도 한다. 다음 자료를 보라. R. Norman Whybray, *Ecclesiastes*(London: A & C Black, 1989), 71.

수호해야 하지만, 그것을 거부하거나 버려야 하는 상황이 닥치곤 한다.

앞부분(전 3:5-6)에서 긍정-부정으로 나열되던 묘사가 시행이 바뀌면서 뒤집혀 부정-긍정의 형태로 전환된다. 찢을 때와 꿰맬 때, 침묵할 때와 말할 때가 있다(전 3:7). "찢는다"라는 말은 구약성경에서 옷을 찢거나(창 37:29), 마음을 찢거나(렘 36:23), 하늘을 가른다(욜 2:13)는 의미로 사용된다. 반면에 구약성경에서 "꿰매다"라는 말은 아주 희귀하게 등장한다. 대체로 이 말은 비통함을 표시하기 위해 옷을 찢는 것(창 37:29; 44:13; 삼하 1:3; 욥 1:20; 2:12)과 연결되어 슬픔이 지나간 후 찢어진 옷들을 다시 꿰매는 상황과 연결되는 듯하다. 즉 "꿰맬 때"라는 것은 슬픔이 봉합되고 회복이 도래했음을 말하는 비유인 셈이다.

침묵할 때와 말할 때가 있다(전 3:7b). "침묵할 때"란 기본적으로 말조심을 위해 말을 아끼는 시간일 수 있다. 하지만 사람은 비탄의 심정을 말로 표현할 수 없을 때도 침묵하게 된다(레 10:3; 욥 2:13). 일반적으로 고대의 지혜자들은 말의 절제를 지혜와 연결했으며 잠언에도 말과 관련한 금언이 여럿 기록되었다(잠 10:19; 13:3; 15:23; 16:24; 17:27; 21:23; 25:11).[10] 옛날이나 지금이나 신중한 말은 지혜로운 사람의 중요한 특성으로 여겨진다. 입을 지키는 자는 생명을 보전하고, 떠벌리는 자는 멸망에 이른다(잠 13:3). 지혜 전통에 누구보다 익숙했을 코헬렛도 이 정도의 의미에서 침묵할 때와 말할 때를 생각했을까? 내가 보기에 말과 침묵이 겉으로 양극적인 것은 사실이나 말의 절제와 침묵은 서로 다른 차원으로 이해될 수도 있다. 말과 침묵의 본질을 완벽하

---

10   Longman, *The Book of Ecclesiastes*, 117.

게 구분할 수 없기 때문이다. 즉 말이 인간에 의해 망가질 때 침묵은 더 깊은 차원의 말이 된다. 언어로는 전혀 드러나지 않는 지혜가 존재하는 것처럼 말이다.

간결성, 음악성, 은유적인 언어의 구성이 절정을 이루는 전도서 3:8의 마지막 시행은 "사랑할 때와 미워할 때, 전쟁의 때와 평화의 때"로서, 첫째와 둘째 소절이 긍정-부정, 부정-긍정의 교차 배열로 이루어진다(abb´a´). 사랑은 자식을 향한 부모의 애정, 연인 간의 에로스, 친구와의 우정 등 다양한 방식으로 다양한 사람들 사이에서 오가는 감정이다. 미움도 마찬가지다. 사람 사이에 미움이 있고, 사람이 하나님을 미워하기도 한다(출 20:5). 사람들 사이의 사랑은 평화의 세계를 만들지만, 사람들 사이의 미움이 확장되면 전쟁이 된다. 전쟁은 미움이 최고조로 확대된 극단의 상황이다. 구약에서 전쟁은 종종 하나님의 심판 방법으로 묘사된다. 하지만 신약에서 최후의 전쟁은 우리의 구원자 주님이 다시 오심을 바라는 오랜 기다림과 관계된다. 그러니 짧은 시행의 의미를 한두 가지로 정형화하기보다는 "하늘 아래"에서 일어나는 양극의 사건과 상황을 자유롭게 삶의 맥락에 적용해보는 것이 좋겠다. 다만 양극의 다양한 사건과 사태들은 사람이 기대하는 시간과 때, 곧 기약된 어떤 순간에 일어나는 것이 아니라 미지의 시간, 신비에 속한 것임을 기억하면서 말이다.

코헬렛은 인간의 갖가지 상황 속에서 섭리하시는 하나님과 인간의 역학 관계를 고찰한 지혜자다. 그는 삶에서 온갖 변화를 겪는 사람들을 이해하고 그 변화에 끼어들어 운명을 반전시키는 절대적 존재를 믿었다. 그가 작성한 간결한 시가 보여주는 것처럼 코헬렛은 교차하며 발생하는 양극의 긴장된 상황과, 때로는 모호한 삶의 여정을 찬찬히 음미하라고 권한다. 그리고 하나님의 주권과 인간의 책임 사이에 존재하는 미묘하고 섬세한 관계를 배우는 여행길에 오르라고 초청한다.

이로 볼 때 그는 삶의 긍정과 부정의 현상을 정확하게 묘사하려고 시를 쓴 것이 아니다. 그는 양방향 사이를 오가는 삶의 현실을 관찰하며 시간의 지배자에게 시선을 돌리고자 한다. 그의 간결한 시는 우리를 사람과 세상, 그리고 하나님에 대한 깊은 사색으로 인도한다. 코헬렛의 인도에 따라 시간에 종속된 존재인 우리는 시간을 초월하여 존재하시는 주권자의 일들에 관여할 수 없다는 사실을 깨닫는 동시에 인과관계 밖에서 움직이시는 절대적 존재인 하나님을 묵상하게 된다.

양극의 상황을 넘어 시간을 지배하시는 하나님의 주권을 말하는 코헬렛은 주저하지 않고 "슬픔이 웃음보다 낫다"고 말한다(전 7:3). 삶과 죽음의 문제도 마찬가지다. 죽음과 삶 중에 더 나은 것은 무엇인가? 코헬렛은 너무나 당연해 보이는 이 질문에 대해서도 삶은 긍정적인 것이고 죽음은 부정적인 것이라고 단정하지 않는다. 그는 살아 있는 자들보다 죽은 지 오랜 자들이 더 복되다고 말하거나 아예 아직 출생하지 않은 자가 더 낫다고까지 말한다(전 4:2-3). 다시 말해 그는 누구보다 삶의 양극적인 상황과 그것의 가치들을 동등하게 존중한다.

그런데 코헬렛은 긍정과 부정의 양극적 상황을 인식하고 노래하는 것에서 멈추지 않고 현실 너머로 시선을 돌린다. 그는 초월적 존재이신 하나님을 암시된 주체로 인식하면서 "하늘 아래"에서 일어나는 사건들이 엮여가는 운명과 역사를 통찰했다. 그리고 이제 그는 인간의 적절한 반응이 무엇인지 다시 질문한다.

(2) 사람의 "수고로운 일"의 "이익"이 무엇인가?(전 3:9-15)

사람이 고생하여 얻은 생산물의 이익은 무엇인가?(전 3:9) 코헬렛의 이 질문은 책으로 배울 수 없는 지혜에 관한 물음이다. 이 질문은 삶의 갖가지 노력의 결과를 요약하기 위한 것으로서, 양극의 삶과 때를 묘사한 시(전 3:1-8)에 대해 답을 제시하려는 수사학적인 의도가 한껏 묻어난다. 이 구절의 형식은 질문이지만 화자가 마치 해답을 제시하는 것처럼 보이게 하는 기획된 장치 같다. 한마디로 이 질문은 독자에게 답변을 구하는 것이 아니라 성찰의 시간을 가지라는 요청이다.

"이익이 무엇인가?" 하는 질문은 전도서 1:3에서 주제 질문으로 제시된 이후로 여러 차례 제기되어왔고 이후에도 다시 반복될 것이다 (전 2:22; 3:1; 6:11). 코헬렛은 이미 하늘 아래에서 "온갖" 일이 일어나는 적절한 시간과 기약된 순간을 노래했다. 그는 시인이 되어 날과 계절의 반복적인 순환을, 곧 자연의 길과 인간의 길을 묘사하면서(전 1:4-11), 삶에는 자기 의지와 무관하게 발생하는 갖가지 긍정과 부정의 일들이 계속될 것임을 말했다. 그리고 이제 양극의 순간을 오가는 역사의 수레바퀴 속에서 사람이 "노동하여" 얻은 "생산물"(הָעוֹשֶׂה[하오세])에 무슨 이득이 있는가를 더 깊이 생각하라고 촉구한다.

코헬렛은 질문을 통해 지성적인 성찰을 하도록 자꾸만 재촉한다. 그리고 그 질문에 대해 자기만의 방식으로 답을 내놓으며 "하나님이 인생들에게 노고를 주사 애쓰게 하신 것을 내가 보았노라"(전 3:10[개역 개정])고 말한다. 하나님이 인생들에게 "노고"(הָעִנְיָן[하인얀])를 주셨다는 말이 순간 당혹스럽게 느껴질 수 있다. 그러나 태초 이래로 사람은 누구나 고된 노동에서 벗어날 수 없다.

사람은 본래 맡겨진 일에 책임과 권한을 갖도록 지음 받았다. 하지만 인류를 대표하는 첫 남자와 여자는 기쁨이 넘쳤던 에덴동산의 관리 책임자의 자리에 머물지 않고 하나님처럼 되고 싶어 했다. 그 순간의 욕망이 하나님의 심판을 면할 수 없게 했고, 성경은 그 결과로 온 인류가 수고하고 땀을 흘려야만 땅으로부터 먹거리를 얻을 수 있게 되었다고 말한다. 이런 노동의 가혹함 때문에 처음의 신성한 노동은 생존을 위한 투쟁이 되었다(창 3:17-18). 그래서 코헬렛은 인류에게 부과된 고된 일을 회피하거나 미화하지 않는다. 그는 인류의 현실 그대로를 말할 뿐이다.

하나님이 인생들에게 노고를 주셨다고 말한 코헬렛은 곧이어서 하나님이 모든 것을 때에 따라 아름답게 만드셨다고 진술한다(전 3:11a). 이 구절은 우리가 접하는 설교 강단에서도 상투적으로 인용되는 익숙한 구절로서 "성경 전체에서 신의 섭리에 대한 가장 위대한 진술"이라는 극찬을 받기도 한다.[11] 사람들은 자신의 수고와 노력이 헛되지 않기를 바란다. 하나님을 사랑하는 자들을 위해 모든 것이 합력하여 선을 이룬다고 했던 바울의 선언처럼(롬 8:28), 코헬렛의 이 진술은 신앙인들의 희망을 담은 공론으로 자리 잡는다. 우주를 아름답게 창조하시고 유지하시는 예술가 하나님의 영광과 인간의 노동이 서로 조화를 이룬다고 하니 이 얼마나 멋진 고백인가!

그런데 모든 것을 때에 따라 아름답게 만드시는 하나님을 향한 고

---

11   Fredericks, *Ecclesiastes*, 117.

백 못지않은 위대한 외침이 또 있다. 코헬렛은 하나님이 사람의 마음속에 "영원"(영원을 사모하는 마음[개역개정], 과거와 미래를 생각하는 감각[새번역])을 주셨다고 한다(전 3:11b). 그런데 여러 해석가가 이미 실토했듯이 이 구절은 전도서에서 가장 해석하기 까다로운 구절 중 하나다.

여기서 말하는 "영원"(עֹלָם[올람])의 의미는 무엇일까? "영원"도 전도서의 반복 어휘 중 하나다. "영원"(전 1:4, 10; 2:16; 3:14; 9:6; 12:5)의 사전적 의미들을 종합하면 사람이 지상에서 알고 느끼는 시간 개념을 초월한 영속적인 시간이다. 즉 "영원"은 인간의 인식론적인 한계를 뛰어넘는 시간, 사람이 도달할 수 없는 시간이다. 그래서 바톤(George A. Barton)은 이 구절을 "하나님이 사람의 마음속에 어둠/무지를 두셨다"라는 말로 풀이했다.[12] 곧 영원은 "무지"(ignorance) 또는 "어둠"(darkness)이고, "미지"(the unknown) 또는 "비밀"(secret)이기도 하다.[13] 철학자 박동환의 말을 빌리자면 "영원의 x" 또는 "초월의 X"라는 표현도 가능하다.[14]

---

12   Barton, *Ecclesiastes*, 105-6; Brian P. Gault, "A Reexamination of Eternity in Ecclesiastes 3:11," *Bibliotheca Sacra* 165(2008), 41(39-57)에서 재인용. 이것 말고도 개역개정 성경과 비슷하게 "하나님은 인류에게 가장 먼 시간에 대한 깨달음을 주셨다", "그가 또한 그들 안에 미래를 알고자 하는 열망을 두셨다", "그가 또한 그들의 마음에 영원에 대한 의식을 주셨다"라든지 "그가 또한 인간의 마음에 영원한 일을 마련하셨다", "하나님이 그들의 마음에 불멸을 두셨다"라는 등의 다양한 해석들이 제시되었다.

13   Fox, *Time to Tear Down*, 211.

14   박동환, 『x의 존재론』(사월의 책, 2017), 86. 철학자 박동환은 시간과 영원에 관한 자신의 철학적 명제들을 풀어가는 과정에서 구약의 전도서를 인용하며 전도서의 철학적 깊이를 거듭 언급한다. 그는 전도서가 보편적 판단 형식을 대표하는 논리학이 풀려나오게 하는 샘터 구실을 한다고 보았다.

그리하여 코헬렛은 사람은 하나님이 만드신 일을 처음부터 끝까지 도무지 알 수 없다는 결론에 이른다(전 3:11c). "하늘 아래" 살아가는 사람은 자기의 눈으로 까마득한 우주의 첫 시간도, 마지막도 확인하지 못하고 사라지는 존재다. 사람은 일정한 시간에 소속된 존재이기에 일상의 범주들 속에서 도무지 이해할 수 없는 초월의 무엇이 존재함을 느낄 뿐이다. 따라서 코헬렛이 말하는 "영원"의 개념은 까마득한 과거와 미래 둘 다를 향한다. 즉 영원은 현재를 중심으로 "먼 시간"의 개념이다. 코헬렛은 이미 누구도 이전 세대가 했던 일을 기억하지 못하고 장래 세대도 이후 세대들처럼 기억되지 않을 것이라고 말했다(전 1:11). 지혜자도 어리석은 자도 영원히 기억되는 것은 없다고 말할 수 있을 만큼(전 2:16), 시간에 대한 사람의 감각은 초월자의 일을 깨닫기에 턱없이 부족하다.

　　코헬렛은 삶의 다양한 사건들에 시간표가 존재한다고 말하면서도 언제 무슨 일이 일어날지 정확한 때를 아는 것은 인간의 지혜를 넘어서는 영역이라고 못 박는다. 하나님만 통제하실 수 있고 사람에게는 비밀에 부쳐진 영역이 존재한다는 것이다. 시간의 지배자이신 하나님은 사람의 일에 개입하시지만 사람은 "그 때"를 정확하게 파악할 수 없다. 이런 코헬렛의 선언은 창조자와 피조물 사이의 간격을 깨달으라는 요청으로 들린다. 한마디로 초월성과 한계성 사이의 간격을 인식하라는 말이다. 사람은 단지 지금 직면한 순간만 알 수 있을 뿐이지 않은가?

　　이런 깨달음은 인간으로 하여금 하나님을 두려워하게 한다. 이 두려움은 폭력성과 관계된 공포와는 다르며 오히려 인간의 한계성을 인식할 때 생겨나는 겸손한 마음과 관계된다. 시아우의 말처럼 사람은 시간과 영원 사이의 긴장에 붙잡혀 있는 존재다. 피할 수 없는 순간들을 직면해야 하는 사람의 마음속에 영원을 넣어주셨다는 것은 인간의 관점에서 아이러니가 아닐 수 없다.[15] 인간이 가진 영원에 대한 감각은 단지 사람이 경험하는 지금이라는 순간에 작동한다. 이는 하나님이 만드신 아이러니한 "영원"의 시나리오다.

코헬렛은 "순간"(헤벨)과 "영원"(무지 또는 미지)의 상태에 놓인 인간의 조건을 고찰하며 한 가지 깨달음을 얻었다. "사람이 사는 동안 먹고 마시고 일에서 즐거워하는 것보다 좋은 것은 없다"(전 3:12)는 사실이다. 이는 "사람이 수고로 얻는 생산물의 이득이 무엇인가?"(전 3:9)라는 질문에 대한 또 하나의 답변이기도 하다.

코헬렛은 이제 단순한 일상의 즐거움으로 독자들을 초청하며 "나는 사람이 먹고, 마시고 즐거워하는 것보다 좋은 것이 없음을 알았고, 이것이 하나님의 선물이다"(전 3:13)라고 말한다. 하늘 아래 이보다 더 단순하고 좋은 말을 찾을 수 있을까? 그가 말하는 즐거움은 본회퍼가 지적했듯이 탈속적이고 정신적인 어떤 고상한 즐거움이 아니라 먹고 마시는 육신적인 즐거움이다.[16] 즉 그의 선언은 먹고 마시고 즐거워하는 일상적인 즐거움에 대한 찬사다.

코헬렛은 이미 해 아래 행하는 온갖 수고와 마음에 애쓰는 것에 무슨 소득이 있는지 질문하고(전 2:22), 사람이 먹고 마시고 노동으로 즐거워하는 것보다 좋은 것이 없다고 말했다(전 2:24). 즉 그는 단순한

---

15   Seow, *Ecclesiastes*, 173.

16   Daniel J. Treier, *Proverbs and Ecclesiastes*(Grand Rapids: Brazos, 2011), 156에서 재인용.

일상의 기쁨을 거듭 강조한다. 해 아래 새로운 것이 아무것도 없다는 그의 말처럼(전 1:9), 코헬렛의 중요한 선언들도 거듭 반복해서 등장하기에 늘 기시감이 있다. 어쩌면 그는 그 누구보다 사람의 빈약한 기억력을 잘 알기에 기억 저편으로 사라진 말들을 다시 데리고 오는 것인지도 모르겠다.

코헬렛은 하나님이 하시는 일이 영원토록 이어질 것이기에 더하거나 뺄 것이 없고, 사람은 단지 그분을 두려워해야 한다는 사실을 분명히 밝혀둔다(전 3:14; 5:7; 7:18; 8:12-13). 우리가 지금 몰입하고 있는 현재의 시간에는 사람이 모르는 수억 년, 또는 수십억 년의 장구한 시간을 통과해온 인류 이전의 흔적들이 남아 있다. 인류의 역사는 우주 역사의 관점에서 비춰보면 얼마나 짧고 덧없는가?

코헬렛은 지금 있는 것은 이미 있었던 것이고, 앞으로 있을 것도 이미 있는 것이라고 말한다(전 3:14-15). "해 아래 새것이 없다"라는 주제의 반복인 셈이다(전 1:9). 과거는 완전히 사라진 것이 아니라 앞으로 일어날 일을 위해 하나님이 보존하고 계신다(전 3:15b). 이런 반복의 질서를 통해 하나님은 사람들에게 과거와 미래를 아는 감각이라는 은총을 허락하셨다. 그러나 동시에 여전히 사람은 하나님의 일을 다 알지 못하게 하셨다는 사실을 기억해야 한다(전 3:11). 여전히 미지의 시공이 존재하는 것이다. 이는 인간 중심으로 구축되어온 단편적인 지식과, 반복되는 역사에서 중심이 되는 인간 본위의 삶에 날카로운 균열을 가져온다. 결국 코헬렛은 모든 것의 반복되는 질서를 노래하며 "해 아래" 새것이 없다는 사실을(전 1:4-11) 다시, 그러나 다르게 요약한 것이다. 이처럼 코헬렛은 새로움의 부재를 선언하면서 초월적 절대자이신 "하나님을 두려워하라"(전 12:13)고 명령하는데, 이로써 그는 이른바 "하나님 경외"의 전통적인 지혜 신학에 자신의 사상을 통합시켰다.

그러면 코헬렛이 말하는 두려움은 무엇인가? 이 두려움은 사람의 한계를 인식하고 좌절을 경험함으로써 생겨나는 것으로서 혐오나 공포의 감정이 아니다. 오히려 인간의 한계와 무지가 노출될 때 하나님의 일을 측량할 수 없음을 인식함으로써 비롯되는 정서가 바로 두려움이다. 이는 위협적인 신 앞에서 떠는 공포가 아니며 스스로 한계상황을 인식한 곳에서 자발적으로 우러나오는 태도에 가깝다.[17] 이 두려움은 "미지"의 상태에서 몸을 낮출 수밖에 없는 시간에 속한 현실을 직시할 때 우러나온다.

전도서를 비롯한 구약의 지혜서들은 하나님 경외 신앙을 중요하게 다룬다. 하지만 하나님 경외 신앙은 구약성경의 다른 곳곳에서도 강조된다. 우주와 인류가 시작될 때부터 하나님은 인류의 구원을 계획하셨고, 한 민족을 택하셔서 구원과 복의 통로로 삼으셨다. 우리는 이런 사실을 모세오경에서(출 9:30; 18:21; 신 5:29), 역사서에서(삼상 12:14, 24), 예언서에서(사 8:13; 렘 5:22, 24; 미 6:9) 확인하게 된다. **코헬렛도 "하나님 경외" 신앙을 여러 담론 중에서 7회나 반복해서 이야기할 정도로 중요한 주제로 삼는다**(전 3:14; 5:7; 7:18; 8:12[2회], 13; 12:13). 그러나 다시 말하지만 그가 강조하는 두려움은 절대적 초월자의 일을 완전히 인식할 수 없는 미지 또는 무지와 한계상황을 인식하는 것에서 발현되는 겸손함의 표현이라는 사실이 중요하다. 그에게 "하나님 경

---

17   김순영, 『열쇳말로 읽는 전도서』, 323.

외"는 "하늘 아래" 온갖 사건과 사물들을 판단하는 지점에서 인간 중심적인 생각을 격파하는 지혜의 부름이다.

2. 사회적인 문제들과 예배,
그리고 하나님의 선물과 행복(전 3:16-5:20)

(1)정의는 존재하는가?(전 3:16-22)

코헬렛은 하나님의 초월성과 인간의 한계성에서 비롯하는 간격과 미지의 문제를 뒤로하고 새로운 주제로 말을 걸어온다. 전도서 3:16-5:20에서 그는 인간의 삶과 세상 속에서 발생하는 다양한 문제들을 논한다. 그가 먼저 다루는 주제는 "정의"(justice)다(전 3:16-22). 코헬렛은 단호하게 해 아래 재판하는 곳에 악이 있고, 정의를 행하는 곳에도 악이 있다고 탄식한다(전 3:16). 정의를 수호하고 행사해야 할 법정에서조차 정의를 찾아보기 어려우니 만연한 불의를 개탄하지 않을 수 없다.

코헬렛의 마음가짐을 볼 때 그가 당대의 비판적인 지식인이었음은 분명해진다. 지식인이라면 모름지기 "인간의 문제에 대한 정보를 수집해서 진지하게 고민하며 나름대로 이해하고 통찰해보려는 마음가짐"을 가져야 한다[18]. 코헬렛은 눈과 마음으로 사물을 관찰하고 정직하

---

18   노엄 촘스키, 베로니카 자라쇼비치, 드니 로베르, 『촘스키, 누가 무엇으로 세상을 지배하는가』, 강주헌 옮김(시대의창, 2015), 32.

게 말하는 데 주저함이 없다. 물론 그는 예언자들처럼 하나님의 직접적인 부르심을 받고 시대의 악을 고발하는 사람은 아니었다. 하지만 그는 비겁하게 권력에 빌붙어 힘을 탐하거나 추종하며 아첨하는 행동을 가만히 보고만 있지는 않았을 것이다. 오늘날의 지식인처럼 말이다.

코헬렛은 탄식의 언어로 시대의 불의를 고발하지만 희망을 접어버리지 않는다. 모든 일에 궁극의 때가 있다는 사실을 잘 알기 때문이다(전 3:1). 그는 모든 일에 심판의 때가 있다는 것을 마음속으로 확신한다(전 3:17). 이 확신은 고백적인 것일 수도 있고 삶의 경험적인 관찰에서 나온 결과일 수도 있다. 코헬렛 자신이 생애 동안 법적 절차나 보응 원리에 따라 심판이 이루어진 경험을 했을 가능성도 있다. 그렇지 않고 언제일지 모르나 궁극적 심판의 때를 생각하는 것이라면 고백적인 확신이라고 할 수 있다. 중요한 것은 코헬렛이 정확한 시기를 알 수 없더라도 하나님의 때가 있을 것을 확신한다는 사실이다. 이로써 코헬렛은 시대의 만연한 불의를 직면하면서도 신앙적이고 윤리적인 원칙들, 곧 신성한 정의의 원칙을 전혀 포기하지 않는다.

또한 그는 살아 있는 모든 피조물이 공동의 운명으로 받아들여만 하는 심판에 관해 말한다. 그것은 바로 죽음이다. 그는 이미 의로운 자나 악인이나 모두 죽음이라는 하나의 운명을 피할 수 없다고 말했다(전 2:12-17). 이제 그는 인간의 죽음과 짐승의 죽음이 마찬가지라고 말한다(전 3:18). 인간과 짐승이 하나의 운명 안에 묶인다(전 3:19). 사람과 짐승이 죽음 앞에서 공동 운명체가 되는 것이다. 짐승도 죽고 사람도 죽는다. 아무리 사람이 짐승보다 뛰어나도 죽음 앞에서는 별수 없다. 그러니 "허무"(헤벨)하다(전 3:19). 짐승이나 사람이나 모두 동등하게

흙에서 태어나서 흙으로 돌아간다. 사실 "모두 한곳으로 간다"(전 3:20)
는 말은 새로울 것이 없다. 하지만 이에 대한 코헬렛의 정직함, 그리고
허무하다고 말하는 솔직함은 사람의 존재론적인 근거를 직시하게 만
든다. 우리는 그의 말을 통해 짐승과 사람이 동등하게 하나님의 무한한
초월성으로부터 멀리 떨어져 있음을 자각한다.

　　짐승과 사람이 같은 운명체라는 발언은 코헬렛의 수사학적인 질
문을 통해 강화된다. 그는 "사람의 영은 하늘로 올라가고, 짐승의 영은
땅으로 가는지 누가 알겠는가?"(전 3:21) 하고 묻는다. 이 질문은 다소
냉소적이고 비관적인 목소리로 들릴지도 모른다. 하지만 이는 사람이
든 짐승이든 결국에는 죽음을 향해 가는 존재라는 사실을 각성시켜주
는 질문이다. 그렇다면 어떻게 할 것인가? 코헬렛은 또다시 지극히 일
상적이고 소박한 삶으로 우리를 부른다(전 2:24-26; 3:12-13).

　　사람이 자기가 하는 모든 일에서 즐거워하는 것보다 더 좋은 것은 없다.
　　왜냐하면 즐거움이야말로 자기의 몫이요, 사람이 죽은 다음에는 무슨
　　일이 일어날지 아무도 모르기 때문이다(전 3:22).

　　"자기의 몫"은 각자에게 할당된 복, 곧 "나눠진 복"으로서 분복(分
福)이다. 여기서 "복"(福)이라는 한자는 한 사람 입에 필요한 만큼의 밭
이라는 뜻을 담고 있다. 그러니까 혼자 몽땅 차지하는 것은 복이 아니
다. 그것은 탐욕일 뿐이다.

　　그런데 사람이 죽으면 받을 "분복", 자기의 몫은 무엇인지 알 수
없다. 그래서 현재의 시간이 가장 중요하다. 앞으로 일어날 일은 그것

이 무엇이든지 간에 누구도 알 수 없는 불확실한 영역에 속해 있다. 그러나 한 가지 분명한 것은 모든 사람이 죽는다는 사실이다. 죽음은 모든 것을 무효화시킨다. 따라서 살아 있는 동안 사람이 자기가 하는 일을 즐거워하며 사는 것보다 더 좋은 것은 없다. 이런 이유에서 코헬렛은 정의롭지 않아 허무할 수밖에 없는 현실 세계에 관해 말하면서도 여전히 살아 있음의 가치와 단순하고 소박한 삶에서 비롯되는 기쁨을 옹호한다. 그는 "하늘 아래" 사는 사람이 죽음 이후의 저세상이 어떤지 알 수 없다는 사실에 착안해 삶을 경영하는 지혜로운 방식으로서의 기쁨에 관해 말한다. 다시 말해 언제 닥칠지 모를 죽음을 앞에 둔 공동 운명체인 인류에게 살아 있는 순간을 가장 큰 가치로 붙잡으라고 말하는 것이다.

기독교 신앙을 가진 사람들은 자주 영원한 생명에 관해 말한다. 하지만 오늘 하루 하나님이 주신 자기 몫을 감당하며 즐거움 가운데 사는 사람은 이미 천국을 소유한 것이 아닐까? 살아 있는 지금 이 순간을 하나님의 선물로 받아안고 기뻐하며 오늘을 사는 사람에게 내일은 또 다른 오늘이다. 그런 사람은 내일이 하나님의 영역이라고 생각하기에 내일을 염려하지 않는다. 오늘을 기뻐함은 시간의 주인이신 하나님을 인식하는 삶의 열매요, 순간을 영원처럼 사는 믿음의 실현이 아닐까?

(2) 억압, 경쟁과 고립, 권력의 무상함(전 4:1-16)

코헬렛은 재판하는 곳에도 악이 있고 정의가 실행되는 곳에도 악이 존재하는 현실을 누구보다 잘 안다. 하지만 그는 의인이나 악인이나 모두 심판받을 때가 있을 것이라고 확신한다(전 3:16). 그리고 그는 모든 사람이 각자 왔던 흙으로 돌아가는 운명에서 벗어날 수 없다는 사실을 거듭 밝혔다. 따라서 코헬렛은 누구나 공평하게 마주해야 하는 죽음 앞에서 좀 더 나은 선택을 하라고 촉구한다. 그것은 다름 아닌 나누어 받은 복에 따라 먹고 마시고 즐거워하는 단순한 삶의 기쁨이다.

그런데 코헬렛은 날마다 반복되는 사소한 일상을 가치 있는 것으로 붙들면서도 우리가 가벼이 지나칠 수 없는 문제를 정확히 짚어낸다. 바로 정의를 뒤엎는 억압의 문제다. 그는 억압당하는 사람과 억압하는 사람들의 문제를 따져본다(전 4:1-3). 그리고 사람들 사이에서 발생하는 경쟁 및 그 경쟁에서 승자가 되기 위한 노력과 수고가 "헛것"이라고 말한다(전 4:4-6). 코헬렛에게 경쟁은 홀로 고립된 삶을 선택하는 것이기에 슬픔을 나눌 동료애에 관한 관찰 결과가 그 뒤를 따른다(전 4:7-12). 또 코헬렛은 정치적인 권력의 무상함을 말하기 위해 짧은 일화를 들려준다(전 4:13-16). 그리고 그는 사람이 지혜와 명성으로 정치권력을 쟁취할지라도 "바람을 잡는 일"이라고 명쾌하게 직언한다.

가. 위로받을 길 없는 억압적인 현실(전 4:1-3)

코헬렛은 갖가지 억압의 문제를 헤아려본다. 코헬렛은 "내가 돌이켜 해 아래서 행해진 온갖 학대를 보았다"(전 4:1)라고 말한다.[19] 그런데 억

---

19   코헬렛이 사용하는 동사 문장의 형태는 주로 "바브+완료형"(ve-Qatal)이다. 전도서 4:1의 "나는 돌아보았다"(וְשַׁבְתִּי)라는 표현이 대표적이다. 그런데 곧바로 뒤따르는 "해 아래서 행해진 온갖 학대를 내가 보았다"라는 문장에서 "내가 보았다"(וָאֶרְאֶה)라는 동사는 "바브+미완료형"(ve-Yqtol)이다. 이는 히브리 내러티브에서 전형적으로 사용되는 구문 형식이지만 전도서에서는 매우 드물게, 단지 세 차례만 사용된다(전

압당하는 사람은 눈물을 흘리지만 위로할 사람이 없다. 억압하는 사람이 폭력을 행사해도 위로해줄 사람이 없다(전 4:1). 당혹스럽고 가슴 시린 현실 묘사다. 사람들 사이에 발생하는 억압의 문제가 어디 코헬렛이 살던 군주제 사회에서만 일어나는 일이던가? 지금도 억압은 우리가 살아가는 사회의 온갖 방향으로부터 온다. 억압은 정치, 경제, 문화, 종교, 가정, 일터, 법정 등의 다양한 영역에서 발생하는 악이다. 타인의 것을 착취하려는 악한 의도와 권력을 가진 자들이 힘을 남용하면 억압적인 상황은 언제든 발생한다.

그런데 코헬렛은 의인과 악인의 심판을 확신하는 말을 하면서도 (전 3:17), 부당하게 억압받는 자들을 위로할 사람이 없다고 반복해서 말한다. 그 이유는 무엇일까? 코헬렛이 이 비극적인 상황을 점잖게 넘어가려 하지 않기 때문이다. 그는 누구도 억압의 피해자가 되지 않기를 바라는 마음으로 현실을 있는 그대로 묘사한다. 가난한 사람들은 늘 자비를 구하지만 옛날이나 지금이나 안하무인으로 행동하는 부자들은 항상 존재한다(잠 18:23). 코헬렛은 가혹하고 무자비한 현실에 대한 냉철한 관찰 결과와 판단을 제시한다. 그의 말은 뼈아프지만 진실하다. 진실한 말은 꾸밀 필요가 없다. 현실을 있는 그대로 표현할 때 진실은 더 가까워진다.

코헬렛이 무자비한 현실을 고발하듯 말하는 이유는 억압이 도덕적으로 잘못된 것이라는 보편적인 가치가 지혜 전통에 확립되어 있기 때문이다.

1:17; 4:1, 7). 따라서 전도서는 내러티브보다는 담화(discourse)에 가깝다.

가난한 사람을 억압하는 것은

그를 지으신 분을 모욕하는 것이지만,

궁핍한 사람에게 은혜를 베푸는 것은

그를 지으신 분을 공경하는 것이다(잠 14:31[새번역]).

그런데 코헬렛은 독자를 당황하게 하는 말을 이어간다. 그가 보기에 "아직" 살아 있는 사람보다 "이미" 죽은 사람이 더 복되다(전 4:2). 이에 해당하는 원문을 문자적으로 읽으면 "나는 이미 죽은 사람을 축하했다"는 뜻이다.[20] 코헬렛은 살아 있는 자들보다 죽은 자들 편에 서서 죽은 자들을 축하한다. 이쯤에서 적당히 멈출 만도 한데 그는 심지어 "아직" 태어나지 않아 세상에서 저질러진 온갖 악을 보지 못한 사람이 더 낫다고까지 말한다(전 4:3). 이는 삶을 포기한 사람을 두둔하는 말인가?

그렇지 않다. 코헬렛은 사물을 찬찬히 살피고 돌아보며 깊이 생각하는 사람일지언정 무심한 방관자는 아니다. 또는 그가 이 세상이 아닌 저세상에 관해 이야기하려고 포석을 까는 것도 아니다. 오히려 그런 극단적인 표현들은 인간을 억압하는 거센 현실에 대한 비탄에서 터져 나오는 코헬렛만의 말하기 방식이다. 이때 "죽은 이는 해 아래 행해진 악을 보지 않는다"(전 4:3b)라고 말하는 부분이 중요하다. 즉 코헬렛은 학

---

20 코헬렛은 다른 성경에서는 사용하지 않는 독특한 어휘들을 사용하곤 한다. 그런 어휘들은 코헬렛의 진의를 파악하는 일을 어렵게 만드는 요인이 되기도 한다. 전도서 4:2에서 "찬양하다", "축하하다"로 번역될 수 있는 히브리어 שׁבח(샤바흐)는 구약성경에서 단지 5회 사용되는데(시 63:4; 106:47; 대상 16:35; 전 4:2; 8:15), 전도서를 제외한 본문들은 하나님을 목적어로 삼는다. 전도서 8:15에서 코헬렛은 "기쁨"을

대받지 않는 사람이 복이 있다고 말하는 것이다. 죽은 자나 출생하지 않은 사람은 고통스러운 세상과 억압하는 자들로부터 탈출한 사람을 대표한다고 볼 수 있다.

이처럼 코헬렛에게는 살아 있는 것도 좋지만 죽음도 유익하다. 그에게 삶과 죽음은 우열 없이 동등하다. 그가 동시대 사람들과는 달리 죽음을 끝이라고 생각하지 않고 부활 신앙을 가져서일까? 정확히 알 수는 없지만 그가 냉혹한 현실에서 해방되는 죽음 너머의 세계를 상상했는지도 모를 일이다. 계시받은 예언자들이 눈에 보이지 않는 초월적 현실을 인식한 것처럼 지혜자의 냉철함을 가진 코헬렛도 시적인 상상력과 시인의 감수성을 통해 남들이 볼 수 없는 무엇인가를 본 것 같다. 코헬렛의 사상은 오랜 세월이 지나 그리스도의 부활을 경험한 사도 바울에게서 듣게 되는 말과 별반 다르지 않다.

> ²²그러나 육신을 입고 살아가는 것이 나에게 보람된 일이면, 내가 어느 쪽을 택해야 할지 모르겠습니다. ²³나는 이 둘 사이에 끼어 있습니다. 내가 원하는 것은, 세상을 떠나서 그리스도와 함께 있는 것입니다(빌 1:22-23[새번역]).

이처럼 삶과 죽음에 우열이 없다는 성경적 사상은 우리에게 많은 것을 생각하게 한다. 코헬렛이 보기에 아직 태어나지 않아 악행들을 보지 못한 자가 더 복된 이유는 그들이 억압에서 안전하기 때문이다(전

목적어로 삼아 "내가 기쁨을 찬양했다"라고 말한다.

4:3). 코헬렛만 그런 생각에 다다른 것은 아니다. 구약성경에서 누구도 범접할 수 없을 정도의 경건한 인물로 평가받은 욥과, 하나님의 부르심을 받고 신실하게 예언자로 살았던 예레미야도 고통스러운 현실의 경험을 탄식의 언어로 거침없이 내뱉었다.

> ³내가 난 날이 멸망하였더라면,
>
> 사내아이를 배었다 하던 그 밤도 그러하였더라면,
>
> ⁴그날이 캄캄하였더라면…,
>
> ⁵어둠과 죽음의 그늘이 그날을 자기의 것이라 주장하였더라면,
>
> 구름이 그 위에 덮였더라면,
>
> 흑암이 그날을 덮었더라면(욥 3:3-5[개역개정]).

> 어찌하여 이 몸이 모태에서 나와서
>
> 이처럼 고난과 고통을 겪고,
>
> 나의 생애를 마치는 날까지 이러한 수모를 받는가?(렘 20:18[개역개정])

이처럼 욥과 예레미야도 온갖 억압 앞에서 죽음을 더 값지게 여길 만큼 비통한 삶에 대해 솔직했다. 그러니 비통함을 감추지 않는 탄식의 언어를 누가 불신앙의 언어라고 함부로 비난하겠는가? 고통의 현실을 인식하고 솔직하게 질문하는 것은 도리어 온전해지는 하나의 방편이다. C. S. 루이스(C. S. Lewis)의 말처럼 "고통은 만사가 잘 돌아가고 있다는 환상을 깨뜨린다." 고통은 신으로부터 자립할 수 있다는 오만에서 인간을 끌어낸다. 따라서 당장 고통을 제거하는 것만이 능사는 아니다.

지금까지 살펴본 대로 현실을 인식하는 코헬렛의 냉철함과 솔직한 개방성은 진리로 이끄는 또 하나의 길이 된다. 코헬렛은 시대가 만들어놓은 일반적인 통념과 개념에 갇히지 않는 자유로운 사람이었다.

나. 수고와 성공의 허상(전 4:4-6)

수고(노력)와 성공에 대한 코헬렛의 일침은 짧지만 강렬하다. 그는 온갖 일의 수고와 성공이 사람의 "질투"(קִנְאָה[킨아])때문이라고 단정한다(전 4:4). 그래서 그는 자신이 관찰한 경쟁적인 삶의 문제를 적나라하게 고발한다.

"질투"를 가리키는 히브리어 "킨아"는 오묘하게도 "열정"이란 뜻을 함께 지님으로써 긍정과 부정의 측면을 모두 가진다. "킨아"는 구약성경의 다른 본문에서 자기 백성을 보호하시는 하나님의 열정적 태도를 표현한다. 예컨대 하나님의 "질투심"(민 25:11[개역개정]), 곧 그분의 열정은 당신의 백성에 대한 진노의 원인으로까지 작용한다. 반면 하나님을 향한 사람의 열정을 표현할 때도 같은 단어가 쓰인다("여호와를 위한 나의 열심을 보라"[왕하 10:16, 개역개정]).

그러나 코헬렛은 사람의 수고와 노력의 배후에 도사리고 있는 자기중심적인 동기들을 진단하면서 열정의 부정적 측면을 드러낸다. 그러니 이는 긍정의 힘을 응집시키는 열정이 아니라 사람의 마음과 정신을 파괴하는 "질투"다. 즉 코헬렛은 사람의 노력과 성취의 근저에서 작동하는, 사람들 사이에 생겨나는 경쟁심에 근거한 질투를 겨냥한다. 그 결과 코헬렛은 경쟁심에서 비롯된 "온갖 수고"나 온갖 노력이 헛되며 바람 잡는 것이라고 일갈하기에 이른다(전 4:4).

확실히 코헬렛이 세상을 바라보는 눈에는 인간의 본질을 꿰뚫는 축이 있다. 그는 성공을 향해 달려가며 유리한 고지를 먼저 점령하기 위해 밤낮없이 애쓰는 현대인들의 무차별적인 경쟁과 질주가 근본적으로 무엇인지 질문하고 성찰하도록 독자들을 몰아세운다. 세속적인 성공과 업적을 선으로 규정하고, 높은 고지를 점령하지 못한 자들을 실패자로 낙인찍는 시대 정신에 일침을 가하는 것이다.

그런데 코헬렛은 곧 게으름을 비꼬는 짧고 전통적인 경구를 인용하며 균형 잡힌 삶의 태도를 유지하게 한다. "어리석은 사람은 팔짱을 끼고 앉아서 제 몸만 축낸다"(전 4:5[새번역])는 구절은 흔히 전통 지혜라고 일컬어지는 잠언에서 자주 만나게 되는 내용을 담고 있다(잠 6:10-11; 12:11; 24:33, 34). 이 구절은 게으름을 꾸짖는 것처럼 들린다. 하지만 이것이 기존의 보편화된 생각, 즉 부유한 것이 좋다는 주장으로 독자들을 이끄는 것은 아니다. 왜냐하면 코헬렛은 곧바로 많이 가지려고 "수고하는" 것보다 적게 가지고 편안한 것이 낫다고 말하기 때문이다(전 4:6). 즉 코헬렛은 남보다 많이 가지고 싶어 하는 것 자체를 문제 삼는다.

그렇다면 코헬렛은 왜 많은 수고(노력)와 게으름의 문제를 함께 생각할까? 그는 이미 인간의 질투심에서 비롯된 경쟁은 헛되고 무익한 것(전 4:4)이라고 단언하지 않았던가? 사실 코헬렛은 지나친 열정, 곧 질투에서 촉발된 경쟁심이 전통 지혜가 비난하는 게으름만큼이나 위험하다고 판단한다. 따라서 그는 게으름이 위험한 만큼 더 많이 가지려는 수고도 위험하다고 역설할 수밖에 없다. 그는 더 많이 가지려는 수고가 "바람 잡는 것", 문자적으로 "바람의 열망"이라고 일갈한다(전

4:6). 지금까지 소박한 일상의 기쁨을 중시해온 코헬렛은 이제 적절하게 균형 잡힌 노동과 쉼이 행복의 가치를 가진다고 말한다. 왜 그렇지 않겠는가? 과도한 노동과 필요 이상의 생산물, 쌓아놓은 잉여 소득은 사람을 행복하게 만드는 것이 아니라 점점 더 자유를 빼앗아 억압적인 삶을 대량생산할 뿐이다. 그 안에서 사람은 스스로 노예적인 삶을 살아간다.

다. 헛된 수고를 극복하는 법, 함께 나누는 행복(전 4:7-12)

코헬렛은 "내가 또 돌이켜 해 아래 덧없는 것을 보았다"(전 4:7)라고 말하며 "덧없음" 곧 "헤벨"의 주제를 이어간다. 코헬렛은 한 남자의 짧은 일화를 들려준다. 이 남자는 자식이나 형제가 없이 홀로 살며 쉬지 않고 일만 한다. 그런데 이 남자는 자신이 수고로 벌어들인 재산이 만족스럽지 않다. 그는 자신의 수고가 누구를 위한 것인지 고민하며 즐거워하지 못하고 수고만 하는 자신을 한탄스럽게 생각한다. 코헬렛에게 이 남자의 수고는 헛되다. 그것은 바람 잡는 일, 곧 "바람의 열망"일 뿐이다(전 4:8). 코헬렛은 쉬지 않고 일만 하는 이 남자의 이야기를 함으로써 해 아래 온갖 수고가 사람에게 무엇이 유익한지의 문제(전 1:3)를 다시 제기한 셈이다. 이 남자는 독백처럼 자신의 온갖 노력이 누구를 위한 것인지 물으며 자기 마음의 기쁨이 사라진 것에 관해 말한다. 이 고독한 남자는 하나님의 선물을 받아 누릴 줄 모르는, 비극적인 드라마의 주인공이다.

코헬렛은 이처럼 행복을 누리지 못하는 남자의 일화를 전하면서 혼자 사는 것보다는 함께할 동료가 있는 것이 낫다고 말한다(전 4:9).

그 이유는 분명하다. 함께 가다 하나가 넘어지면 다른 한 사람이 보호하고 일으켜줄 수 있지만, 혼자 가다가 넘어지면 일으켜줄 사람이 없기 때문이다(전 4:10). 경쟁에서 이겨 홀로 부를 축적하고 독식하는 것이 승리처럼 보이지만, 기쁨을 나눌 사람이 없다면 그 승리가 무슨 이득이 될까? 그러니 둘이 하나보다 좋다.

코헬렛은 "하나보다 둘이, 둘보다 셋이 낫다"고 말한다(전 4:12).[21] 이 단락은 프레더릭스와 에스테스(Daniel J. Estes)의 설명처럼 "쉼과 노동의 균형을 이해하지 못하는 사람"을 주제로 삼는다.[22] 하지만 잘 살펴보면 노동과 쉼의 균형이라는 문제에서 더 나아가 노동과 관계된 억압의 문제를 좀 더 적극적으로 다루고 있음을 알 수 있다. 코헬렛은 서로의 위로를 가로막는 온갖 억압과 사람들 사이에 작용하는 시기심이나 질투, 또 거기서 비롯되는 경쟁의 문제를 심각한 눈으로 바라본다. 그리고 그는 동료애를 비롯해 함께 나누는 행복의 가치를 강조한다. 홀로 사는 것보다 동료들과 더불어 협력하는 공동체적인 삶이 훨씬 낫다고 주장하는 것이다. 이 구절은 형식적인 면에서 이스라엘의 전통적인 숫자 격언을 떠오르게 한다. 하지만 내용적인 측면에서 이해하는 것으로도 충분하다. 그 내용이란 억압적인 경쟁에 내몰려 쉼을 빼앗기고 위로해줄 사람 하나 없이 살아가는 외로운 인생을 향해, 협력하며 행복을 나누는 공동체적인 삶의 방식을 촉구하는 것이다.

---

21   신학적 소양을 가진 몇몇 독자는 "세 겹 줄은 쉽게 끊어지지 아니하느니라"(전 4:12[개역개정])라는 구절을 삼위일체의 개념이나(Hieronymus), 믿음, 소망, 사랑이라는 세 가지의 신앙 덕목과 연결시켜 이해하곤 한다. 이런 해석들은 흥미롭기는 하지만 전도서 본문의 맥락과는 어울리지 않는다.

22   Fredericks, *Ecclesiastes*, 135.

예수님도 서로를 고립시키는 극단적인 이기심을 콕 집어 경계하셨다. 앞서 살펴보았지만 예수님은 어리석은 부자의 이야기를 들려주시며 많은 재산을 축적하고 안심하는 사람들에게 질문하신다. "어리석은 자여, 오늘 밤 네 영혼을 찾으리니 네가 준비한 것이 누구의 것이 되겠느냐?"(눅 12:19-20) 이 말씀은 코헬렛의 일화에 등장하는, 많이 가졌으되 외로운 남자의 말과 상통한다(전 4:8). 또 보물을 땅에 쌓아두지 말라는 예수님의 말씀도 이기적인 욕망을 채우려는 인간의 온갖 집착에 대한 따끔한 경고였다(마 6:19).

인간의 과잉 수고를 문제 삼는 한 남자의 일화는 오늘날 사회를 향한 사회학적·신학적 성찰로 우리를 이끈다. 절제를 잃어버린 자기 파괴적인 자아실현 욕구나 일 중독도 우리 사회의 문제지만 타인에 의해 강요되는 장시간의 노동도 큰 문제다. 인간을 단지 소비재로 전락시켜버리는 탐욕적인 착취를 서슴지 않는 자본가들은 노동자의 쉴 권리를 빼앗아버린다. 과잉생산과 잉여 소득을 추구하도록 부채질하는 사회는 작은 것에 대한 만족감을 빼앗고 타인을 향한 연민마저 시들게 하여 함께하는 연대의 기쁨을 앗아간다. 우리는 갑과 을의 계약관계 안에서 갈등하며 그런 문제들을 성찰할 여유도 없이 바쁘게 살아간다. 경쟁보다 협력을 촉구하는 코헬렛의 조언은 우리 사회가 황폐해진 영혼들만 부유하는 사회가 되지 않기 위해 더없이 절실하다.

코헬렛은 이기적인 동기에서 비롯되는 지나친 열정과 질투, 더 나아가서는 탐심의 문제를 깊이 성찰하도록 우리를 불러들인다. 그는 인간의 질투와 탐욕이 궁극에는 어떤 결과를 가져오는지 꿰뚫어 보는 혜안을 가진 사람이다. 그는 마치 우리와 동시대를 사는 사람처럼 오늘날의 탐욕적이고 억압적이고 노예적인 노동 문제를 반성하라고 촉구하는 듯하다. 정당한 노동으로 재화를 획득하고 정당하게 소비하는 것은 한 공동체의 건전성을 담보하는 토대다. 더 좋은 것을 많이 차지하기 위한 억압적이고 노예적인 노동은 공동체의 불신과 분열을 초래한다. 더군다나 건전한 노동의 가치가 대접받지 못하고 자본의 힘을 가진 자들만 유리한 고지를 점령하는 시스템은 얼마나 악한가? 이런 배경에서 코헬렛의 가르침은 무한경쟁을 무기력하게 수용하도록 포섭당한 우리에게 상생과 협력을 꿈꾸며 추구하라고 격려하는 부름이나 마찬가지다. 아주 오래된 그의 말이 오늘을 살아가는 우리에게 경쟁을 그만두고 협력하며 더불어 사는 대안적인 삶을 꾸려가라는 긴박한 요청으로 생생하게 다시 펼쳐진다.

라. 정치권력의 무상함(전 4:13-16)

코헬렛은 전도서 4장 첫 절에서 언급한 억압의 문제를 다시 곱씹도록 정치권력의 덧없음과 무상함을 토론한다. 이때 그는 "~보다 좋다"라는 비교 잠언 양식을 사용해 독자에게 좀 더 나은 것이 무엇인지 선택하도록 안내한다. 또 자기가 예루살렘의 왕인 듯이 꾸민 것을(전 1:12) 독자가 기억해내기를 바라듯 해 아래 덧없는 삶의 현실을 다시 제기한다 (전 4:13-16; 1:13-16).

　　그리고 코헬렛은 또다시 짧은 일화를 들려준다. 어떤 어리석은 왕과 지혜로운 젊은이에 관한 이야기다. 이 이야기는 남의 말을 듣지 않는 나이 많고 어리석은 왕보다 가난해도 슬기로운 젊은이가 낫다는 말로 시작한다(전 4:13). 이 처음 구절은 권력을 가진 자의 어리석음을 비웃기라도 하듯 가난과 슬기의 우위를 설정한다. 그 후 이야기는 가난한 집안에서 태어나 옥살이를 하다가 풀려나 왕의 자리까지 오른 지혜로운 젊은 남자의 이야기로 전환된다(전 4:14). 무슨 연유인지 옥살이를 경험한 젊은이가 있다. 아마 구약 이야기에 익숙한 눈치 빠른 독자라면 옥살이를 한 "가난하고 슬기로운 젊은이" 요셉을 떠올렸으리라. 코헬렛이 실제로 누구나 알 만한 이스라엘 역사 속의 인물을 끌어들인 것인지는 확실치 않다. 그가 언급한 젊은 왕에 관한 세부적인 묘사가 없으니 누구라고 정확히 지목하기는 어렵다. 그러나 한 가지는 분명하다. 앞서 지혜와 어리석음을 빛과 어둠에 비유해 지혜의 탁월성을 말한 코헬렛은(전 2:13-14), 이제 가난을 뛰어넘는 지혜의 우월성을 말한다. 이 순간 그의 교육적인 목적이 두드러진다. 이는 기존의 질서를 뒤집는 삶의 반전을 생각해보라고 권하는 것처럼 들린다.

코헬렛은 가난한 집안에서 태어나 왕의 후계자가 된 젊은이를 사람들이 뒤따르는 것을 보았다(전 4:15). 가난하지만 지혜로운 청년이 삶의 본이 되는 능력을 갖춘 듯하다. 그러나 코헬렛은 곧바로 이 희망적인 묘사를 뒤엎는다. 왕이 된 지혜로운 젊은이가 왕의 자리를 떠나면 그 누구도 그의 업적을 찬양하지 않는다는 것이다. 그러니 코헬렛은 왕의 통치도 덧없고, 바람 잡는 것이라고 결론짓는다(전 4:16).

우리 속담에는 미천한 집안에서 훌륭한 인물이 나오는 경우를 일컬어 "개천에서 용 난다"고 하는 말이 있다. 이 속담은 한때 위계적 계급 구조를 뛰어넘을 수 있다는 희망을 대변했다. 하지만 지금은 그저 낭만적인 수사에 불과하다. 소득 불평등이 심화한 상태에서 소득수준의 격차는 곧 교육 격차로 이어진다. 그리고 교육 격차는 대를 이은 소득수준의 격차로 고착되어버린다. 이런 상황에서 이제 교육 기회의 평등이라는 구호도 희망 고문이 되어버린 것 같다. 지금은 새로운 계급 사회를 표현하는 "흙수저, 금수저"라는 신조어까지 등장하지 않았던가? 이 신조어는 우리 사회에서 양극화된 계층 구분을 일컫는 말로 자리 잡아가고 있다. 이처럼 자본주의가 만들어낸 불평등 구조와 그 폐쇄성이 "개천의 용"을 기대할 수 없게 만들어버린 현실을 뛰어넘어 다른 대안적인 삶을 꿈꿔야 하지 않을까?

코헬렛은 확실히 지혜 선생답게 세상사의 이치를 꿰뚫고 있다. 코헬렛이 강조하는 것은 하나다. 그가 어떤 사람이든 관계없이 왕의 업적과 통치는 다른 누군가에 의해 대체되고 "잊힌다"는 사실이다. 지혜로운 통치자로서 인기를 끌며 한 시대를 풍미한 사람도 결국 새로운 누군가에 의해 대체되기 마련이다. 따라서 인생도 권력도 덧없다. 이렇게 코헬렛의 "헤벨" 판단은 온갖 세상사를 총망라하는 말이다. 탁월한 젊은 왕의 지혜가 숭앙을 받다가도 잊히면 그만인 것처럼 인간의 지혜와 능력이 칭송을 받는다고 해도 영원하지 않다. 사람들의 기억에서 순간처럼 머물다가 사라질 뿐이다. 그가 옳다. 모든 것이 안개처럼 덧없다.

(3) 예배와 경건, 하나님의 선물과 기쁨(전 5:1-20)[23]

전도서 5장에서도 다양한 삶의 주제들이 어우러진다. 코헬렛은 예배

---

23   BHS(Biblia Hebraica Stuttgartensia)는 히브리어 성경 중 가장 오래되고 완전하게 보전된 레닌그라드 사본에 근거하여 정교하게 편집된 히브리어 구약성경으로서 성서학에서 매우 중요하게 취급된다. 그런데 BHS의 전도서 4:17은 우리가 일반적으로 읽

와 삶의 경건은 어떤 관계인지, 하나님을 두려워하는 자는 말을 어떻게 해야 하는지 등을 논한다(전 5:1-7). 이 밖에도 실제적인 삶과 직결되는 정치적인 억압의 문제(전 5:8-9), 돈과 부유함의 문제를 우선으로 다룬다(전 5:10-17). 이후 코헬렛은 삶의 갖가지 부조리와 덧없음을 표현하는 "헤벨" 판단을 다시 치켜들고 "즐겁게 사는 것보다 더 좋은 것은 없다"라고 말함으로써 즐거운 삶으로의 부름을 반복한다(전 5:18-20; 2:24-26; 3:22). 세상살이와 권력의 무상함, 돈 문제로 얽힌 복잡한 현상들에 대한 그의 결론은 여전히 단순하다. 사소한 일상보다 중한 게 없다. 인간의 지혜로움이 만들어낼 수 있는 위대한 업적과 성취는 바람처럼 사라져 기억에서 지워질 뿐이다(전 2:1-12). 결국 코헬렛은 일상의 소박한 기쁨을 생의 중심에 둘 수밖에 없다.

가. 말의 경건과 하나님 경외의 관계(전 5:1-7)

코헬렛은 지금까지 세상과 사람들의 관계를 유심히 관찰하며 깨달은 바를 가르쳐왔다. 그런데 여기서 잠깐 인간과 하나님의 관계를 다루며 희생 제물(전 5:1), 기도(전 5:2-3), 맹세(전 5:4-7)에 관한 주의 사항을 말한다. 눈에 띄는 새로운 주제들이다.

먼저 코헬렛은 "하나님의 집으로 갈 때 발걸음을 주의하라"고 명령한다(전 5:1a). 그는 고대 이스라엘의 신앙인으로서 예배와 관련된 문

는 개역개정, 새번역 성경 및 다양한 번역 성경에서 전도서 5:1로 편집되었다. 그래서 BHS의 전도서 5장은 19절에서 끝나는 반면, 여타 번역 성경들의 5장은 20절에서 마무리된다. 나는 전도서 5장의 장과 절을 표시할 때 독자의 편의를 위해 현대 번역판의 구분에 따라 표시했다.

제를 정확히 짚는다. 보통 사람들은 성전에서 제물이나 바치면 되는 줄 알지만 그렇지 않다. 코헬렛은 하나님의 집에 들어갈 때는 말씀을 들으러 가야 한다고 말하면서 어리석은 사람은 악한 일을 하면서도 깨닫지 못한다고 지적한다(전 5:1b). 하나님께 나아갈 때는 신중해야 한다는 조언이다. 실제로 하나님께 제물을 바치면서도 악행을 깨닫지 못하는 사람들이 있지 않은가? 코헬렛이 볼 때 그런 행동은 어리석음을 드러내는 것이다.

사실 제물을 바치는 행위보다 말씀을 듣는 것이 중하고 가치 있다는 가르침은 신앙인에게 매우 익숙하다. 대다수 신앙인은 이스라엘의 초대 왕 사울과 그를 이은 다윗에게 기름을 부은 이스라엘의 마지막 사사 사무엘의 말을 기억하기 때문이다. 그는 "듣는 것이 제사보다 낫다"(삼상 15:22; "순종이 제사보다 낫고"[개역개정])고 말했다. 이와 마찬가지로 코헬렛도 성전에 가는 목적이 하나님의 가르침을 들으러 가는 것에 있다고 강조한다. 코헬렛뿐만 아니라 지혜자들은 제물을 드리는 제사보다 공의와 정의를 행하는 것이 더 중요하다고 강조했다(잠 21:3). 하나님은 악인의 제사보다 정직한 자의 기도를 기뻐하신다(잠 15:8; 21:27).

"하나님의 집" 곧 성전은 예배와 헌신을 위해 가는 곳이지만, 코헬렛은 가르침을 들으러 간다는 목적을 강조함으로써 "들음"의 중요성을 역설한다. 믿음은 먼저 들음에서부터 시작된다. 사람은 들으면 생각하게 되고, 그 후에는 깨달음과 감사가 뒤따른다. 그리고 깨달음은 태도와 행동을 바꾼다. 반대로 들음-생각-깨달음이 생략된 신앙은 의미 없는 관습으로 남을 뿐이다. 또 그런 신앙은 맹신으로 기울 위험도 피할 수 없다. 따라서 종교적인 죄는 다른 악행보다 더 큰 위험을 초래한다. "들음"을 저버린 자기중심적인 종교적 최선이 타락하면 최악이 된다.

코헬렛은 계속해서 많은 말을 주의하라고 경계한다. 많은 말을 경계하는 것은 "들음"의 중요성을 강조한 것과 맥을 같이한다.

> 하나님 앞에서 함부로 입을 열지 말며
> 급한 마음으로 말을 내지 말라.
> 하나님은 하늘에 계시고
> 너는 땅에 있음이니라.
> 그런즉 마땅히 말을 적게 하라(전 5:2[개역개정]).

"들음"의 중요성을 더 강조하려고 했을까? 코헬렛은 앞서 한 말을 다른 방식으로 한 번 더 말한다. 그는 현자답게 직접 명령보다는 권고의 명령문을 사용해 사려 깊게 조언한다. 코헬렛의 말에 따르면 지혜는 남의 말을 경청하는 데서 시작된다. 그래서 그는 기도할 때 말을 많이 하는 것이 위험하다고 경고한다. 유려한 문장으로 길게 기도하면 그럴싸해 보일 수 있다. 하지만 하나님 앞에서는 많은 말을 하는 것보다 말씀을 듣는 것이 먼저다. 많은 말보다는 신중하고 진실한 몇 마디 말이 더 큰 가치가 있다. 예수님도 기도할 때 이방인들처럼 의미 없는 말을 반복하지 말라고 가르치셨다(마 6:5-7). 야고보 역시 "듣기는 빨리 하고, 말하기는 더디 하라"고 교훈한다(약 1:19). 이처럼 말의 신중함이 중요한 이유는 간단하다. 하나님은 하늘에 계시고, 사람은 땅에 있기 때문이다(참고. 시 113:5).

코헬렛은 종교적인 일을 수행할 때 조급한 행동을 삼가고 신중하게 말을 절제해야 한다고 강조한다. 실제로 말의 힘은 말을 많이 하는 것이 아니라 발언의 절제에서 시작된다. 행동을 삼가고 말을 절제하는 신중함은 특히 우리 시대의 교회가 받아들여야 할 권고다. 일반적으로 한국교회는 기도를 가르치면서 기도의 행위를 강조한다. 그 와중에 먼저 하나님의 나라와 의를 구하라는 말씀(마 6:33)은 약화한다. 그 대신 구하고, 찾고, 두드리면 원하는 것을 받을 것이라는 말씀(마 7:7-8)이 주목을 받으면서 많은 신자가 무엇인가를 구하는 기도에 몰입한다. 하나님께 향하는 말이 구하고 받기 위한 말로 가득 차게 될 때, 하나님은 우리 자신의 결핍을 충족시키는 도구로 전락한다. 혹시 우리는 기도한다면서 귀를 틀어막고 일방적으로 구하고만 있는 것은 아닐까? 기도는 하나님과 그 자녀 사이에 오가는 쌍방향의 소통 수단이다. 코헬렛이 짚어준 것처럼 우리에게 가장 절실한 것은 하나님께로 향하는 발걸음의 동기를 살피고, 하나님 뜻이 무엇인지를 먼저 듣기 위해 마음과 귀를 여는 태도다.

코헬렛이 말조심을 당부하는 이유는 더 있다. 다음 문장은 문법과 의미 측면에서 완벽한 평행미를 이룬다.

걱정이 많으면 꿈이 많아지고,
말이 많으면 어리석은 말이 된다(전 5:3).

걱정과 말, 꿈과 어리석은 말이 서로 평행한다. 걱정이 많아 꿈이 많은 것이나 쓸데없이 말이 많아져 어리석게 되는 것이 매한가지다. 잠언의 지혜자도 말이 많으면 허물을 면하기 어렵고, 입을 조심하는 사람이 지혜롭다고 했다(잠 10:19). 말이 많으면 말과 행동이 일치하지 않을 확률이 높아지기 마련이다. 그러니 말이 많은 것보다 적은 말로 삶과 말의 일치를 이루는 편이 더 좋다.

맹세(또는 서원)에 관한 문제도 마찬가지다. 이 문제는 전도서 5:2-3과 연결된다. 고대 이스라엘에서 "맹세"는 제물과 기도처럼 하나님을 향한 제의적인 행위였다(창 28:20-22; 삼상 1:11). 잠언의 교훈처럼 경솔하게 서원하고서 나중에 생각이 달라져 서원을 지키지 못하는 것은 사람이 걸리기 쉬운 올가미다(잠 20:25). 그래서 코헬렛은 서원하고 지키지 못할 바에는 차라리 맹세를 하지 않는 것이 더 좋다고 한다(전 5:5). 왜냐하면 입으로 맹세한 것은 반드시 지켜야 하기 때문이다(신 23:21-23). 물론 하나님은 모세를 통해 맹세를 철회하는 방법을 알려주셨다(레 5:14-19; 레 27장). 하지만 지키지도 못할 약속을 남발하고 실수하는 것보다 말조심하는 신중한 태도가 더 좋지 않은가?

코헬렛은 성급한 말실수를 조심하라고 당부한다(전 5:6-7). 함부로 혀를 놀리는 것만으로 죄를 지을 수 있을 뿐만 아니라 자신의 서원이 실수였다고 말하면 끝내 하나님의 진노를 불러일으킬 것이기 때문이다(전 5:6). 코헬렛은 "꿈"과 "많은 말"을 반복해서 배열하는데(전 5:3, 7),[24] "꿈"과 "많은 말"은 "헤벨"(헛됨)과 함께 "어리석은 자"(전 5:3)의

---

24   이 부분에 관한 다른 고대 역본들의 해석은 다양하다. 그러나 여러 사본을 비교하기보다는 본문의 정황과 언어의 구조를 살피면 그 의미를 충분히 파악할 수 있다.

삶과 연결된다. 즉 말 많고 꿈 많은 것이 어리석은 사람의 특징임이 재확인된다. 따라서 말조심은 경건한 삶에서 분리될 수 없는 태도이며 신중함의 표지가 된다. 그리하여 신앙의 삶에서 행동과 말의 절제를 연결하는 코헬렛의 결론은 하나, "하나님을 경외하라"(전 5:7)는 것이다. 말의 절제, 곧 말조심은 하나님을 경외하는 삶과 분리할 수 없는 한 가지 특징이다. 말의 엄밀성을 마음에 다시 새기게 하는 교훈이다.

말조심을 권하는 코헬렛의 조언에는 자기의 실제 모습보다 더 경건한 모습으로 비치길 원하는 인간의 성향이 그 바탕에 깔려 있다. 코헬렛은 과도한 헌금, 유려하고 장황한 기도, 격한 감정을 동반한 서원 등의 신앙적인 허세를 차단한다. 그는 과잉된 모든 태도의 절제를 위해 "하나님은 하늘에 계시고 너는 땅에 있다"(전 5:2)는 진리를 앞세운다. 그러니 하나님을 향한 두려움, 곧 하나님을 향한 존경의 마음은 말과 삶의 일치를 이루는 삶으로 드러나야 한다.

엘룰에 따르면 "하나님 경외", 곧 하나님을 향한 두려움과 존경은 "무한한 엄숙함에 대한 의식이며, 전적 타자(Wholly Other)를 알아보는 것이요, 가까이하는 것이다." 하나님 경외는 구약의 지혜를 떠받치는 뼈대이며, 이스라엘의 지혜 신학을 결정하는 가장 중요한 주제다. 그리고 무엇보다 전도서 전체를 이해하는 데 필요한 해석학적인 열쇳말이다(전 2:9-14의 맺음말). 잠언의 지혜자들도 야웨 경외를 신앙의 핵심 가치로 내세우며 지혜를 신학화하는 데 있어 중요한 명제로 삼았다(잠 1:7; 9:10; 31:30). 코헬렛은 이스라엘 지혜 신학에 뿌리를 두면서도 생각의 방향을 열어 지혜 담론을 자유롭게 펼쳐나간다.

나. 정치적인 억압의 현실과 하나님 앞에서의 평등(전 5:8-9)

코헬렛은 다시 **정치적인 압제와 억압의 현실**을 문제 삼는다. 이 주제는 앞서 이미 다룬 것이다(전 3:16; 4:1-3). 하지만 하나님 경외와 말조심을 연결해 하나님 앞에서의 신중한 태도를 역설한 코헬렛은(전 5:1-7), 절대 권력자도 한낱 사람이며 그 위에는 더 높은 권력이 존재한다는 사실에 주목한다. 냉철한 눈으로 억압적 현실과 권력의 한계를 바라보는 것이다.

코헬렛은 공의(미슈파트)와 정의(체다카)를 짓밟고 가난한 사람을 억압하는 것을 보더라도 놀라지 말라고 말한다(전 5:8). 이는 가난한 사람들을 향한 억압적 현실이 존재한다는 사실을 전제한 결과다. 하지만 정의의 실행은 일반적으로 고대 사회의 지혜 전통에서 권력자가 갖춰야 할 우선적인 덕목이다(잠 29:4, 14; 31:8-9).

왕은 정의로 나라를 견고하게 하나
뇌물을 억지로 내게 하는 자는 나라를 멸망시키느니라(잠 29:4[개역개정]).

8너는 말 못 하는 자와
모든 고독한 자의 송사를 위하여 입을 열지니라.
9너는 입을 열어 공의로 재판하여
곤고한 자와 궁핍한 자를 신원할지니라(잠 31:8-9[개역개정]).

이미 오래전부터 약자들을 보호하는 것은 야웨 신앙을 수호하는 이스라엘 공동체의 왕과 권력자가 마땅히 행할 덕목이었다(신 1:15-18;

17:14-20). 그러나 실제로 이스라엘의 역사에 등장하는 왕 중에 정의를 실현하기 위해 노력한 사람은 드물었다. 이와 관련해 지혜의 왕이라고 불리는 솔로몬은 눈여겨볼 만하다. 솔로몬은 왕으로 세움을 입고 정의를 집행하기 위해 하나님께 지혜를 구했던 왕이다(왕상 3:9, 11). 성경은 실제로 솔로몬이 매우 지혜로운 왕이었다고 기록한다. 아기 하나를 두고 두 여자가 다투던 송사 문제를 해결한 그의 판결은 지혜의 왕이라는 별명에 걸맞은 것이었다(왕상 3:16-28).

> 온 이스라엘이 왕이 심리하여 판결함을 듣고 왕을 두려워하였으니 이는 하나님의 지혜가 그의 속에 있어 판결함을 봄이더라(왕상 3:28[개역개정]).

그러나 솔로몬의 절대적인 권력과 엄청난 부는 그의 이면을 보여준다. 솔로몬의 아버지 다윗은 이상적인 왕의 모범으로 소개된다. 하지만 솔로몬은 달랐다. 그는 정의와 공의를 저버렸고 정치적인 목적을 달성하기 위해 정략결혼에 몰두함으로써 우상숭배와 몰락의 길을 터놓았다. 그리고 그는 왕이 지켜야 할 율법을 제대로 지키지 않았다(참고. 신 17:14-20). "솔로몬"이라는 그의 이름은 온전한 평화, 부족함이 없는 복지를 일컫는 "샬롬"을 떠올리게 하지만 그를 통해 실현된 "평화"는 위태로웠다.

코헬렛은 솔로몬의 영광스러운 지혜와 부의 축적이 가져온 명성과 그 허구성을 염두에 둔다. 그리고 현실에서 공평함을 실현하지 못하는 권력의 문제와 그 아래 면면히 흐르는 진실에 시선을 고정한다. 그는 일찍이 빈곤과 억압을 불러오는 제왕적 권력과 관료제의 한계를 똑똑히 살피며 사회의 부조리를 고발한 것이다.

오늘날 세계 질서를 좌지우지하는 자본주의 및 자유시장 경제 체제는 힘없는 국가와 사람들을 빈곤에 빠뜨리는 구조를 형성한다. 자유시장 안에서 누구든 열심히 수고하면 이익을 얻을 수 있다고 하지만, 대자본의 위력이 장악한 분배 구조는 세습되는 부의 정당성을 떠받쳐 줄 뿐이다. 이것이 오늘날 세계적 불평등을 불러일으키는 주요 원인이다. 또한 자본주의 체제 안에서 대자본가와 국가 권력의 비밀스러운 결탁은 가난한 자를 원천적으로 배제한다. 우리나라만 해도 상위 10%에 속한 사람들이 전체 자산의 66%를 차지하고, 국민의 절반은 2%의 자산을 나누어 가지고 있을 뿐이라는 통계 결과는 억압적인 현실을 적나라하게 보여준다.[25] 이른바 "금수저 흙수저"로 대변되는 현대판 계급제는 계층 이동을 가로막는 자본의 독점이라는 철벽 안에서 불거지는 사회 문제다. 아무리 코헬렛이 살았던 고대 사회의 상업이 발달하고 자본의 교류가 활발했다 한들 오늘날과 비교할 수는 없을 것이다. 그런데도 코헬렛의 비관적인 목소리는 사회 현실을 고발하는 뼈아픈 진실을 담고 있다. 코헬렛은 세상 물정에 눈을 감거나 초연한 자세로만 일관하지 않았던 실천하는 지식인이었다.

그러나 희망이 있다. 부정한 짓을 행하는 사람들보다 더 높은 재판관이 있기 때문이다(전 5:8). 이는 희망을 품으라는 코헬렛의 당부처럼 느껴진다. 모든 것을 관리하는 **가장 높은 재판관이 존재한다**는 선언은 궁극적으로 하나님의 심판에 대한 믿음을 보여준다. 하나님에 대한 믿음 없이 불가능한 말이다. 코헬렛이 볼 때 왕(통치자)이나 모든 사람

---

25   이 내용은 동국대학교 경제학과 김낙년 교수가 한국 사회의 부의 분포도를 조사한 결

은 동일하게 땅이 주는 소산을 먹고 살기에 서로 다르지 않다(전 5:9).[26] 그가 누구든 해 아래, 가장 높은 재판관이신 하나님 앞에서는 열등하지도 우월하지도 않은 평등한 존재다.[27] 즉 제아무리 어마어마한 부와 권력을 자랑해도 인간은 해 아래서 살아갈 수밖에 없는 한계를 지닌 존재로서 모두가 평등하다는 것이다. 코헬렛은 예언자처럼 모든 인류가 최후의 심판대 앞에 서게 될 날이 있을 것이라는 믿음을 설파한다. 모든 인류는 궁극에 이르러 절대적 주권자 앞에 서야 하는 평등한 존재다.

다. 만족을 주지 못하는 부유함(전 5:10-17)

코헬렛은 공의와 정의를 짓밟는 권력자들의 공평하지 못한 행위를 고

과에 바탕을 둔다(「한겨레」 신문, 2015년 10월 29일).

26 전도서 5:9은 구문의 모호성 때문에 번역의 결과가 다양하다. 여러 번역 성경 중 새번역 성경과 공동번역 성경은 본문의 문맥 관계를 제대로 반영하지 못했다고 할 수 있다. 전도서 5:9의 번역 몇 가지를 소개하면 다음과 같다. "한 나라에서 가장 소중한 것은 왕이다. 왕이 있으므로 백성은 맘 놓고 산다"(새번역); "이러니저러니 해도 나라에 왕이 있어서 땅을 부칠 수 있는 것을 다행으로 여겨라"(공동번역); "Thus the greatest advantage in all the land is his: he controls a field that is cultivated"(TNK); "Moreover the profit of the land is for all; *even* the king is served from the field"((NKJ); "But in all, a king is an advantage to a land with cultivated fields"(RSV); "The increase from the land is taken by all; the king himself profits from the fields(NIV).

27 지혜서 밖의 관점은 조금 다르다. 이스라엘 역사에서 정의를 실현하는 데 실패한 왕들의 이야기는 장차 임할 다윗 자손에 대한 열망과 예언을 증가시키는 배경이 되었다. 현실의 절망이 미래의 예언적 소망과 연결된 것이다. 그 결과 역사 안에서 왕들이 실패했던 정의와 공의 확립을 통한 진정한 평화의 달성이라는 메시아적 소망이 예언 문학 안에서 발견된다. 여기서 다윗보다 더 위대한 다윗 후손의 탄생이 예고된다. 이 메시아적 소망은 종말론적인 왕이요, 마침내 땅에서 이루어질 하나님의 정의를 가져올 이상적 왕을 꿈꾸게 한다. 이사야, 예레미야, 에스겔 등은 모두 다윗 계열의 이상적인 왕이 등장하여 신정 통치를 이룰 것에 관해 말했다(사 9:7; 11:4-5; 32:15-17; 렘 23:5-6; 겔 34:23-24). 이것은 단지 꿈이 아니라 앞으로 일어날 일의 비전이며(시 96:10-13; 98:7-9), 믿음의 눈을 가진 자가 기대하고 바라보는 현실 자체다.

발한 후(전 5:8-9), 돈과 부유함의 문제를 짚으며 부와 수고가 본질적으로 만족을 주지 못한다고 강조한다. 얼마나 많은 것을 손에 넣든지 간에 욕망은 사람이 가진 것으로는 만족하지 못하게 한다. 이에 관해 코헬렛은 "은을 사랑하는 자는 은으로 만족하지 못하고, 풍요를 사랑하는 자는 소득으로 만족하지 못하니 헛되다"(전 5:10)라고 말한다. 그리고 이어서 묻는다. 돈이 많아지면 그것을 소비하는 사람도 많아지니 많은 재산이 있어도 그 "이익"(כִּשְׁרוֹן[키슈론])이[28] 무엇이란 말인가?(전 5:11)

여전히 그의 질문은 답을 구하는 질문이 아니다. 오히려 비판적인 성찰의 과제를 독자에게 떠넘겨 숙고할 시간을 갖게 하는 수사적인 의도가 농후한 제안이다. 코헬렛은 계속 솔로몬을 염두에 두고 있을까? 솔로몬이야말로 막대한 부를 축적했지만 수많은 사람을 거느리며 엄청난 양의 식량을 소비해야 하지 않았는가?(왕상 4:20).

> 22솔로몬의 하루 음식물은 가는 밀가루가 삼십 고르요, 굵은 밀가루가 육십 고르요, 23살진 소가 열 마리요, 초장의 소가 스무 마리요, 양이 백 마리이며 그 외에 수사슴과 노루와 암사슴과 살진 새들이었더라(왕상 4:22-23[개역개정]).

왕실의 육류 위주 식단은 솔로몬의 방종을 드러내 보이는 듯하

---

28 כִּשְׁרוֹן은 코헬렛이 주제로 삼은 "해 아래 사람이 수고하는 온갖 수고의 이득(유익)이 무엇인가?"(전 1:3)라는 질문에 사용한 יִתְרוֹן(이트론)과는 다른 말이다. יִתְרוֹן은 "이득" 또는 "잉여"라는 경제적 가치를 반영하는 어휘다. 하지만 כִּשְׁרוֹן은 다른 성경에서는 발견되지 않고 오직 전도서에서만 3회 사용된 말로서(전 2:21; 4:4; 5:11), "이익"(profit) 외에도 "유용함"(usefulness), "성공"(success) 등의 뜻으로 해석된다.

다. 우리는 어떤가? 현대인들은 많이 소비하기 위해 많이 벌어야 한다는 압박감에 시달린다. 대기업이 생산한 신제품들은 합법적인 방식으로 유통되지만, 온갖 상업적인 선전 문구는 사람들의 소비 욕구를 통제한다. 최신 제품을 구매하지 않으면 견디지 못하도록 끝없이 부추기는 환경 속에서 사람들은 자신도 모르게 새로운 상품에 목말라한다. 신제품 광고에 무방비로 노출된 사람들은 소유욕에 이끌려 돈과 상품의 노예로 전락한다. 현대 과학 문명이 만들어낸 혁신적인 제품들과 고대의 소비재를 직접 비교할 수는 없겠지만 더 많은 풍요를 갈망하는 인간의 본질은 예나 지금이나 변함이 없다. 과거보다 물질적으로 풍요해진 만큼 사람이 품는 욕망의 크기도 그에 비례하여 비대해지지 않았는가?

이제 코헬렛은 노동자에게로 관심을 돌린다. 그가 보기에 노동자의 잠은 달콤하지만, 부자의 잠자리는 편안하지 않다(전 5:12). 가진 것을 잃을까 봐 염려하며 잠 못 이루는 부자의 비애와 가난한 노동자의 단잠이 대조된다. 코헬렛은 유난히 인간의 수고와 노력, 곧 노동에 대한 문제를 따져보는 데 신경을 쓴다. 그는 이미 사람이 해 아래에서 행하는 갖가지 수고의 이익을 질문하고(전 1:3), 그 온갖 수고가 헛되고 바람 잡는 것이라고 평가했다(전 2:11). 하지만 그렇다고 고된 노동자의 수고를 경멸하는 것이 아니다. 그는 노동자의 달콤한 잠에 견주어 좀 더 많은 것을 손에 넣고 빼앗기지 않으려 애쓰는 부자의 불안감에 조명을 비춘다. 권력과 돈의 덧없음과 무상함을 생각하면 온전한 쉼을 모르는 부자의 비애는 염려스럽다.

코헬렛에게 재산가는 빛 좋은 개살구에 불과하다. 그는 이런 생각을 거침없이 표현하면서 재산의 과잉이 가져오는 폐해에 관해 말한다

(전 5:13-17). 재물이 해를 끼칠 정도로 소유한 어떤 사람이 있었는데 그는 재난을 만나 가진 재산을 모두 잃고 자식에게 남길 것조차 없게 된다(전 5:14). 맨몸으로 태어나서 수고를 통해 많은 것을 얻었지만 아무것도 남기지 못하고 맨몸으로 돌아가는 아버지의 심정은 어떨까?(전 5:15)

구약에서 이런 인간의 비참함을 통찰한 사람은 코헬렛만이 아니다. 욥은 그런 비참함을 몸소 겪었다. 고통의 상황에 맞닥뜨린 욥은 사람이 "모태에서 빈손으로 왔으니 빈손으로 돌아간다"(욥 1:21)고 말했다. 또한 신약 시대에 활동한 사도 바울도 믿음의 아들 디모데에게 비슷한 가르침을 전하며 "우리가 세상에 아무것도 가지고 온 것이 없으매 또한 아무것도 가지고 가지 못하리니"(딤전 6:7[개역개정])라고 말했다.

이에 관한 코헬렛의 가르침을 더 자세히 살펴보자. 그는 사람이 고생과 울분의 세월을 보내지만 무슨 "유익"이 있느냐고 묻는다. 사람이 행하는 수고는 모두 바람일 뿐이다(전 5:16). 수고로운 노동의 무익함을 너무 담담하게 말하니 더 혹독하게 들린다. 더군다나 일평생을 어두운 데서 먹고, 많은 근심과 질병과 분노에 갇힌 채 최후를 맞는 부자의 이야기는 비장미마저 느껴진다(전 5:17). 재산을 잃은 부자의 결말은 밝고 희망찬 기쁨의 식탁이 아니라 어둠 속에서 마주하는 고독이다.

고대인들에게 빛은 생명이며 어둠은 죽음이라는 은유를 염두에 두면 코헬렛이 말하는 부자는 이미 죽은 목숨이나 마찬가지다. 그 누가 이 불행한 삶을 원한다는 말인가? 코헬렛의 진의는 분명하다. 부를 향한 과도한 열망과 집착에서 벗어나는 삶을 선택하라는 것이다. 그는 돈과 풍요로움이 아니라 일상에서 누리는 소박한 삶의 기쁨과 가치를 더 열렬하게 추천한다.

세계적으로 이름을 날렸던, 애플의 창시자 스티브 잡스(Steve Jobs, 1955-2011)가 병상에서 남긴 말들이 한때 사람들 사이에서 회자했다. 그는 타인이 보기에 자신의 인생은 성공적이었지만, 그동안 자부심을 두었던 사회적 안정과 부가 갑자기 닥쳐온 죽음 앞에서는 빛을 잃고 아무 의미도 없어진다는 사실을 깨달았다고 한다. 또한 그는 삶을 유지할 정도의 적당한 부를 쌓았다면 그 후에는 부와 무관한 것을 추구해야 한다는 것도 병상에서 깨달았다. 더 나아가 자신이 축적한 부는 가져갈 수 없으며 오직 가져갈 수 있는 것이 있다면 사랑 넘치는 기억들뿐이라고 회고했다. 이 세상에서 제일 비싼 침대는 병들어 누워 있는 침대라는 말, 차를 운전하거나 돈을 벌어주는 것은 누군가 대신해줄 수 있지만 아픈 것은 누구도 대신해줄 수 없다는 그의 말은 애달프고 구슬프다. 그는 죽음을 앞둔 병상에서 이처럼 성찰이 담긴 매우 구체적인 말들을 남겼다. 엄청난 부와 명예를 차지했던 사람이 죽음에 가까이 이르러서야 고대의 지혜 선생 코헬렛과 닮은 언어들을 쏟아낸다는 사실이 새삼스레 특별하다. 오늘날 시대정신은 온통 경제 논리에 집중하며 높이 쌓아 올린 부가 개인의 인생이나 공동체를 책임져줄 것처럼 소란스럽게 떠들어댄다. 하지만 진정 사람을 행복하게 만드는 것은 무엇인가?

라. 덧없고 허무한 인생을 즐겨라(전 5:18-20)

코헬렛은 "해 아래" 일어나는 온갖 일을 허무와 무상함, 부조리, 헛됨, 덧없음을 포괄하는 "헤벨"이라는 낱말로 여러 차례 단정하면서도 고집스럽게 즐거운 삶을 강조해왔다(전 2:24-26; 3:12-13; 3:22). 이런 반복 속에서 일상의 단순한 기쁨을 강조하는 그의 말은 점점 더 강렬해진다.

그는 인간의 기쁨과 즐거움이 많은 소유에 있지 않고 오히려 자신에게 할당된 "몫"(나눠진 복)을 누리는 것에 있다고 밝힌다. 그는 사람이 삶의 고단함과 쓸쓸한 수고 및 고통 속에서도 기뻐할 수 있는 것은 하나님이 주신, 나누어 갖는 복 때문임을 틈만 나면 강조한다.

> 보라. 내가 깨달은 것이 있다.
> 사람이 일평생에 해 아래서 하는 모든 수고 중에서도
> 먹고 마시고 즐거워하는 것보다 좋은 것은 없다.
> 이것이 하나님이 사람에게 주신 분복이다(전 5:18).

코헬렛은 자신이 보고 깨달은 바가 너무나 분명하여 거듭 말할 수밖에 없다. 그는 수고 중에서도 먹고 마시며 즐거워하는 것이 하나님이 사람에게 주신 "분복"(몫[개역개정])이라고 다시 말한다(전 5:18). 각 사람에게 적당한 부와 소유를 주어 그것을 누리며 즐거워할 수 있게 하시는 분도 하나님이시다(전 5:19). 먹고 마시며 수고하고 즐거워하는 것보다 더 좋은 것이 없다는, 이토록 단순하고 소박한 삶의 원리는 더 많이 차지하는 것을 최고선으로 삼는 시대정신에 파열음을 일으킨다. 코헬렛의 부름을 적극적으로 수용하여 "단순함"의 가치를 견지하며 삶의 매 순간을 축제처럼 즐길 것인가, 아니면 그런 소소한 행복을 말하는 것은 실패한 사람의 자기변호라고 치부하며 무시해버릴 것인가? 코헬렛은 선택을 강요하지 않는다. 선택은 집요하게도 독자의 몫으로 남는다.

안타깝게도 코헬렛이 말하는, 이른바 "기쁨의 신학"을 빛바래게

하는 삶의 현실은 여전히 뻣뻣하게 자리를 잡고 있다. 많은 사람이 "나눠진 몫"에 만족하는 것이 아니라 자신만 더 많이 가지려는 탐욕의 노예가 되곤 한다. 이에 관해 잠언의 지혜자들도 부자 되는 것에 애쓰지 말고, 사사로운 지혜를 버리라고 조언한다(잠 23:4-5). 예수님도 사람의 생명이 소유의 넉넉함에 있지 않으니 탐심을 물리치라고 제자들에게 말씀하지 않으셨는가?(눅 12:15) 코헬렛은 우리에게 "나눠진 복", 곧 "자기의 몫"에 만족하며 기뻐하는 삶을 살아가라고 거듭 권한다. 앞서 복(福)이라는 한자의 뜻풀이로 생각해보았듯이 복의 조건은 한 사람의 입을 충족시킬 만한 한 뙈기의 밭으로 충분하다. 복은 잉여로 넘쳐나는 과도한 부의 축적과는 거리가 멀다. 홀로 넘치게 가지는 것이 아니라 나누어 가져야 복된 삶을 살 수 있다. 또한 코헬렛은 제 몫의 수고를 통해 즐거워하는 것이 하나님의 선물이라고 말한다(전 5:19). 제 몫의 수고는 사람이 자기 생명의 날을 너무 깊이 생각하지 않도록 해준다. 이는 기쁨으로 마음을 부지런히 채워가기를 바라시는 하나님의 뜻에 부합한다(전 5:20).

지금까지 살펴본 내용이 코헬렛이 권하는 건전한 삶의 모습이다. 그에 따르면 노동으로 벌어들인 몫으로 기쁨을 누리는 지점에서 삶의 행복이 극대화된다. 사도 바울도 자족하는 마음의 중요성을 이야기했다(딤전 6:6). 하지만 자족함의 기쁨은 말처럼 쉽지 않다. 어떻게든 이기는 것을 좋게 여기는 오늘날의 시대정신은 경쟁에서 좀 더 유리한 고지를 차지한 자들에게 박수갈채를 보내며 환호하는 것으로 드러난다. 따라서 "분복"(分福), 즉 독식이 아닌 나눔을 강조하고 실천하는 것은 시대정신을 향한 저항이다. 시대의 흐름을 거스르며 대안을 상상하는 삶만이 코헬렛의 권면에 부합한다.

　　어떤 형편에 놓이든지 즐거워하는 삶의 태도를 견지하기란 생각처럼 쉽지 않다. 하지만 더 많이 소유하고 더 높아지려는 시대적 욕망에 제동을 걸지 않는다면 우리는 모두 속물적 욕망의 노예로 살아갈 수밖에 없지 않겠는가? 그렇다면 시대의 조류에 편승하지 않고 저항하는 일은 어떻게 가능한가? 물론 혁명적인 구호가 필요할 때도 있을 것이다. 하지만 그보다 먼저 코헬렛의 고언에 따라 "나눠진 복"을 기뻐하는 그런 삶이야말로 진정한 신앙인의 표지다.

3장
내일을 모르는 인생,
더 좋은 삶은 무엇인가?

(전 6:1-8:15)

1. 내일의 두려움 앞에서 즐기지 못하는 삶(전 6:1-12)

코헬렛이 집착에 가까울 정도로 인생의 즐거움을 추천하는 이유는 무엇일까? 고대인들도 현대인들처럼 "나눠진 복"에 만족하며 생을 즐기는 것이 어려웠기 때문일까? 코헬렛이 살았던 시대 상황에 관한 정확한 정보를 알기는 어렵다. 하지만 세월이 흘러도 바뀌지 않는 인간의 본성이 있다. 인간은 탐욕적인 욕망의 고리들을 쉽게 끊어버리지 못하는 존재다. 이를 부정할 사람은 거의 없다.

코헬렛은 농경사회를 지나 상업적 교류가 활발해지고 화폐경제가 부상하면서 계급의 재편이 이루어지는 시대를 살았을 것이다. 그렇다면 그는 부의 창출을 향한 뜨거운 열망이 사람들 사이에서 들끓는 현상을 지켜봤을 것이다. 물론 당시 화폐의 위력이 오늘날 자본주의 사회에서와 마찬가지였다고 말하기는 어렵다. 하지만 지금처럼 거대 자본의 힘이 세계 질서를 좌우하는 구조가 아니어도, 코헬렛은 돈을 향한 열망이 사람들의 희망과 절망 사이를 비집고 들어와 영향력을 행사하는 혼란의 세계를 경험했을 것이다.

코헬렛은 사람이 과도한 수고에 시달리면서 자기 생애를 즐기지 못하는 이유를 물으며 답을 찾아간다. 그 일련의 흐름에서 전도서 6장은 모두 12장으로 구성된 전도서의 중심에 자리한다. 전도서 6장은 12절로 구성되며 두 단락으로 나뉜다. 그중 첫 단락인 전도서 6:1-9은 전도서의 전반부를 요약한다. 여기서 코헬렛은 사람이 즐거움을 누리지 못하는 이유와 모든 욕망의 무상함을 말한다. 그리고 이전처럼 "이것 역시 헤벨이며, 바람을 잡는 것"이라고 간단하게 정리한다. 그리고 이어지는 두 번째 단락(전 6:10-12)에서 코헬렛은 "무엇이 좋은가?", "누가 알겠는가?"라는 질문을 던진다. 이 짧은 단락은 한 치 앞도 알기 어려운 인간사의 문제를 다루는 전도서 후반부(전 7-12장)의 서론으로 기능한다. 결국 12절로 구성된 전도서 6장은 책의 전반부와 후반부의 가교로서 앞의 담론을 정리하고 이후에 이어질 담론을 예비하는 역할을 한다.

(1) 왜 인생을 즐기지 못하는가?(전 6:1-6)

코헬렛은 인생의 수고와 그 씁쓸함에 대해 진실하다. 그는 삶이 달콤하지 않고 씁쓸하다 할지라도 나눠진 몫에 따라 삶을 즐거워하라고 권면한다(전 5:18-19). 그가 옳다. 기쁨을 누리지 못하는 마음이 없다면 고된 현실 속에서 얼마나 삶이 남루해지겠는가? 코헬렛은 솔직하다. 그는 삶의 즐거움을 누리라고 권하면서도 현실의 불행하고 억울한 일들을 말하기에 조금도 주저함이 없다. 그는 하나님이 하시는 일에 대한 불편한 감정을 있는 그대로 표출하며 부정적인 진술도 마다치 않는다. 사람이 즐거움을 누리지 못하게 하는 현실적인 요소들을 짚어가며 쏟아내는 그의 말들은 삶의 무게를 오롯이 견뎠을 지혜자의 인격을 드러내 준다.

코헬렛은 자신이 해 아래서 보았다는 "어떤 악"을 언급하며 말을 걸어온다(전 6:1a). 그는 "어떤 악이 있다"(רָעָה שֵׁשׁ[예쉬 라아])는 사실을 문장의 맨 앞자리에 내세운다. 그 악은 사람의 마음을 무겁게 한다(전 6:1b). 그 "악"은 "불행한 일"(개역개정)이다. "잘못되고 억울한 일"(새번역)이다. 악이라고 불릴 만한 그 일이란 무엇일까? 그것은 어떤 이는 자기가 수고한 것의 대가를 고스란히 누리며 살지만, 다른 이는 삶을 즐기지 못하는 것이다.

그는 이전에 작은 일화를 소개한 것처럼(전 4:7-8; 5:14-17), 여기서도 한 남자의 이야기를 들려준다. 하나님이 어떤 남자에게 부와 재산과 영광을 원하는 대로 주셨다. 하지만 그가 그것을 즐기지는 못하게 하셨다. 더 끔찍한 것은 하나님이 그 남자의 부와 명예를 다른 사람이 누리게 하셨다는 사실이다. 이를 두고 코헬렛은 허무(헤벨)하다고 평하며 "괴로운 고통"(חֳלִי רָע[홀리 라], 악한 병[개역개정])이라고 말한다(전 6:2). 달리 표현하면 "참으로 어처구니가 없는 일이요, 통탄할 일"(새번역)이다. 또한 "비통한 악"(grievous evil[NIV])이다. 불합리하여 땅을 치며 따져야 할 일이다. 그런데 질문하기를 좋아하던 코헬렛은 이번에는 하나님이 왜 그렇게 하시는지 그 이유를 묻지 않는다. 그는 그저 자신이 관찰한 일을 묘사할 뿐이다.

앞서도 살펴보았지만 이스라엘 역사 속에서 어마어마한 부와 풍요로움과 영광을 차지했던 사람을 꼽으라면 단연 솔로몬일 것이다(대하 1:12). 여기에 한 사람을 더 꼽으라면 솔로몬만큼은 아니어도 동방의 최고 부자로 알려졌던 욥이 적격일 것이다(욥 1:3). 욥은 의로운 사람이었다. 하나님은 욥과 같은 자가 이 세상에 없다고 말씀하시며 그의 경건을 승인하셨을 정도다(욥 1:8; 2:2). 하지만 욥은 하나님이 주신 재산과 위엄, 10명의 자녀를 한순간에 모두 잃었다. 그리고 그는 인생의 가장 어두운 밤을 지내며 하나님을 새롭게 만났다. 그리하여 욥은 고통당하는 의인의 신앙적 본보기가 되었다.

그런데 욥이 고통을 견디며, 악인들이 처벌당하지 않고 득세하는 부조리한 현실에 의문을 가진 것에 대해 하나님은 답변을 내놓지 않으셨다. 욥은 자신의 진실이 친구들에게 외면당하고 왜곡되는 순간을 겪었다. 하지만 끝내는 하나님과의 만남을 통해 지식이 새로워지는 경험을 했다(욥 42:3, 5). 그는 재난과 고통의 이유에 관해 정확한 답을 듣지 못했어도 측량할 길 없는 하나님을 재발견하는 데 이르렀다. 욥은 그 누구와도 비교할 수 없을 만큼 경건한 사람이었지만(전 1:8; 2:3), 하나님 앞에서는 회개할 수밖에 없는 죄인이었다(욥 42:5-6). 이처럼 코헬렛이 소개한 부자 이야기는 욥의 일화를 떠올리게 한다.

코헬렛은 또 다른 남자의 짧은 이야기를 들려준다(전 6:3). 그는 누군가가 자녀를 100명이나 낳고 장수한다고 해도 "그의 영혼"(נַפְשׁוֹ[나프쇼]), 곧 "그의 삶"이 만족스럽지 못하다면, 더군다나 제대로 묻히지도 못한다면 차라리 낙태된 자가 더 낫다고 거침없이 말한다. 100명의 자녀를 얻는 것은 평범한 사람에게는 불가능한 일이다. 그래서 이런 묘사 역시 700명의 후궁과 300명의 첩을 두었던 솔로몬과 연관된다고 볼 수 있다(왕상 10:14-11:33). 이스라엘의 주류 지혜로 분류되는 잠언은 오래 사는 것을 지혜의 열매라고 가르치지만(잠 3:2), 코헬렛의 관점은 조금 다르다. 모든 것을 가졌어도 만족함이 없는 삶은 허망할 뿐이다.

코헬렛은 이야기를 좀 더 확장시킨다. 태어나면서 죽은 아이는 허무하게 왔다가 어둠 속으로 사라져 어둠 속에 덮인다(전 6:4). 그 아이는 햇빛을 보지도 못하고 알지도 못한다. 하지만 이 아이가 만족하지 못하는 부자보다 낫다. 그 이유는 간단하다. 태어나면서 죽은 아이는 세상의 고통을 모를뿐더러 부자가 누리지 못한 "쉼"(נחת[나하트]←נוח[누아흐])을 누리기 때문이다(전 6:5). 그러니까 코헬렛에게 죽음은 곧 쉼, 영원한 안식이다. 구약에서 죽음을 쉼으로 생각한 사람은 코헬렛만이 아니다. 고통으로 인해 뜬눈으로 밤을 지새우던 욥은 "어찌하여 내가 태에서 죽어 나오지 않았던가? 어찌하여 내 어머니가 해산할 때에 숨지지 않았던가?"(욥 3:11) 하고 탄식하며 살아 있음 자체가 고통인 듯이 물었다. 그는 그만큼 극심한 고난의 시간을 견뎌야 했다.

코헬렛은 이미 "쉼"의 가치를 말한 바 있다. 그에 따르면 적게 가지고 쉼을 선택하는 것이 많이 가지기 위해 수고하는 것보다 낫다(전 4:6; 5:12). 이것은 코헬렛의 시선에 들어온 부자들을 향한 경고다. 바톨로뮤의 말대로 이 쉼은 확실히 라멕이 자기 아들의 이름을 "노아"(쉼, נח[노아흐])라고 지었을 때를 떠올리게 한다.[1] 라멕은 아들의 이름을 지으며 "주님께서 저주하신 땅 때문에 우리가 수고하고 고통을 겪어야 했지만, 이 아들이 우리를 위로할 것이다"라고 말했다(창 5:29). 라멕에

---

1   Bartholomew, *Ecclesiastes*, 236.

게 아들 "노아"(쉼)는 저주받은 땅의 희망이었다.

하나님이 창조의 모든 일을 마치고 쉬셨듯이 노동과 쉼은 병행되어야 한다. 하나님은 당신이 창조 때 일하고 쉬신 것처럼 언약 백성도 창조의 원리에 따라 정기적인 쉼을 가지라고 명령하셨다(출 20:8-11). 결국 코헬렛은 사람을 쉬지 못하게 하는 모든 집착과 그릇된 열정을 문제 삼으며 노동과 쉼이 연결되지 않는 현실을 꼬집은 것이다. 쉼이 없는 삶을 사는 사람은 일에 속박된 노예나 다름없다.

코헬렛은 사람이 1,000년을 두 번 살아도 별수 없이 모두 "한 곳"으로 가지 않느냐고 묻는다(전 6:6). 이 수사적인 질문은 모든 사람이 가게 될 한 장소를 지목한다. 그가 직접 말하지는 않지만 그곳은 무덤이다. 여기서 코헬렛은 다시 죽음을 언급한다. 그는 죽음을 회피하지 않고 삶의 동반자처럼 가까이 둔다. 죽음이 삶의 한 부분이 되는 것이다.

죽음은 무섭고 두렵지만 자연스러운 일이다. 사람은 죽음을 피할 수 없다. 철이 든 사람이라면 누구나 이 사실을 인지하고 있다. 그런데도 코헬렛은 살아 있는 자들에게 죽음을 기억하라고 호소한다. 동물과 달리 사람은 죽음을 의식하며 살아갈 수 있는 존재다. 죽음을 삶의 한 부분으로 받아들인다면 죽음을 가리키는 갖가지 상실조차도 소중하게 받아들일 수 있지 않을까?

(2) 사람의 채워지지 않는 욕망과 허무(전 6:7-9)

사람은 결국 모두 한 장소로 가게 된다는 사실로 독자들을 이끈 코헬렛은(전 6:6), 이제 삶의 수고와 만족하지 못하는 인간의 본성에 관해 말한다.

> 사람의 모든 수고가 입을 위한 것이지만,
> 그 욕망(נֶפֶשׁ)은 채워지지 않는다(전 6:7).

개역개정 성경과 새번역 성경은 전도서에 7회 등장하는 히브리어 "네페쉬"(נֶפֶשׁ)를 "식욕"으로 번역한다. 하지만 "네페쉬"에는 식욕뿐 아니라 영혼, 삶, 생명, 욕망, 자아, 인격, 감정, 열정 등 다양한 의미가 있다.[2] 사람의 노동이 입을 위한 것이라는 첫 소절의 내용을 감안하면 두 번째 소절의 "네페쉬"를 "식욕"으로 읽는 것이 자연스럽다. 무엇보다 식욕은 인간의 가장 기본적인 욕구 아닌가? 하지만 조금만 더 생각해보라. 사람마다 다를 수는 있지만 사람은 보통 식욕이 채워지면 다른 것을 욕망한다. 이미 배부른 자는 입을 채울 먹거리에 관심을 두지 않는 법이다.

앞서 코헬렛은 "영혼"(네페쉬)이 바라는 모든 것을 받았지만 누리지 못하는 불행한 부자의 이야기를 전해주었다(전 6:2). 채워질 수 없는 인간의 본질적인 욕망은 먹는 것으로도 표현될 수 있다. 하지만 사람의 눈은 만족함이 없고 귀는 들어도 채워지지 않는다는 말에서 드러나듯이(전 1:8), "네페쉬"는 인간의 채워지지 않는 "욕망" 전체를 가리킨다고 보아야 한다.

---

2   BDB, 659.

그리고 코헬렛은 채워지지 않는 인간의 욕망을 관찰한 것에서 멈추지 않는다. 그는 인간의 가장 기본적 욕구 중 하나인 식욕의 뒤편에 자리 잡은 진짜 욕망을 직시한다. 그래서 묻는다. 지혜로운 사람이 어리석은 사람에 비해 "남는 것"(יתר, 유익)이 무엇인가? 가난한 자가 다른 사람 앞에서 어떻게 행동해야 할지를 안다고 해서 "남는 것"이 무엇이란 말인가?(전 6:8)

이런 질문들은 파격적이다. 지혜자들은 보통 지혜를 추구하라고 말하지만 코헬렛은 다른 지혜자들과 달리 지혜로운 사람이 어리석은 사람에 비해 무슨 이득이 있는지 묻는다. 그는 지혜를 가르치는 선생으로서 지혜의 가치를 누구보다 잘 알기에 지혜를 추천하지 않았던가?(전 2:13) 그러나 지금은 지혜로운 사람에게 남는 것이 무엇인지 말해보라는 식으로 따져 묻는다. 코헬렛은 여기서 왜 지혜로운 삶과 어리석은 삶의 차등과 우열을 없애는 듯한 질문을 던지는 것일까? 모든 사람이 탐욕이라는 위험에 노출되었다는 판단 때문일까? 아니면 인간의 모든 욕망조차 죽음 앞에서 무의미하기 때문일까?(전 6:6)

마치 질문의 대답처럼 주어진 전도서 6:9은 "~이 더 좋다"(토브 ~민)라는 의미의 비교급 문장으로 구성된다. 하지만 이 문장은 난해하다. 어휘 자체가 모호하고 어렵다. 이에 관한 여러 가지 번역이 그 어려움을 방증해준다.

눈으로 보는 것이 마음으로 공상하는 것보다 나으나…(전 6:9[개역개정]).

…가지고 있는 것으로 만족하는 것이 욕심에 사로잡혀서 헤매는 것보다

낫다(전 6:9[새번역]).

…굶어 죽는 것보다 눈뜨고 사는 것이 낫다(전 6:9[공동번역]).

여기서 "마음으로 공상하는 것", "욕심에 사로잡혀서 헤매는 것", "굶어 죽는 것", "욕망을 뒤쫓는 것"(한국천주교 성경) 등으로 다양하게 번역된 관용어구는 "할라크-네페쉬"(נֶפֶשׁ הָלַךְ)다. "할라크-네페쉬"는 보통 죽음을 뜻하는 말로 "생명의 소실"(the passing of life)을 의미한다.[3] 이에 관한 다양한 번역은 의미의 폭을 넓혀준다는 장점이 있지만, 때로는 정확한 의미를 찾는 일을 방해하기도 한다.

전도서 6:9을 여는 "눈으로 보는 것이 더 좋다"(עֵינַיִם מַרְאֵה טוֹב)라는 소절에서 "보는 것" 역시 단순히 시각적인 활동, 눈으로 응시하는 활동이 아니라 그 이상의 의미를 지닌다. 왜냐하면 "네페쉬"가 인간의 식욕과 욕망(전 6:7), 부와 소유(전 6:2), 장수해도 만족하지 못하는 삶(전 6:3, 6)을 말할 때 사용되기 때문이다. 따라서 전도서 6:9은 죽음과 삶의 대비를 통해 욕망의 문제를 드러낸다고 볼 수 있다.

또한 전도서에서 "가다"(할라크) 동사는 세대가 가고 오는 것(전 1:4), 마침내 사람이 모두 한곳으로 가는 것(전 6:6), 사람이 영원한 집으로 가는 것(전 12:5) 등을 말할 때 반복되어 사용되었다. 따라서 전도서 6:9은 삶에 대한 욕망을 지목함으로써 삶과 죽음의 의미를 다시 한 번 깊이 생각해보라는 요청이다.

---

3   Seow, *Ecclesiastes*, 228.

그런데 코헬렛은 욕망 및 삶과 죽음의 문제를 생각해보도록 독자들을 끌어들이고서는 또다시 이것도 "헤벨"이고 "바람 잡는 것"(전 6:9c; 2:11, 17, 26; 4:4, 6)이라고 말한다. 앞서 밝혔지만 "바람 잡는 것"(רְעוּת רוּחַ[레우트 루아흐])이라는 말은 문자적으로 "바람의 열망"을 뜻한다. 다른 성경 어디에서도 발견되지 않는 이 독특한 표현은 코헬렛이 만들어낸 신조어라 할 수 있다.

"바람"이라는 말은 지혜서의 다른 문맥에서는 지속할 만한 가치가 없거나 실체가 없는 것들을 표현할 때 자주 쓰이며(잠 11:29; 27:16; 욥 16:3), "헤벨"과 비슷한 의미를 지닌다. 즉 "바람"이란 무익함과 의미 없음을 가리킨다(사 41:29).

자기 집을 해롭게 하는 자의 소득은 바람이라…(잠 11:29[개역개정]).

그녀[다투는 여자]를 제어하기가 바람을 제어하는 것 같다(전 27:16).

지혜로운 자가 어찌 바람의 지식으로 대답하겠는가?(욥 15:2)

바람의 말이 어찌 끝이 있으랴?(욥 16:3)

보라. 그들은 모두 헛되며,
그들의 행사는 허무하며,
그들의 우상은 바람이요, 공허할 뿐이라(사 41:29).

예언자 호세아도 "에브라임은 바람을 먹고 살며, 온종일 동풍을 따라 다닌다"(호 12:1)고 말함으로써 결과 없는 "허무한 추구"를 "바람"으로 표현했다. 그래서일까? 코헬렛은 잡히지 않고 이해할 수 없는 삶의 속성을 말하는 "바람"이라는 은유를 사용해 글의 전반부를 결론 짓는다.[4] 사람의 온갖 수고는 손에 잡히지 않는 바람과 같다. 코헬렛은 바람을 잡으려는 것 같은 헛된 열망을 좇지 말고 지금 이 순간에 만족하기를 바라는 마음을 오롯하게 전해준다. 그러나 그는 이후부터 "헤벨"과 "바람 잡는 것" 곧 "바람의 열망"을 짝지어 말하지 않는다. 전도서 후반부에서는 그만의 독특한 이 표현이 사용되지 않는다.

(3) 끝은 또 다른 시작을 품다
: "무엇이 좋은지 누가 알겠는가?"(전 6:10-12)

앞서 간략하게 살펴보았듯이 이 작은 단락은 전도서를 둘로 나누는 정확한 분기점이다. 일찍이 마소라 학자들은 전도서 6:10이 책의 중반부라고 표시해두었다.[5] 또한 라이트가 제시한 수비학적 분석 결과도 이를

---

4   김순영, 『열쇳말로 읽는 전도서』, 153-55.

5   원래 히브리어 성경은 자음만으로 기록되었지만 히브리어가 일상어로 쓰이던 시대에는 본문을 별다른 불편함 없이 읽을 수 있었다. 하지만 팔레스타인 지역에서 그리스어가 일상어로 사용되면서 히브리어는 사어(死語)가 되었고 유대인들은 성경의 올바르고 전통적인 독법을 상실해갔다. 이에 일단의 학자들이 히브리어 성경의 독법을 보존하고자 히브리어 성경 본문에 모음 부호, 억양 부호 등의 발음 부호와 평주(評註)를 부기(付記)하여 사본을 만들었다. 이런 작업을 한 사람들은 "마소라 학파"라 일컬어지며, 그들이 성경 본문에 남긴 기호들은 마소라 기호, 그들이 만든 성경 사본은 마소라 사본이라고 불린다. 그들은 기원후 5-9세기에 걸쳐 활약했던 전통주의자들이었고, 히브리어 성경을 정확히 보존하려는 목적으로 전승에 기초해 히브리어 성경을 연구함

뒷받침한다. 그에 따르면 모두 222절로 구성된 전도서에서 6:9까지가 111절이며, 이 숫자는 전도서 1:2에서 3회 반복되는 "헤벨"의 숫자 값(5+2+30)을 모두 합한 결과(37+37+37)와 같다. 이런 접근 방식은 매우 흥미롭지만 아쉽게도 번역 성경에서는 그 특징을 관찰하기 어렵다.

한편 전도서 6:10-12에 등장하는, 반복되는 창조 질서와 인간 역사에 관한 관점은 이미 전도서의 시작 부분(전 1:4-11)에서 자연의 길과 인간의 길에 관한 묘사를 통해 제시되었다. 따라서 전도서 6:10-12은 책의 전반부(전 1:1-6:9)를 끝맺는 역할을 한다.

또한 "무엇이 좋은가?", "누가 알겠는가?"라고 묻는 전도서 6:12은 자연스럽게 나머지 후반부(전 7:1-12:14)의 내용과 연결된다. 코헬렛은 일관되게 자신이 즐겨 사용하는 수사학적인 질문으로 독자에게 생각의 짐을 얹어주듯이 말을 건다. "무엇이 좋은가?", "누가 알겠는가?"라는 질문은 인간의 무지를 재확인시킨다.

> [10] 존재하는 것은 이미 그 이름이 불린 것,
>
> 그가 사람이라는 것도 알려진 것,
>
> 그는 자신보다 강한 자와 논쟁할 수 없다.
>
> [11] 아! 말이 많아지면 공허함도 많아지는 것,
>
> 사람에게 무슨 유익이 있겠는가?
>
> [12] 누가 알겠는가?
>
> 생애 짧은 날 동안 사람에게 무엇이 좋은지를,

으로써 후대에 큰 영향을 끼쳤다.

그림자처럼 지나는 그의 덧없는 생애의 날을.

누가 사람에게 말해주겠는가?

하늘 아래서 그 이후에 일어날 일을(전 6:10-12).

코헬렛이 구성해놓은 말의 세계에서 길을 잃지 않고 그 뜻을 건져 올리려면 읽은 자리에 한참을 머물러야 한다. 그가 던진 질문의 의도를 파악하기 위해서는 **"사람이 자신보다 강한 자와 논쟁할 수 없다"**(전 6:10)는 문장에 주목해야 한다. 유심히 들여다보아야 그 진가가 비로소 보이기 시작하는 이 단락은 구약의 두 인물을 떠올리게 한다. 욥과 이사야다.

전능자 하나님은 사람이 감당할 수 없는 질문과 논리로 욥을 압도하셨다(욥 38-41장). 그리고 예언자 이사야는 토기장이의 비유를 통해 하나님의 절대 주권에 관해 이야기했다(사 45:9). 고대의 지혜자였을 욥과 이사야는 모두 전능자와 비길 자가 없음을 고백했다. 어디 그들뿐이었겠는가? 고대 이스라엘의 시인들은 별들의 수효를 헤아리시고 사물들의 이름을 불러 존재하게 하시는 하나님을 노래했다.

그가 별들의 수효를 세시고

그것들을 다 이름대로 부르시는도다(시 147:4[개역개정]).

너희는 눈을 높이 들어

누가 이 모든 것을 창조하였나 보라.

주께서는 수효대로 만상을 이끌어내시고

그들의 모든 이름을 부르시나니

그의 권세가 크고 그의 능력이 강함으로

하나도 빠짐이 없느니라(사 40:26[개역개정]).

코헬렛은 시인들이 말하는 창조자를 "강한 자"(תַּקִּיף[타키프])라고 부른다.[6] 코헬렛은 구약 어디서도 발견되지 않는 이 단어를 사용해 그 누구도 창조주와 논쟁할 수 없다는 사실을 강조한다. 이는 그의 신앙고백처럼 들리기도 한다.

그리고 그는 곧이어 말이 많아지면 공허함도 많아진다고 지적하며 그것이 "사람에게 무슨 유익이 있겠는가?"(전 6:11) 하고 질문한다. 이로써 그는 책의 처음에 제기했던 질문―"해 아래 수고하는 사람의 온갖 수고가 사람에게 무엇이 유익한가?"(전 1:3)―을 떠올리게 한다. 이는 사람의 갖가지 노동과 그 유익에 대한 사유의 시간을 다시 가지라는 촉구처럼 들린다.

사람은 자신을 만드신 "강한 자" 또는 "압도하는 자"를 넘어설 수 없다. 사람은 한계에 봉착할 수밖에 없지만 사람을 만드시고 우주를 관리하시는 하나님은 초월적이시다. 이에 관해 코헬렛은 존재하는 것은 이미 그 이름을 가진 것으로서(전 6:10) 어제나 오늘이 동일하지만 미래는 감추어져 있음을 말한다. 사람은 앎을 추구하는 존재지만 창조자

---

6   이 단어에 관해 BHS의 비평 각주는 읽기와 쓰기의 차이를 표시해놓았다. 본래 마소라 본문에는 שֶׁהַתְּקִיפֿ(쉐하트키프)로 표기되었고 이는 "압도하다"(to overpower), "사로 잡다"를 의미하는 동사(תָּקֵף)에 관계사와 정관사가 접두어로 붙은 형태다. 이 말은 뒤따르는 전치사 מִן(민)과 결합해 사람을 "압도하는 자"라는 의미를 띤다.

와 인간의 앎 사이에는 엄청난 간극이 존재한다.

현대 과학 문명의 확실성을 믿는 사람들은 인간의 무한한 가능성을 긍정하며 인공지능 로봇이 열어줄 새로운 시대를 꿈꾼다. 태초에 하나님이 자기 형상을 닮은 사람을 만들어 창조세계를 관리하게 하신 것처럼, 인류는 자신을 닮은 인공지능 로봇을 만들어 온갖 일을 맡길 수 있게 되기를 바라고 있다. 하지만 두고 보아야 할 일이다. 창세기에서 자기 이름을 높이고 욕망을 실현하고자 바벨탑을 쌓은 사람들은 하나님의 심판을 피할 수 없었다(창 11장). 에덴동산에서도 마찬가지였다. 아담과 하와는 언제든 하나님을 만나며 깊은 관계를 누릴 수 있었지만 그 복을 스스로 걷어찼다. 뱀의 유혹을 받은 사람의 마음속에는 하나님처럼 되고 싶은 욕망이 싹텄던 것이다. 그런데도 인류는 여전히 하나님의 자리를 넘보고 있는 듯하다.

한편 전도서 6:10-12에서는 인간의 본질을 드러내는 코헬렛만의 독특한 언어 구성력이 돋보인다. "존재하다", "있다", "되다"라는 뜻의 히브리어 동사 "하야"(הָיָה)와 사람, 곧 인류를 일컫는 말 "아담"이 긴밀하게 묶인다(전 6:10, 11, 12[x2]). "아다마"(땅)의 "아파르"(עָפָר, 흙먼지)로부터 만들어진, 땅에 속한 존재로서 "아담"은 죽을 운명을 안고 언젠가 다시 땅의 흙으로, 먼지로 돌아가야 한다(창 2:7). "아담"은 사는 동안 자기의 근원인 "땅"(아다마)에서 노동을 해야만 하는 존재다. 땀 흘리는 수고를 해야만 먹거리를 얻고 존재할 수 있다(창 3:23).

코헬렛은 "아담" 곧 인류가 결국 "흙에 속한 사람"(earth person)

일 수밖에 없다는 사실을 적시한다.[7] 땅을 떠나서 살 수 없는 존재, 땅에 속한 존재, 흙과 함께 땅 위에서 사는 존재가 바로 사람이다. 그러니 흙은 사람에게 생명의 토대이면서 동시에 죽음의 근거가 된다(창 2:7; 3:19). 코헬렛이 화두로 제기했던 전도서 1장의 언어들이 창세기의 창조 이야기와 연결되는 것처럼, 책의 전반부를 마무리하는 지점에서도 독자는 창조의 시간으로 안내받는다.

땅에 속한 존재인 사람은, 도공처럼 흙을 빚어 사람을 만드신 창조자 하나님에게서 비롯된 존재다. 코헬렛은 그렇게 자기를 만드신 자를 떠나 독립하여 살 수 없는 인류에게 질문을 던진다. "짧은 생애 동안, 그림자처럼 보내는 일생 동안 무엇이 좋은지, 앞으로 무슨 일이 일어날지 누가 알겠는가?"(전 6:12; 2:19; 3:21) 이 질문은 덧없는 삶을 사는 사람에게 미래를 지배할 수 없는 자신의 한계와 본질을 돌아보게 한다. 물론 눈부신 과학 문명을 일으키고 발전시킨 인류는 무한한 상상력과 잠재력을 가지고 있다. 하지만 코헬렛의 질문은 여전히 유효하다. 과학적인 진보가 인간의 삶과 관련한 많은 것들을 예측할 수 있는 영역으로 만들었다 하더라도 그것이 가져온 빛과 어둠은 나란히 공존하기 때문이다. 본질을 꼬집는 코헬렛의 질문에서 쉽게 빠져나갈 수 있는 출구는 보이지 않는다.

코헬렛은 장래의 일들을 알아내려는 인간의 시도가 무익하지 않으냐고 질문하면서 인생이 덧없고 "그림자" 같다는 말을 덧붙인다(전 6:12). 이는 욥의 말을 떠올리게 한다.

---

7   *NIDOTTE*, 1:262-64.

우리는 어제 있었고 아는 것이 없으며,

땅 위의 우리들의 날은 그림자와 같다(욥 8:9).

그는 꽃처럼 피고 시들어

그림자처럼 사라져 머물지 않는다(전 14:2).

어디 코헬렛과 욥뿐일까? 인생을 사라지는 그림자에 비유하는 것은 고금을 막론하고 널리 사용되는 시적 표현이다. 코헬렛을 비롯해 인생을 차분하게 관찰하며 멋진 언어로 묘사한 시인들은 인생을 그림자에 비유하기를 즐겼다. 다윗도 사람이 한낱 한숨과 같고 그림자와 같다고 노래했다(시 144:4).

그림자는 해의 움직임에 따라 짧아지기도 하고 길어지기도 한다. 그림자는 사람과 사물들의 형체를 보여주지만 빛이 없다면, 또 실체가 없다면 생겨날 수 없다. 이는 사람이 창조자 없이 존재할 수 없는 것과 마찬가지다. 그림자 같은 인생! 사람의 분명한 의존성을 이보다 더 잘 표현하는 비유가 있을까?

코헬렛이 그림자의 특성에 이어서 말하는 "아담"이라는 어휘는 인간의 본질을 사유하도록 이끈다. 이런 맥락에서 "누가 알겠는가?", "해 아래서 무슨 일이 일어날지를 누가 말해주겠는가?"라고 질문하면 어떤 대답이 나올까? 내일 일을 아무도 모르고 그 누구도 말해줄 수 없다고 답변할 수밖에 없다. 코헬렛은 누구도 알 수 없고 말할 수도 없는 미래에 관한 수사학적 질문을 거듭 이어간다. 이런 질문들은 삶을 대하는 코헬렛의 일관된 태도를 드러내 준다.

사람이 장래 일을 알지 못하나니

장래 일을 가르칠 자가 누구이랴?(전 8:7[개역개정])

우매한 자는 말을 많이 하거니와

사람은 장래 일을 알지 못하나니

나중에 일어날 일을 누가 그에게 알리리요?(전 10:14[개역개정])

　전도서 6장의 마지막 질문은 책의 후반부를 여는 전도서 7:1-
14의 비교 잠언들 및 다양한 삶의 담론들을 갈무리하는 전도서 11장
을 위한 것이다. 더군다나 그는 내일을 모르는 인류에게 "형통한 날에
는 기뻐하고 곤고한 날에는 돌아보라"고 말하며 이 두 가지를 하나님
이 병행하게 하셨다고 말한다(전 7:14). 이는 하나님께 의존할 수밖에
없는 존재로 출생한 사람의 본질과 그분의 주권을 연결해준다.

　한편 "누가 알겠는가?"라는 질문만큼이나 중요한 것은 "무엇이
좋은지"(מַה טּוֹב[마 토브])라는 질문의 내용이다. "토브"(טוֹב)는 전도서에
서 52회나 반복되는 어휘로서 전도서를 이해하는 중요한 열쇳말 중
하나다. 토브는 "삶을 즐기라"(עָשָׂה טוֹב[아사 토브], 또는 רָאָה טוֹב[라아 토
브])고 권하는 독특한 관용구에서도 사용된다. 땅에 속한 사람이 짧은
생을 사는 동안 "무엇이 좋은지" 물어야 하는 이유는 한 가지다. 알 수
없는 미래를 염려하며 불안과 근심 속에 살 것이 아니라 현재를 즐기
는 네 집중하기 위해서다(전 3:12-13, 22; 5:17-19; 7:14; 9:7-9).

　코헬렛은 하나님이 좋은 때와 어려운 때를 골고루 주신다고 말한
다. 따라서 오늘을 즐거워하며 사는 것은 가장 적절하고 지혜로운 선택

이다. 내일은 하나님의 손에 있는 영역이며 사람은 내일 무슨 일이 일어날지 모른다. 또한 하나님은 과거를 반복하시기에(전 3:15) 사람이 살아가는 오늘은 옛것과 새것이 공존하는 시간이다. 그래서 오늘은 가장 소중한 시간이다. 과거를 해석하고 미래를 내다보는 인간의 지식과 능력이 진보를 거듭해도 미래는 여전히 감추어져 있을 것이다. 내일은 풀 수 없는 수수께끼 같다. 그러니 "누가 알겠는가?"라는 질문에서 시작되는 코헬렛의 가르침은 미래를 점치며 조절할 수 있다고 믿는 인간의 오만한 확신을 막아서는 비평과 같다. 코헬렛의 이런 생각과 태도를 제대로 간파한 볼프(Hans Walter Wolff)의 평가는 되새겨볼 만하다.

> 정말 총명한 사람은 미래의 계획과 현실적인 성취 사이에서 예측할 수 없는 사건이 숨어 있다는 사실을 함께 생각한다. 이런 계획과 성취 사이의 불일치를 완전히 의식적으로 고려하지 않는 사람은 인간의 본질을 오해하고 인간 자체를 하나님의 자리에 세울 위험이 있다.… 인간이 미래를 지배할 수 있다고 믿는 확신을 가장 강력하게 막아주는 사상은 코헬렛의 회의적인 사상이다.[8]

"해 아래 무슨 일이 일어날 것인지 누가 말해주겠는가?" 코헬렛의 의미심장한 물음은 단순하지만 강렬하게, 내일을 모르는 인류의 한계를 짚으며 사람의 지식과 지혜와 능력을 제자리로 돌려놓는다.

자연에서는 물론이거니와 인간의 삶에서도 바람은 늘 분다. 또 강

---

8   볼프, 『구약성서의 인간학』, 262.

물은 흘러 바다로 간다. 그리고 순환하는 자연 질서 속에서 살아가는 사람에게는 예측할 수 없는 일들이 기다리고 있다. 앞서 코헬렛이 "시간의 노래"(전 3:1-8)에서 읊조린 것처럼 "예측하기 어려운 의미 있는 사건들이 많이 존재한다. 사람은 제때 발생하는 사건들을 그저 무기력하게 바라볼 수밖에 없다"(전 3:2-8).[9]

이후에 코헬렛은 예측 불가능한 인간의 삶을 짧고 재미난 비유를 들어 묘사한다. 즉 "빠르다고 달리기에서 이기는 것이 아니며, 용사라고 전쟁에서 이기는 것도 아니다. 지혜가 있다고 먹을 것이 생기는 것도 아니고 총명하다고 재물을 모으는 것도 아니다. 불행한 때와 재난은 누구에게나 닥친다"(전 9:11). 이는 물고기가 그물에 걸리고 새가 덫에 걸리는 것과 같다(전 9:12). 이처럼 코헬렛은 그 누구보다 인류의 제한된 본질을 집착에 가까울 정도로 반복해서 강조한다.

전도서 6장은 "무엇이 좋은지 누가 말해주겠는가?"(전 6:12)라는 질문으로 끝난다. 그의 질문은 내일에 대한 인간의 무지를 밝혀준다. 이는 해 아래 일어나는 일들을 통제할 수 없는 인류의 한계를 좀 더 깊이 성찰하라는 부름 같다. 그리고 코헬렛은 이에 대해 좋을 때와 어려울 때를 결정하는 주권이 하나님께 달려 있다는 답을 곧 내놓을 것이다(전 7:14).

---

9   크렌쇼, 『구약 지혜문학의 이해』, 192.

2. 더 좋은 삶을 위하여(전 7:1-8:15)

사람의 앎과 지혜의 한계를 논하는 것으로 전도서의 후반부가 시작된다. 전도서의 후반부는 "누가 알겠는가?", "무엇이 좋은가?"(전 6:10-12)라는 질문에서 이어지는 구체적인 담론을 담고 있다. 전반부의 마지막 단락인 전도서 6:10-12이 인간의 지혜와 그 성취에 대한 기대들을 해체했다면 후반부는 지혜와 죽음을 이슈로 삼는다. 지혜는 삶을 위한 것인데 코헬렛은 지혜를 말하면서 죽음을 함께 논한다. 역설적이다. 이는 전도서가 이른바 "주류 지혜 전통"의 가르침에 대한 의문부호처럼 읽히는 이유이기도 하다. 지혜의 갖가지 이익을 옹호하는 전통적인 지혜에 의문을 제기하는 것처럼 들리는 코헬렛의 말들은 인간의 무지를 강조하는 데 초점을 둔다.

한편 지금까지 코헬렛은 개인적 관찰과 경험을 강조하며 "내가 보았다"라는 1인칭의 담화 방식을 택해왔다. 하지만 전도서 7장부터는 2인칭 명령형의 문장이 제법 많아진다. 말하기 방식의 변화와 더 짧아진 경구 형식의 문장에서 긴박감이 느껴진다.

(1) "무엇이 좋은가"를 안다는 것(전 7:1-14)

지금까지 거듭된 코헬렛의 수사학적인 질문들은 독자를 난감하게 만들어 구석으로 몰아세웠다. 코헬렛은 이어서 "비교 잠언" 양식을 통해 자신의 주장을 전개한다(전 7:1-14). 그는 어떤 것이 다른 것보다 더 좋다는 발언을 주저하지 않는다. 그의 거침없는 말들은 일반화된 삶의 가치들을 상대화시켜 다르게 생각해볼 기회를 제공한다.

비교 잠언들은 "A는 B보다 더 좋다"라는 내용으로 구성된다. 이때 코헬렛은 "좋다"(토브)라는 형용사를 중심으로 "지혜" 또는 "지혜롭다", "마음", "어리석다", "슬프다" 등의 어휘들을 반복 사용해 흐름을 만들면서 내용의 응집력을 높여간다(전 7:1-12). 그리고 비교 잠언들을 정리하면서 장래 일을 모르는 인간의 무지를 다시 짚어준다(전 7:13-14).

코헬렛은 비교 잠언 양식을 사용해 독자의 선택을 유도한다. 더 나은 삶, 더 좋은 삶을 위해 무엇을 선택할 것인지를 스스로 묻고 선택하라는 것이다. 독자는 어느 한쪽을 신중하게 선택해야 한다. 늘 그렇듯이 오늘의 선택은 알 수 없는 내일과 연결되어 있다.

비교 잠언에서는 히브리 시의 특징 중 하나인 평행법(parallelism)이 두드러진다. 평행법은 두 가지 항목을 유사나 대조의 관점에서 드러낼 때 매우 유용하다. 소절과 소절이 평행적 관계 안에서 완전한 하나의 시행을 만드는데, 같은 뜻을 전달하기 위해 비슷한 어휘를 같은 위치에 배열하는 방식이 주로 사용된다. 이렇게 잘 짜인 격언들은 독자가 어떤 삶의 방식이 더 좋을지 숙고하도록 이끈다.

명예가 값비싼 향유보다 더 낫고,
죽는 날이 태어나는 날보다 더 중요하다(전 7:1[새번역]).

좋은 이름이 좋은 기름보다 낫고
죽는 날이 출생하는 날보다 나으며(전 7:1[개역개정]).

좋은 이름이 <u>좋은 기름</u>보다 좋고,

죽음의 날이 <u>태어나는 날</u>보다 좋다(전 7:1[사역]).

명예와 죽는 날, 그리고 값비싼 향유와 태어나는 날이 서로 동의적인 평행 관계를 이룬다. 코헬렛은 죽는 날이 태어나는 날보다 좋다고 말한다. 마찬가지로 "좋은 이름" 곧 "명예"나 명성 또는 좋은 평판이 좋은 기름보다 가치 있다. 이는 "많은 재물보다 명예를 택할 것이요, 은이나 금보다 은총을 더욱 택할 것이라"(잠 22:1)는 잠언의 지혜 경구와 결이 같다. "히브리어에서 '이름'(מֵשׁ[쉠])은 단지 사람과 사람을 식별하기 위함이 아니라 한 개인이 획득한 명성을 뜻하기도 한다."[10] 실제로 한 사람의 이름을 모독하는 것은 그 사람의 고유한 인격과 정체성에 대한 공격으로 받아들여진다. 그러니 제아무리 값진 기름이라도 사람의 명성과 비교될 수 없다.

그런데 출생보다 죽음이 더 낫다는 내용은 다소 충격적이다. 사람의 명성이 좋은 기름보다 낫다는 말은 이미 대중화된 경구였을 듯하다. 그러나 삶과 죽음을 비교해 죽음을 우위에 두는 관점은 보편적인 지혜 가치와 충돌하면서 사람의 마음을 흔들어놓는다. 어떻게 보면 이는 일반화된 가치를 뒤집어 다르게 생각하는 코헬렛만의 독특한 위로 방식이 아닐까 싶다. 왜냐하면 누구나 죽기 때문이다. 삶은 언젠가 끝난다. 더군다나 죽음은 악인들에게만 닥치는 것이 아니다. 모든 인류가 공평하게 맞이해야 하는 현실이 바로 죽음이다(전 3:18-21). 그래서 코헬렛

---

10   Ogden, Zogbo, *Ecclesiastes*, 217.

은 삶과 죽음의 가치를 동등하게 여긴다. 더 나아가 그는 죽음이 삶의 억압과 무익함으로부터 탈출하는 피안의 세계라고 말한다(전 4:2-3). 이로써 죽음은 전도서에서 하나의 위안으로 자리 잡는다.

이어서 코헬렛은 초상집에 가는 것이 잔칫집에 가는 것보다 낫다고 말한다(전 7:2). 장례식은 타인의 죽음을 통해 모두의 죽음을 되새기는 기회다. 슬픔이 머무는 초상집에서는 타인의 슬픔이 곧 나의 슬픔이 되기도 한다. 그래서 초상집은 공감의 능력을 배우는 공간이다. 우리는 다른 사람의 죽음 앞에서 사람은 누구든 땅에 속한 존재임을 마음에 새기며 하늘과 땅의 괴리를 깨닫는다. 죽음을 기억하는 것은 죽은 자를 위한 일이 아니라 살아 있는 자들을 위한 일이다.

죽음을 옹호하는 코헬렛의 발언은 진실하고 유효하다. 고대 지혜 선생의 가르침이 오랜 세월을 지나 진리로서 지금 우리 마음에까지 와 닿는다. 사람은 애도와 슬픔의 시간을 통과하면서 큰 배움을 얻는다. 사람은 죽음을 애도하며 인간의 한계를 되새길 뿐만 아니라 겸손을 배운다. 겸손은 혼자 힘으로 도무지 할 수 없다고 생각되는 지점에서 발현되는 태도다. 죽음을 가볍게 다룰 수 없기에 누구도 죽음 앞에서 교만하거나 무례할 수 없다. 철학자 장켈레비치(Vladimir Jankélévitch, 1903-1985)는 "죽음은 일생에 단 한 번 겪게 되는 일이며 그 정의상 첫 경험이 마지막 경험이 된다"고 했다.[11] 죽음은 삶의 의미를 새롭게 깨

---

11   블라디미르 장켈레비치, 『죽음에 대하여』, 변진경 옮김(돌베개, 2016), 38. 프랑스 철학자인 그는 "인간은 물음을 던지고 그 이유를 자문할 만한 지적 능력은 충분하지만 그 이유에 답할 만한 수단이 부족하다"고 지적한다. 말로 표현할 수 없는 것을 말하려는 행위가 철학의 목적이라고 밝힌 그는 누구나 피하고 싶어 하는 죽음의 주제를 다루며 삶에 대해 성찰한다.

닫게 하는 교재로서 우리 곁에 늘 존재한다. 어떻게 보면 죽음은 역설적으로 삶에 의미를 부여하는 가장 큰 원인이다.

코헬렛은 더 나아가 슬픔이 웃음보다 더 낫고 근심이 마음에 유익하다고 말한다(전 7:3). 앞서 열렬하게 삶의 즐거움을 추천했던 그는 왜 기쁨보다 슬픔이 사람에게 더 낫다고 말하는 것일까? 앞서도 그랬지만 코헬렛의 짧은 경구 한마디의 뜻을 깨달으려면 한참을 생각해야 한다. 그래야 비로소 말뜻이 마음에 도착한다. 기쁨과 다르게 애통과 슬픔은 세상을 똑똑히 보게 해준다. 그래서 코헬렛은 슬픔과 근심을 버려야 할 감정으로 생각하지 않는다. 그는 해결되지 않는 고통 때문에 속 태우거나 우울해하는 감정까지도 옹호해준다.

코헬렛이 말하는 삶과 죽음, 기쁨과 슬픔의 주제를 마주하면서 잊을 수 없는 기억 하나를 글로 남기고 싶다. 2014년 4월 16일, 진도 앞바다 팽목항 근처에서 제주도를 향해 항해 중이던 여객선 세월호가 침몰하는 참사가 발생했다. 세월호에는 476명이 승선하고 있었고 그중 324명이 제주도로 수학여행을 떠나는 안산 단원고등학교 2학년 학생들이었다. 구조된 인원은 172명에 불과했고 나머지 304명은 차가운 바다로 가라앉고 있었다. 그때 온 국민은 TV를 통해 침몰하는 배를 속절없이 바라보며 무능함에 가슴을 치고 쥐어뜯어야 했다. 광장에 분향소가 차려졌고, 온 나라는 꽃 피우지 못하고 사그라진 어린 학생들의 영정 앞에 넋을 잃고 눈물을 삼켜야 했다. 여러 해가 흘렀지만 이 사건은 여전히 304개의 고통으로 남아 있다. 자식을 잃은 유가족들의 슬픔은 말로 다 표현할 수 없다. 그들은 여전히 지독한 그리움과 절망으로 아파한다. 하지만 예기치 못한 죽음 가운데서도 함께 슬퍼해주는 것이 힘이 된다는 유가족들의 말이 여전히 귀에 쟁쟁하다. 2015, 16, 17, 18년의 사계절이 모두 지나고 다시 봄이 왔다.

사람은 누구나 죽음 앞에서 숙연해지기 마련이다. 사람은 죽음과 슬픔 앞에서 성찰의 시간을 갖게 된다. 비통함과 쓰디쓴 현실에서 고개를 돌릴수록 진정한 삶은 점점 더 멀어진다. 피할 수 없는 아픈 현실을 외면하지 말고 대면해야 한다. 그래야 진실을 볼 수 있는 눈이 뜨이기 때문이다. 코헬렛은 사람들이 언급하기를 꺼리는 죽음과 슬픔을 거침없이 다룬다. 그리고 죽음을 통해 삶의 가치를 더 강렬하게 역설한다. 여기서 삶과 죽음을 바라보는 코헬렛의 진의가 확실해진다.

한편 코헬렛은 슬픔을 지혜로운 사람과 어리석은 사람을 구분하는 기준으로 삼는다. 죽음의 현실을 깨닫게 하는 초상집과 기쁨이 넘치는 잔칫집이 지혜로운 사람과 어리석은 사람의 차이를 드러낸다.

지혜로운 사람들의 마음은 초상집에 있고,
어리석은 사람들의 마음은 잔칫집에 있다(전 7:4).

지혜와 어리석음의 차이는 삶과 죽음의 문제를 대하는 태도에서 나타난다. 지혜로운 사람은 타인의 죽음을 통해 삶을 찬찬히 돌아보는 반면, 어리석은 사람은 타인의 고통과 슬픔에 관심을 두지 않는다. 코헬렛은 지금까지 해 아래 "헤벨"(순간, 덧없음)의 세상사를 논하면서 삶의 중요한 가치가 "나눠진 복", 곧 분복에 따라 즐거워하며 사는 것에 있다고 여러 차례 강조했다. 그가 삶의 덧없음을 재차 강조한 이유 역시 삶과 죽음이 서로 멀리 떨어져 있지 않기 때문이다.

여기서 코헬렛은 말소리를 활용해 삶과 죽음이 한 끗 차이임을 말한다. 지혜로운 사람이 마음을 두는 "초상집"은 히브리어로 "베트 에벨"(בֵּית אֵבֶל)이다. "에벨"(אֵבֶל)은 "비탄", "애통", "애도", "애도 의식"이라는 뜻인데, 삶의 "덧없음"을 말하는 "헤벨"(הֶבֶל)과 발음이 매우 유사하다. 이처럼 아주 작은 발음 차이로 갈릴 만큼 삶과 죽음은 마치 하나인 듯 연결되어 있다. 코헬렛의 신중한 어휘 선택은 단순한 언어 유희의 차원을 넘어 더 깊은 성찰의 세계로 우리를 인도해준다.

하나님 앞에서 위대한 예언자의 모범으로 살았던 모세는 인간의 짧은 운명을 위엄에 찬 노래로 표현했다. 그에 따르면 "우리의 인생이 칠십이며, 강건하면 팔십이라도 그 연수의 자랑은 수고와 슬픔뿐이며 빠르게 지나간다"(시 90:10). 그래서 모세는 다음과 같이 하나님께 간절하게 구했다.

우리에게 우리의 날을 세는 법을 가르쳐주셔서
지혜의 마음을 얻게 해주십시오(시 90:12[새번역]).

코헬렛은 "순간"(헤벨) 스쳐 가는 생의 "애통"(에벨)을 말하면서 죽음의 가치를 비교 잠언 형식의 짧은 문장으로 다양하게 표현한다(전 7:1-4). 그는 삶의 자리에서 죽음을 제거하지 않는다. 위대한 지도자 모세도 순간처럼, 한숨처럼 스러지고 마는 인생을(시 90:9) 주님의 사랑으로 채워주시길 간구했다. 이쯤 되면 슬픔과 기쁨이 교차하는 삶의 한복판에서 죽음이라는 운명을 짊어진 존재, 인간에 대해 더 깊이 성찰하지 않을 수 없다. 여기서 우리는 죽음이 먼 곳에 있는 것이 아니라 우리가까이에 존재한다는 깨달음을 얻게 된다. 곧 죽음을 성찰함이 지혜다. 모든 사람에게 닥치는 죽음이라는 한계성에 한 발 더 가까이 다가설 때, 오늘을 살고 있다는 사실이 더 값지고 소중해진다.

코헬렛은 논의를 심화시키며 지혜로운 사람과 어리석은 사람을 더 적극적으로 대조한다. 그들은 삶을 대하는 태도에서도 차이를 보인다(전 7:5-7). 책망을 듣는 일은 곤욕스럽다. 하지만 코헬렛은 지혜로운 자의 책망을 듣는 것이 어리석은 자의 노래를 듣는 것보다 좋다고 말한다(전 7:5). 이런 가르침은 충고를 하려면 총명한 자에게 하라는 지혜 경구의 맥락과 맞닿는다(잠 17:10).

> 한마디 말로 총명한 자에게 충고하는 것이
> 매 백 대로 미련한 자를 때리는 것보다
> 더욱 깊이 박히느니라(잠 17:10 [개역개정]).

그러나 코헬렛의 말은 잠언 지혜자의 말보다 강력하게 느껴진다. 우리말 본문에서는 잘 드러나지 않지만 코헬렛은 또다시 발음이 유사한 어휘들을 조합한 말놀이로 웃음을 주면서 날카롭게 독자를 제압하기 때문이다. 이는 그가 "기쁨의 말들"(전 12:10, 아름다운 말들[개역개정])을 찾으려고 애썼다는 하나의 증거다.

"지혜로운 자의 책망이 어리석은 자의 노래보다 좋다"(전 7:5)는 말만으로는 아쉬웠던 것일까? 코헬렛은 독자가 어리석음과 지혜 사이에서 지혜를 택하도록 돕기 위해 어리석은 사람의 웃음을 희화한다.

어리석은 사람의 웃음소리는

가마솥 밑에서 가시나무 타는 소리와 같다.

이것도 헛되다(전 7:6[새번역]).

"가시나무(הַסִּירִים[핫시림]) 타는 소리", "가마솥(הַסִּיר[핫시르]), "어리석은 사람"(הַכְּסִיל[학케실])을 의미하는 히브리어들이 만들어내는 운율이 재미를 불러일으킨다. 어리석은 사람의 웃음소리를 가마솥 밑에서 맹렬하게 타오르는 가시덤불의 기운과 타다닥 타들어 가는 소리에 빗댄 문장의 구성도 흥미롭다. 어리석은 사람을 향한 안쓰러운 웃음이 절로 터져 나온다.

코헬렛은 지혜와 어리석음을 비교하여 무엇을 택할 것인지 생각할 여백을 마련해주면서 탐욕의 문제를 제기한다(전 7:7). 탐욕의 문제는 인간 지혜의 허약성과 연결된다.

탐욕은 지혜로운 사람을 어리석게 만들고

뇌물은 지혜로운 사람의 마음을 병들게 한다(전 7:7[새번역]).

탐욕과 뇌물이 지혜자를 어리석게 하거나 병들게 할 수 있다는 냉철한 판단은 본래 땅의 흙으로 만들어진 인간의 깨지기 쉬운 허약한 본질을 다시금 생각하게 한다. 코헬렛에게 탐욕과 뇌물은 한 몸이나 다름없다. 가진 것을 누리기보다 더 많이 가지려고 욕망하는 것이 탐욕이다. 탐욕은 그칠 줄 모르는 인간의 욕심이다. 탐욕은 지혜로운 사람마저 병들게 한다. 십계명의 열 번째 계명은 탐심을 금한다. 코헬렛 역시 탐욕의 위험성을 경고한다. 부정한 돈과 부정한 물건, 곧 "뇌물"은 지혜로운 사람의 마음마저 무너뜨리고 병들게 할 만큼 위험하다. 전도서 7:7은 눈에 보이지 않는 탐욕과 증거물이 남는 뇌물의 관계를 밝히며 그 위험성을 각인시켜주는 명문장이다.

코헬렛은 무엇이 사람에게 더 좋은지 물으며 모든 일의 시작과 끝을 따져본다. 그리고 조급해하는 것보다는 하나님의 때를 기다리는 것이 더 좋다고 말한다(전 7:8-9). "일의 끝이 시작보다 낫다"(전 7:8a)는 말은 "인내와 기다림이 조급함보다 낫다"(전 7:8b)는 문장과 평행하며 구체화된다. 일의 끝을 보려면 인내와 기다림이 필요하다. 조급한 마음은 오히려 분노를 불러일으킨다. 분노는 어리석은 자의 품에 머물기 때문이다(전 7:9). 코헬렛은 인내심의 결핍으로 화를 쉽게 내고 참지 못하는 것을 어리석음의 특징으로 판단한다.

코헬렛은 조급한 마음을 경계하면서 왜 옛날이 지금보다 더 좋은지 묻지 말라고 조언한다. 그 이유는 분명하다. 그런 질문은 지혜가 아니기 때문이다(전 7:10). 이미 해 아래에서 일어나는 온갖 일들의 반복을 노래한 그에게 그런 조언은 당연하다(전 1:9-10). 코헬렛에게 어제는 오늘과 크게 다르지 않다. 프레더릭스의 표현대로 "현재로부터 과거를 향해 도망치는 현실도피는 현재의 책임감에 열중하는 상태에서 벗어나기 위한 것이다."[12] 현실에 불만족스러운 사람은 과거의 한때를 그리워하곤 하지만 현재보다 더 중요한 것은 없다. 여기서 우리는 해 아래 새로운 것이 없다는 코헬렛의 판단을 기억해야 한다(전 1:9; 2:16; 3:15; 6:10). 코헬렛은 열렬하게 "지금 여기"의 현재성을 강조한다. 하

---

12   Fredericks, *Ecclesiastes*, 171.

나님이 선물로 주신 오늘이라는 현재의 시간을 즐기는 것, 그것이 진짜 복이다. 그리하여 코헬렛에게 가장 중요한 지혜는 "오늘"에 초점이 맞춰진다.

그는 이어서 **지혜의 참 가치**를 말한다(전 7:11-12). 지혜는 유산처럼 좋다(전 7:11). 지혜가 만들어내는 그늘은 돈이 만들어내는 그늘 못지않다(전 7:12a). 그리고 지혜와 관련된 지식의 유익은 지혜를 소유한 자의 생명을 보호한다는 데 있다(전 7:12b). 여기서 우리는 코헬렛이 재산이나 돈을 나쁘다고 말하지 않는다는 사실에 주목하게 된다. 이는 지혜의 오른손에는 장수가 있고 왼손에는 부와 명예가 있으며, 지혜를 얻은 자에게 지혜는 생명 나무가 된다는 이스라엘 지혜문학의 보편적인 가르침과 일치하는 내용이다(잠 3:16, 18). 지혜에 관하여 이보다 더 큰 칭송이 있을까 싶다.

물론 코헬렛은 앞서 지혜와 돈의 관계를 논하며 사람이 재물 때문에 겪는 폐단을 지적했다. 그는 막일을 하며 달게 자는 노동자의 삶이 불면증에 시달리는 부자의 삶보다 낫다고 말했다(전 5:10-14). 그렇다면 코헬렛은 왜 모순처럼 들리는 이야기를 하는 것일까? 이와 관련해 코헬렛이 사용하는 "그림자"(צֵל[첼], 그늘)의 은유를 살펴보자. 그는 앞서 삶의 덧없음을 그림자에 비유했다(전 6:12). 하지만 지금 그는 지혜와 돈이 삶의 은신처(그늘)가 될 수 있다고 말한다. 코헬렛은 이처럼 미묘한 말놀이를 통해 삶의 부정과 긍정의 양극적인 양태를 통합하며 자기 생각을 표현한다. 따라서 돈의 그늘과 지혜의 그늘을 동일시하는 것은 결국 하늘 아래 사는 사람에게 부나 지혜가 일시적이라는 사실을 강조한 것이다.

이처럼 코헬렛은 주류 지혜의 전통과 결별하지 않으면서도 이것과 저것 사이에서 흑과 백의 경계를 넘나들며 오묘한 균형점을 찾아낸다. 그는 "지혜"라는 고대인들의 깊은 저수지에서 이스라엘의 주류 지혜로 통하는 잠언의 가르침을 계승하면서도 창조적인 변용과 발전을 도모한 셈이다. 그는 시대의 참신한 관찰자요, 사상가로 내세우기에 손색이 없다.

더 나아가 코헬렛은 하나님이 행하시는 일을 관찰하라고 명령한다(전 7:13-14). 그리고 뒤이어 수사학적 의도가 농후한 질문을 던진다. "하나님이 행하시는 일을 보라. 하나님이 굽게 하신 것을 누가 펼 수 있는가?"(전 7:13) 이 질문은 "구부러진 것도 곧게 할 수 없고 모자란 것도 셀 수 없도다"(전 1:15[개역개정])라는 말의 반복이자 확증이다. 또한 이는 "하나님이 하시는 일은 더하거나 뺄 수 없다"(전 3:14)는 진단과 같은 의미를 전하는 다른 표현이다.

여기서 우리는 코헬렛의 지혜가 질문하고 뒤집어 보는 것임을 알게 된다. 그러나 그가 의심하고 뒤집어 생각해보는 것은 하나님의 주권적인 목적을 전복하려는 시도가 아니다. 오히려 사람이 변화시킬 수 있는 것과 변화시킬 수 없는 것이 무엇인지를 깊이 관찰하는 과정을 보여줌으로써 결론을 강화하기 위함이다.

누구든 주권자 하나님 앞에서 굽게 한 것을 곧게 할 수 없는 것처럼(전 7:13), 사람에게는 좋은 날도 있고 나쁜 날도 있다. 그래서 코헬렛은 형통한 날에는 기뻐하고 곤고한 날에는 하나님이 하신 일을 곰곰이 생각하라고 권한다(전 7:14). 왜냐하면 사람은 그 누구도 앞일을 알 수 없기 때문이다. 이에 관해 사도 바울은 자신이 어떠한 형편에 있든지 자족하기를 배워서 비천이나 풍부함, 배부름이나 배고픔, 부요나 궁핍에 대처할 수 있다고 고백했다(빌 4:11-12; 약 1:2). 이런 고백은 역경을 만난 신자들이 무너지지 않고 내적 균형을 유지하도록 격려한다.

하나님의 행동은 누구도 예측할 수 없다. 인류가 지금까지 축적한 지혜와 지식으로 내일을 점친다고 한들 실제로 내일 무슨 일이 일어날지는 아무도 알 수 없다. 실제로 사건이 닥쳐야만 알게 되는 것이 인생이다. 그렇게 인간의 한계는 하나님 앞에서 무력함과 불완전성으로 고스란히 노출된다. 지혜가 유산처럼 아름다우며 돈의 그늘처럼 유익을 안겨준다는 평가에서 볼 수 있듯이(전 7:11-12), 코헬렛은 지혜의 실용성과 현실성을 긍정하며 돈에 대한 솔직한 관점을 드러낸다. 하지만 그 한계 역시 주저하지 않고 까발린다. 코헬렛은 듣기 좋은 말만 늘어놓지 않는다. 오히려 그의 말에는 가시처럼 콕콕 찌르는 맛이 있다. 그는 우리가 하나님의 절대 주권을 수용하고, 사람의 지혜로 행할 수 있는 일에 한계가 있음을 인정하도록 인도한다. 그의 목적은 한마디로 한계 안에서 살아가는 인류의 현실 드러내기다. 인간과 세상 지혜의 한계성을 인식한 사람만이 하나님을 경외하는 삶을 살아갈 수 있기 때문이다(전 3:14).

(2) 사람의 지혜와 의로움의 한계 안에서(전 7:15-29)

가. 절제의 미학: 지나치게 의롭지도 말고 지혜롭지도 말라(전 7:15-22)

코헬렛은 지혜의 한계를 말하는 것에서 멈추지 않는다. 정의로움도 한계에 봉착한다. 그래서 이제 그는 극단을 피하는 지혜를 논한다(전

7:15-18). 그는 "내 허무한 날들"(개역개정)을 사는 동안 모든 일을 살펴보았다고 말한다(전 7:15). 다시 특유의 1인칭 화법으로 돌아온 그는 새로운 담론을 펼치기 시작한다.

나는 온갖 것을 보았다….
자기의 의로움에도 멸망하는 의인이 있고
자기의 악행에도 불구하고 장수하는 악인이 있다(전 7:15).

실제로 이런 일은 흔히 발생하지만 쉬이 인정하기는 껄끄러운 문제다. 여기서 불의함과 의로움을 모두 관찰했다는 코헬렛의 솔직함이 두드러진다. 전통적인 지혜 개념을 넘어서는 그의 발언은 보편화된 구약의 전통 지혜와 모순되는 듯이 보인다. 구약의 지혜 전통의 흐름에서 하나님의 복은 당연히 의로운 자들을, 저주는 악한 자들을 향한다. 그러나 실제로 유구한 인간의 역사에서 예외는 늘 존재했다. 아벨은 하나님이 기뻐하시는 제사를 드렸지만 친형에게 살해당했다(창 4:4, 8). 가인의 동생 "아벨"은 한숨처럼, 혹은 안개처럼 짧은 생을 마감할 수밖에 없었다. 앞서 다루었듯이 그의 이름이 그의 운명을 말해주는 듯하다. 인간의 실제 삶은 그렇게 역설을 품고 있다. 시편의 시인들도 코헬렛처럼 인생의 모순과 역설을 피하지 않고 대면했다.

[12]볼지어다, 이들은 악인들이라도
항상 평안하고 재물은 더욱 불어나도다.
[13]내가 내 마음을 깨끗하게 하며

내 손을 씻어 무죄하다 한 것이 실로 헛되도다(시 73:12-13[개역개정]).

고대의 히브리 시인들은 하나님의 통치 안에 거하면서도 정직한 투쟁을 피하지 않았다. 시인들의 언어는 아름다움만으로 채워지지 않는다. 희망과 현실의 괴리를 들여다본 후 터져 나오는, 당황스러울 만큼 솔직하고 과감한 언어가 그들의 노래가 되었다. 그들은 전통을 지지하면서도 전통 지혜의 무비판적인 수용을 거부한다. 그리고 그들은 모순에 찬 현실을 말할지언정 희망을 버리지는 않았다. 바로 그런 이유에서 그들의 시선은 늘 참신하다.

> [1]악을 행하는 자들 때문에 불평하지 말며
> 불의를 행하는 자들을 시기하지 말지어다.
> [2]그들은 풀과 같이 속히 베임을 당할 것이며
> 푸른 채소같이 쇠잔할 것임이로다(시 37:1-2[개역개정]).

그러면 코헬렛은 의로움에 관해 무엇이라고 말할까? 그는 지나치게 의롭지도 말고 지나치게 지혜롭지도 말라고 권고한다(전 7:16). 반대로 지나치게 악인이 되거나 지나치게 어리석은 자가 되지도 말아야 한다(전 7:17). 수수께끼 같은 이런 권면의 진의는 무엇일까? 이를 파악하기 위해서는 히브리 시의 특징인 평행적 구성을 분석해보아야 한다.

전 7:16	전 7:17
너는 지나치게 의롭지 말라(a)	너는 지나치게 악하지도 말라(a′)
지나치게 지혜롭지도 말라(b)	지나치게 어리석은 자도 되지 말라(b′)
어찌하여 스스로 패망하려는가?(c)	어찌하여 너의 때가 아닌데 죽으려 하는가?(c′)

전도서 7:16-17의 구성

이런 구성은 지나침의 위험을 분명하게 드러내 준다.[13] 우리는 여기서 고대 지혜자들이 생각하는 의로움과 지혜가 창조 질서의 변화와 리듬에 맞추어 순리대로 사는 삶과 연관된다는 사실을 기억해야 한다. 자연 질서의 흐름에 순응하려면 더 가지려는 욕심을 내려놓아야 하기에 그런 삶을 사는 사람은 자연스럽게 도덕적이고 신앙적인 임무에도 충실하게 된다. 하지만 코헬렛은 지혜와 의로움의 과잉을 문제 삼는다. "지나침"이 도리어 생명을 빼앗는다고까지 하니 어느 정도로 의로워야 한다는 말인가?

"왜 스스로를 망치려 하는가?"(전 7:16), "왜 제명도 채우지 못하고 죽으려 하는가?"(전 7:17) 하고 수사학적으로 묻는 코헬렛의 의도는 하나다. 지나친 지혜와 의로움에 대한 과도한 확신을 피하라는 뜻이다.

---

13 히브리어 본문을 살펴보면 강조점은 동사에 있는데 해석하기가 아주 까다롭다. "지혜롭게 되지 말라"는 소절은 강조재귀형(אַל־תִּתְחַכַּם)으로 되어 있다. 이를 직역하면 "스스로를 지혜롭게 보여주지 말라"는 의미다. 즉 지혜를 자랑하지 말라는 뜻으로 읽힐 수 있다. 하지만 Seow는 동사 חכם(하캄)의 강조재귀형(hithpael)은 어디서도 "자랑한다"는 의미로 사용된 적이 없다고 말한다. 또한 이 소절이 지혜를 자랑하지 말라는 의미라면 "지나치게 의롭게 되지 말라"는 평행구나, 이어지는 17절의 "지나치게 악인이 되지 말고, 지나치게 어리석은 사람도 되지 말라"는 평행구들 역시 자랑하지 말라는 의미로 읽어야 하기에 단순히 자랑을 의미하는 것으로 읽으면 안 된다고 본다(Seow, *Ecclesiastes*, 253).

이는 현실에 만연한 악과 어리석음을 다루는 실제적인 조언이다. 의롭지 말라거나 지혜롭지 말라는 뜻이 아니다. 시아우의 설명처럼 의로움은 어원적으로 올바름과 합법성, 그리고 법률적인 정당성을 뜻한다. 코헬렛이 자연과 사회 질서를 따르는 바른 태도와 행동을 경시할 이유는 전혀 없다.[14]

그러면 왜 과잉된 의로움을 피하라는 것인가? 이는 지혜와 의로움에 관한 지나친 자기 확신에 빠지지 말라는 의미로서 인간의 불완전성을 말하는 매우 실제적인 권고와 연결해서 이해해야 한다. 코헬렛이 이것이나 저것을 모두 잡는 것이 좋다고 말하는 이유도 여기에 있다(전 7:18ab). 그는 "하나님을 경외하는 자는 모든 극단을 피한다"(전 7:18c)라는 말로 과잉의 위험성을 정확히 짚는다. 실로 "하나님을 두려워하는 자는 신성과 인성 사이의 간격을 인정할 줄 알고, 신성과의 관계에서 인류의 적절한 위치를 아는 사람이다."[15] 하나님을 경외하는 사람은 죽을 운명을 짊어진 인간의 본질을 알기에 마치 전부를 이해할 수 있는 것처럼 행동하지 않는다. 자신을 빛내려고 안달하거나 지나치게 홀로 맑은 체하며 도도하게 행동하는 것도 그와 어울리지 않는다. 한마디로 양쪽을 포용할 줄 아는 조화로움의 추구가 하나님을 경외하는 사람의 미덕이다.

의로움이든 지혜든 양극단을 피하라는 조언은 동양의 "중용"(中庸) 개념과 맥을 같이한다. 중용은 좋고 나쁨, 의로움과 악함, 지혜로움

---

14   Seow, *Ecclesiastes*, 267.

15   Seow, *Ecclesiastes*, 268.

과 어리석음의 극단을 피하는 것으로 드러난다. 물론 동양적인 의미에서 중용은 중간적인 입장이나 중간 지대를 말하지 않는다. 가치판단을 배제한 기계적 혹은 산술적 중간은 중용과 관계가 없다. 중용은 가운데가 아니라 정확함이다. 따라서 양비론도 중용과는 다르다. 중용을 지키려면 부단히 고민하고 행동하는 심성과 태도가 중요하다. 기원전 3세기 동양의 사상가 순자(荀子, 기원전 298-238)는 핵심을 짚어 말하기를 중용이란 "만물을 다 같이 늘어놓고 곧고 바름을 재고 헤아리는 것"이라고 했다.

지나침을 경계하는 것은 고대 그리스 철학자 아리스토텔레스(Aristoteles, 기원전 384-322)의 "중용의 철학"에서도 마찬가지다. 그가 말하는 중용은 극단을 피하는 것이다. 지나침과 모자람의 극단을 멀리하고 탐욕과 금욕, 오만함과 비굴함의 극단 역시 멀리해야 한다. 이것 아니면 저것이라는 이분법적 사고와 절대주의는 타당하지 않다. 한마디로 중용은 절제와 넘나듦에 바탕을 둔 철학인 셈이다.[16] 코헬렛의 가르침도 마찬가지다. 그는 긴장과 갈림의 순간에 바름을 추구하되 절제의 아름다움을 잃지 말아야 한다는 사실을 잘 알았다.

의로움과 지혜의 과잉을 피하는 대신 절제하라고 조언한 코헬렛은 또다시 지혜의 탁월성을 말한다. 그에 따르면 지혜는 10명의 권력자보다 1명의 지혜자를 더 능력 있게 한다(전 7:19). 그러나 그는 곧 이 땅에 선을 행하고 죄를 짓지 않는 사람, 곧 의로운 사람은 없다는 말로 의로움과 지혜의 탁월성을 또 한 번 뒤집는다(전 7:20). 완벽하게 의

---

16   김광식, 『김광석과 철학하기』(김영사, 2016), 25-26.

로운 사람도 지혜로운 사람도 없다. 코헬렛은 지혜와 의로움을 병행시키며 사람이 절대적으로 의로운 상태가 될 수 없다는 사실을 집요하게 선언한다. 인내와 한결같음의 모범인 욥도 "죽을 인간이 어찌 하나님 앞에서 의롭겠는가?"(욥 9:2) 하고 반문했다. 오랜 세월이 흘러 사도 바울도 코헬렛이나 욥의 고백과 같은 맥락에서 "의인은 없나니 하나도 없다"(롬 3:10)고 말했다.

코헬렛은 인간의 지혜와 의로움에 대한 좌절의 목소리를 들려주는 것일까? 그렇지 않다. 그는 **죄의 보편성**(the universality of sin)을 염두에 두었을 뿐이다.[17] 그는 모든 사람이 죄를 짓는다는 사실을 실제적인 예를 들어 보여준다(전 7:21-22). 그의 가르침에 따르면 사람들이 자신에 대해 하는 모든 말을 알아내려고 집착하지 말아야 한다. 그렇지 않으면 종이 자신을 저주하는 말까지 듣게 되기 때문이다(전 7:21). 솔직하게 생각해보면 자신도 다른 사람을 저주할 때가 있다는 사실을 인정할 수밖에 없지 않은가?(전 7:22) 코헬렛의 이런 가르침은 모든 사람이 남을 비방하거나 저주할 때가 있다는 보편적 경험을 신중하게 고려한 결과다. 확실히 그의 말은 인간 내면 깊숙한 곳에 자리 잡은 양심에서 울려 나는 소리에 귀를 기울이게 한다. 그의 말이 증명하듯이 그는 비관주의자도 낙관주의자도 아닌 현실주의자다. 주어진 현실을 바탕으로 질문하는 그는 현실에서 크게 기대하거나 실망할 것이 없음을 솔직하게 밝힌다.

---

17   Bartholomew, *Ecclesiastes*, 257.

나. 지혜로 모든 것을 시험해보았지만(전 7:23-29)

인간의 지혜나 의로움도 완벽할 수 없다는 관점에서 지혜에 대한 반성적인 성찰이 이어진다. "그 모든 것을 내가 지혜로 시험해보았다"(전 7:23a)는 표현은 처음 등장한 것이 아니다(전 1:13; 2:2, 21). 그가 말하는 "그 모든 것"은 앞서 말한 지혜와 의로움에 관련된다. 코헬렛은 자신이 지혜로운 사람이 되겠다고 결심했지만 지혜가 자신을 멀리했다고 고백한다(전 7:23). 그리고 곧바로 "지혜는 너무 멀고 깊어 누가 그것을 발견하겠는가?"(전 7:24)라고 질문한다. 이 수사학적인 질문은 독자를 또다시 궁지로 몰아세우며 지혜의 신비를 생각해보게 한다.

코헬렛은 지혜 선생답게 질문하기를 즐긴다. 철학을 하듯이 질문을 통해 사색을 이어간다. "누가 지혜를 발견하겠는가?"라는 질문에서 "발견하다"의 의미로 번역된 히브리어 "마차"(מָצָא)는 관찰을 통해 찾아내는 것을 말한다. 즉 코헬렛은 누가 관찰하고 탐색하는 노력을 통해 지혜를 찾아낼 수 있겠느냐고 묻는다. 이런 질문을 던지는 그의 의도는 분명하다. 지혜가 **인간의 이해 밖에 존재한다**는 사실을 강조하는 것이다. 그가 지혜를 수단으로 사용해 깨닫게 된 결과가 지혜의 한계라는 사실은 모순적으로 느껴진다. 하지만 우리는 여기서 "지혜는 결정적으로 지혜 자체의 한계를 아는 것과 관련된다"는 말에 동의하게 된다[18]

하나님을 감동시킨 의인 욥도 인간이 찾을 수 없는 지혜의 신비를 다음과 같이 노래했다.

---

18   Treier, *Proverbs and Ecclesiastes*, 192.

¹²지혜를 어디서 찾을 수 있으리오?

명철이 있는 곳은 어디인고?

¹³사람은 그곳에 이르는 길을 알지 못하고,

생명이 사는 땅에서 찾을 수 없네(욥 28:12-13).

코헬렛은 "지혜가 무엇인지, 사물의 이치가 어떤 것인지를 연구하고 조사하고 이해하려고 하였다"(전 7:25a[새번역]). 그는 지혜의 신비와 마주하며 인간의 한계를 깨달았지만 또다시 돌이켜 지혜를 조사하고 연구하기 위해 마음을 쏟는다. 전도서 7:25a는 "나"라는 주체를 강조하면서 중요한 세 가지 동사(연구하다, 조사하다, 이해하다)를 나열한다. 줄지어 등장하는 세 개의 동사에서 지혜와 사물의 이치를 추구하는 코헬렛의 집요함과 열정이 느껴진다. 지혜를 얻고 사물의 이치를 깨달아 숨은 뜻을 발견하는 일은 광부들이 위험을 무릅쓰고 광석을 캐내는 일과 비슷하다. 듣는 이로 하여금 귀를 기울이게 하는 진실의 힘이 바로 거기에서 나온다.

지혜와 사물의 이치를 알고자 하는 코헬렛의 열정은 지혜만이 아니라 그 반대편에 있는 어리석은 자의 악과 망상, 어리석음을 알기 위해 마음을 쏟는 것에서도 드러난다(전 7:25b). 지혜와 어리석음 및 망상 사이를 분별하기 위한 그의 탐색은 세 가지 방향에서 이루어진다.

첫 번째 탐색 결과는 어리석음이 마치 유혹하는 여자의 올가미와 같다는 것이다. 코헬렛에 따르면 유혹하는 여자의 손은 쇠사슬 같아서 사망보다 더 쓰다. 하나님을 기쁘게 하는 사람은 이 여인을 피할 수 있지만 죄인은 이런 부류의 여자에게 걸려든다(전 7:26). 즉 어리석은 사람은 끝내 죄인의 길로 빠져든다는 말이다.

그런데 이 내용은 잠언의 사상을 요약한 것처럼 보인다. 잠언에는 "낯선 여자"(음녀[개역개정])에게 쉽게 걸려드는 어수룩한 젊은 남자들에게 주는 경고들이 기록되어 있다(잠 1-7, 9장). 코헬렛의 말과 일치하는 묘사들도 잠언에서 쉽게 찾을 수 있다(잠 2:15; 5:3-5; 6:25; 7:13, 22-23, 27). 잠언의 지혜자는 "낯선 여자"에게 미혹되지 말라고 젊은이들을 훈계한다. "낯선 여자"를 뜻하는 "잇샤 자라"(אִשָּׁה זָרָה)는 생계유지를 위해 몸을 파는 여성을 일컫는 말이 아니라 합법적인 관계 밖에 있는 여자를 뜻한다. 지혜자는 "낯선 여자"가 상처 입히고 쓰러뜨려 죽은 남자가 많다고 말하며 그녀의 집은 스올로 가는 길이고 사망의 방으로 내려가는 길이라고 단호히 경고한다(잠 7:24-27). 이런 잠언의 내용과 비슷하게 코헬렛도 올가미 같은 여자를 비유로 들며 어리석음의 위험성을 가르친다.

두 번째 탐색 결과는 코헬렛이 사물의 이치를 낱낱이 살펴 깨달은 것이다. 그는 먼저 "보라. 이것을 내가 발견했다"라는 말로 독자의 관심을 불러일으킨다(전 7:27a). 그리고 갑자기 3인칭 해설자가 등장하면서 "코헬렛, 그녀가 말했다"(아메라 코헬렛)라고 진술한다. 갑자기 화자가 바뀌는 것도 모자라 남성 동사(아마르, 전 1:2; 12:8)가 아닌 3인칭 여성 동사(아메라)를 사용하는 점은 독특하고 이상하다. 이 부분에서 독자는 코헬렛이 여성인지 남성인지 고민하게 된다. 사물의 이치를 낱낱이 살펴서 연구한 코헬렛은 남성이 아니라 여성일까?

그런데 코헬렛은 곧이어 매우 까다로운 발언을 내놓는다. 혹자는 이를 두고 코헬렛의 여성 비하 발언 혹은 여성 혐오 발언이라고 확신한다. 만일 코헬렛이 여성이라면 갑자기 여성을 혐오하거나 폄훼하는 발언을 할 이유가 없는데도 말이다.

> 내 마음이 계속 찾아보았으나 아직도 찾지 못한 것이 이것이라. 천 사람 가운데 한 사람을 내가 찾았으나 이 모든 사람 중에 여자는 한 사람도 찾지 못하였느니라(전 7:28[개역개정]).

코헬렛이 사물의 이치를 끊임없이 찾는 맥락에서 나온 이 말은 매우 모호한 수수께끼 같다. 몇몇 해석가는 이를 두고 여성이 지혜를 소유한다는 것은 거의 불가능하다는 의미로 해석하며 여성 혐오의 의도가 이 문장에 묻어 있다고 보았다.[19] 그중 대표적인 학자인 라우하(Aarre Lauha)는 유혹하는 존재로서 여자는 위험하다는 전제를 가지고 모든 여자를 요부로 지칭하기도 했다.[20] 정말 코헬렛이 여성에 대한 고정된 시각이나 편견에 젖어 있었을까? 그런 모습은 극단을 피하고 조화로움을 추구하라는 코헬렛의 조언과 어울리지 않는다(전 7:17-18). 그렇게 한쪽으로 치우친 판단과 선입관은 지금까지 보여준, "이다"와 "아니다"의 경계를 넘나들며 애매함을 수용하고 즐기는 지혜자 답지가 않다.

전도서 7:28은 해석하기가 매우 까다롭다. 그러나 문장을 자세히 살펴보면 코헬렛이 무엇을 찾고 있다는 것인지가 분명하지 않다. 현대

---

19   Fredericks는 그의 주석에서 전도서 7:26-29에 관한 해석을 다섯 가지로 구분해 소개한다(Fredericks, *Ecclesiastes*, 183).

20   차준희, "코헬렛은 안티페미니스트인가?: 전도서 7장 25-29절을 중심으로,"「구약논단」 20권 2호(2014), 131(127-55)에서 재인용.

번역본 중에는 이를 보완하기 위해 "올곧은" 또는 "정직한"(upright)이라는 형용사를 덧붙인 예도 있다. 즉 "1,000명 중 한 사람의 정직한 남자를 발견했지만, 그 모든 사람 중에 정직한 여자는 단 1명도 없었다"(I found one *upright* man among a thousand, but not one *upright* woman among them all[TNIV])라는 번역이다. 이런 접근은 본문의 문맥을 살핀 후 죽음보다 쓰디쓴 덫과 같은 여자에 관한 언급(전 7:26), 그리고 하나님이 사람을 반듯하게 만드셨다는 내용(전 7:29)을 고려한 결과인 듯하다.

한편 이 수수께끼 같은 문장을 놓고 트레이어(Daniel J. Treier)는 그 내용이 솔로몬과 그의 여자들에 관련되어 있다는 흥미로운 제안을 내놓았다. 그가 보기에 1,000이라는 숫자는 솔로몬이 두었다는 700명의 아내 및 300명의 첩과 연관된다(왕상 11:3). 그리고 코헬렛이 솔로몬을 페르소나로 내세워 말하는 것이라면 1,000명 중 한 사람이란 바로 코헬렛 자신을 가리킨다고 보았다.[21] 그렇다면 본문은 솔로몬의 지혜를 향상시켜줄 여자가 1,000명 중에 하나도 없었음을 말함으로써 솔로몬의 여자들이 그를 파멸로 이끄는 원인 제공자였음을 밝히는 내용을 담게 된다. 이런 추론은 매우 흥미롭지만 코헬렛의 진짜 의도를 파악했다고 확신하기에는 근거가 부족하다. 이 수수께끼 같은 구절은 또다시 솔로몬의 영광을 "무"로 만들려는 시도로 해석될 수 있다. 하지만 코헬렛의 다른 의도가 숨어 있지는 않을까? 본문을 더 자세히 살펴보자.

이 구절은 습관적으로 읽으면 남자와 여자를 비교하는 것처럼 보인다. 하지만 엄밀하게 따지면 "남자"로 상정되는 히브리어는 "이

---

21   Treier, *Proverbs and Ecclesiastes*, 195.

쉬"(אִשָּׁה)가 아니라 남자와 여자를 포괄하는 "아담"(사람)이다. 따라서 생물학적인 성(sex)이나 사회 문화적인 차원의 성(gender)을 구별하려는 의도를 발견할 수 없다. 남성 주류 해석자들의 견해처럼 여성을 비하하거나 혐오하는 표현이라고는 더더욱 보기 힘들다.[22]

더군다나 잠언의 맥락에서 지혜가 여성으로 의인화된다는 사실을 염두에 두어야 한다. 잠언 31:10-31은 능력 있는 여성을 칭송하는 답관체(踏冠體) 시다. 이른바 "능력 있는 여성"(אֵשֶׁת-חַיִל [에쉐트-하일])으로 불리는 이 여자는 금보다 귀해서 발견하기 어렵다(잠 31:10). 이런 맥락을 잘 알고 있는 코헬렛이 갑자기 여성을 지혜와 떨어뜨려 비하한다는 주장은 재고되어야 마땅하다.

어려운 구절일수록 선입견을 버려야 진실이 보이기 시작한다. 1,000명과 1명이라는 극단적인 수의 대비가 보여주는 것은 무엇일까? 이는 단순히 지혜롭고 의로운 사람이 지극히 드물다는 사실을 강조하는 문학적 장치다. 코헬렛은 지혜로운 사람을 발견하기가 쉽지 않다는 것을 역설하기 위해 숫자를 이용해 과장된 표현을 사용한다. 이때 남성과 여성을 내세운 앞선 문맥에 따라 코헬렛은 자연스럽게 남성과 여성의 은유를 통해 지혜에 이르는 어려움을 말한다. 그는 지혜를 발견하는 것의 어려움을 표현하기 위해 이런 과장법을 동원할 수밖에 없었을 것이다.

세 번째 탐색 결과가 더 남아 있다. 코헬렛은 "내가 깨달은 것은 오직 이것이라. 곧 하나님은 사람을 정직하게 지으셨으나 사람이 많

---

22 Longman의 경우도 코헬렛이 여성 차별주의자라고 말하지만(Longman, *The Book of Ecclesiastes*, 206), 저자의 의도적인 여성 동사 사용(אָמְרָה)을 고려한다면 Longman의 주장은 받아들이기 어렵다.

은 꾀들을 낸 것이라"(전 7:29[개역개정])라고 말한다. 흥미로운 문장이다. 하나님의 창조 의도와 인류의 결과적 행동이 대조를 이룬다. 더군다나 "찾으려 했다"(בקשׁו[비크슈])라는 말은 주어의 행동을 강조하는 동사다. 또 "꾀들" 혹은 "계략들"(책략들, 고안물들)이라는 뜻의 "힛슈보노트"(חשׁבנות)는 구약성경에서 매우 희귀하게 등장하는 말이다. 전도서 본문 외에는 역대기 저자가 전쟁을 위해 "기술적으로 고안된 무기"(대하 26:15)를 말할 때 사용한 것이 전부다.[23] 그렇다면 코헬렛이 사람을 정직하게 만드신 하나님과 기술적으로 잘 고안한 살상 무기를 제조하는 인류를 조합하고 대조시켜 말하려는 것은 무엇일까?

인류 구원 역사 속에서 사람의 악한 생각들, 곧 계략들은 심판을 불러왔다. 대표적으로 노아 당시의 홍수 심판은 혼돈 그 자체, 창조 이전 상태로 회귀하는 모습으로 묘사될 정도의 거대한 심판이었다. 이 심판 이야기는 위협적인 살상 무기를 솜씨 좋게 만들어내는 기술을 가진 인류의 계산 능력이 닿지 않는 태곳적 이야기다. 성경은 사람들의 생각이 항상 악했기 때문에 하나님의 홍수 심판을 피할 수 없었다고 기록한다(창 6:5). 사람이 마음으로 생각하는 모든 계획이 항상 악할 뿐이었던 그때, 홍수 심판이 시작되기 직전의 상황에서 하나님은 사람을 지으신 것을 한탄하셨다. 그리고 끝내 하나님은 자기가 지으신 사람을 지면에서 쓸어버리겠다는 의지를 표명하셨고(창 6:6-7), 노아의 가족을 제

---

23   역대하 26:15의 내용은 다음과 같다. "또 예루살렘에서 재주 있는 사람에게 <u>무기를 고안하게</u> 하여 망대와 성곽 위에 두어 화살과 큰 돌을 쏘고 던지게 하였으니 그의 이름이 멀리 퍼짐은 기이한 도우심을 얻어 강성하여짐이었더라"(대하 26:15[개격개정]). 여기서 "힛슈보노트"는 (기술적으로 고안된) "전쟁 무기"를 일컫는다(*HALOT*, 119).

외한 모든 인류는 밤낮 40일 동안 쏟아진 물속에 수장되고 말았다(창 7:4). 이후 하나님이 노아와 함께, 그리고 모든 살아 있는 생물들과 함께 맺은 무지개 언약은 창조언약에 이어 인류의 새로운 시작을 알려주었다(창 9:1-17).

인류가 타락한 후에 펼쳐진 거대한 구속 역사의 드라마와 지혜를 긴밀하게 묶으려 했던 것일까? 코헬렛은 잠언의 지혜 가르침처럼 어리석음과 죄를 연결한다. 그는 사람의 "많은 계략"에 수반되는 창조적인 능력, 지식, 지혜, 고도의 기술과 예술성에 이르는 사람의 능력이 반드시 뛰어난 이해력을 낳거나 의로움으로 열매 맺지는 않는다는 사실을 드러내고 싶었던 듯하다. 그래서 전도서 7장의 마지막 29절은 하나님의 창조 목적과 달리 온갖 기획과 책략을 도모하는 인류의 모습에 초점을 맞춘다. 이때 인간의 현실에서 크게 기대할 것이 없음을 늘 자각하는 코헬렛의 현실주의자로서의 면모가 또다시 드러난다. 같음에 안주하는 것이 아니라 다름의 지평을 탐구하면서 현실적인 사색을 멈추지 않는 그야말로 진정한 철학자가 아닐까?

(3)누가 지혜로운 사람인가?(전 8:1-8)

코헬렛은 "누가 지혜자와 같은가?", "누가 사물의 이치를 깨달았는가?"(전 8:1a)라는 질문으로 지금까지의 담론들을 정리한다. 누가 지혜자(הֶחָכָם[헤하캄])와 같은가를 묻는 것은 누가 참 지혜자인지 생각해보라는 의미다. 그리고 연이어 등장하는 수사학적인 질문의 의도는 자명하다. "사물의 이치"(פֵּשֶׁר דָּבָר[페쉐르 다바르])를 깨달은 자야말로 참 지혜자라는 뜻이다.

사실 코헬렛은 여러 차례 지혜의 한계를 지적해왔다. 그런 그가 누가 지혜자인지 물으며 사물의 이치, 곧 사물의 타당한 논리에 관해 말하는 이유는 무엇일까? 이 대목에서 코헬렛은 또 희귀한 어휘를 사용한다. "사물의 이치"(개역개정, 새번역)라는 말에서 "이치"로 번역된 "페쉐르"(פֵּשֶׁר)는 성경에서 다니엘서(단 4:3; 5:15, 26)와 이곳 전도서에만 쓰이는 말이다. 이 말의 사전적인 의미는 "해석"(interpretation)이다. 곧 꿈과 수수께끼를 해석하고 판단하며, 글을 읽고 해석하는 것과 관련된 말이 "페쉐르"다. 이에 관해 오그덴(Graham S. Ogden)은 이 단어가 아람어에서 차용된 말이며 쿰란의 사해 두루마리에서 종종 발견된다고 설명한다.[24]

지혜자 집단에 속했던 코헬렛은 아름다운 말, 진리의 말들을 수집하고 기록하고 지어내는 사람으로서 논리에 합당한 단어를 자유롭게 선택해서 사용했을 것이다. 코헬렛은 자신이 지혜자임에도 불구하고 사물의 이치를 온전히 깨닫지 못함을 탄식하며 독자들도 이에 동참하도록 의미심장한 질문을 건넨다. 누가 지혜로운 사람인가? 누가 사물의 이치를 깨달았는가? 그는 끝까지 독자에게 생각의 짐을 지워준다.

곧이어 코헬렛은 지혜가 주는 유익과 그 가치에 관해 이야기한다. 사람의 지혜는 얼굴을 빛나게 하고 완고한 얼굴을 바꿔놓는다(전 8:1b). 코헬렛은 사람이 가진 기술과 지혜의 한계성을 지적하며 분명하게 선을 그었지만(전 7:29), 지혜는 결코 버릴 수 없는 좋은 것이다. 또

---

24   Ogden, Zogbo, *Ecclesiastes*, 277.

다시 반복되는 말 뒤집기가 난해하게 느껴질 수도 있다. 하지만 사물의 어두운 면과 밝은 면, 긍정과 부정의 경계를 오가며 치우침이 없기를 강조하는 코헬렛의 태도는 일관된다. 지혜를 바라보는 이중적인 관점도 마찬가지다.

지혜를 소유한 자에게 지혜는 마치 하나님처럼 은혜롭고 유익하다. 얼굴을 빛나게 한다는 지혜는 하나님과 관계된 다른 성경 본문들을 떠올리게 한다. 하나님은 자기 백성들에게 "그의 얼굴을 비추시는" 분이다(민 6:25; 시 31:16; 67:1; 80:3, 7, 19; 119:135).

주의 얼굴을 주의 종에게 비추시고,
주의 사랑하심으로 나를 구원하소서(시 31:16[개역개정]).

하나님은 우리에게 은혜를 베푸시고 복을 주시고
그의 얼굴빛을 우리에게 비추신다(시 67:1).

하나님이 당신의 백성에게 얼굴빛을 비추시듯 사람의 지혜가 그의 얼굴을 빛나게 한다. "얼굴을 빛나게 한다"는 말은 일종의 관용구로서 하나님이 당신의 백성에게 베푸시는 은혜와 진정한 복지를 의미하며, "샬롬"을 베푸시는 하나님의 모습과 맞닿는다.[25] 따라서 "굳은 얼굴"(새번역), "사나운 얼굴"(얼굴의 사나운 것[개역개정])을 바꿔놓는 지혜의 능력은 하나님께로부터 오는 선물이다. 완고한 외모까지 변화시키

---

25   Bartholomew, *Ecclesiastes*, 280.

는 지혜의 능력은 실로 하나님의 은총이 아니겠는가?

그런데 코헬렛은 전도서 8:2에서 느닷없이 왕의 명령을 지키라고 조언한다. 그 이유는 하나님께 맹세했기 때문이라는 것인데, 이때 왕의 명령과 하나님께 맹세한 것이 평행 관계로 설정되어 왕의 명령에 순종하는 것과 하나님께 맹세하는 것이 대등하게 다루어진다. 더군다나 왕 앞에서 급히 경솔하게 행동하지 말라는 주의 사항까지 덧붙는다(전 8:2). 그 이유는 간단하다. 왕은 자기가 하고 싶은 대로 모든 것을 할 수 있기 때문이다(전 8:3). 코헬렛은 왕의 말이 지배력을 가지는 만큼 왕에게 "당신이 무슨 짓을 하는 것이오?"라고 말할 사람이 누가 있겠느냐고 질문한다(전 8:4).

앞서 코헬렛은 솔로몬 전통을 패러디하면서까지 권력의 무상함을 들춰냈다. 그러던 그가 왕의 권력을 옹호하는 듯한 발언을 연이어 기록한 의도는 무엇일까? 그는 지금 신의 권력에 버금가는 왕의 통치권과 그 위력을 치켜세우고 있지 않은가?

코헬렛은 군주제라는 현실 체제 속에서 왕의 권력이 미치는 범위와 그 영향을 잘 알고 있었다. 그래서 그는 왕의 명령에 순종하는 자는 해를 입지 않고 지혜자의 마음은 때와 판단의 시기를 분별한다는 말을 덧붙인다(전 8:5). 여기서 왕의 명령에 순종하는 자와 지혜자가 연결된다. 그 이유는 무엇일까? 지혜자는 갖가지 일의 진행 절차를 이해하고 적절한 시기를 분별할 줄 아는 사람으로서 현실적인 악과 불행을 피할 수 있기 때문이다.

사실 이런 입장은 전통 지혜의 맥락에서 크게 벗어나지 않는다. 잠언의 지혜 가르침도 왕을 두려워하라고 말하면서 반역자와 사귀는 것을 조심하라고 조언한다(잠 24:21). 얼핏 보면 하나님의 권능과 인간 왕의 권력을 서로 연결하는 충고가 세속적인 것 같지만, 땅 위에 사는 사람이 땅의 통치자 앞에서 신중하게 행동해야 한다는 것은 매우 당연한 이치다. 훗날 사도 바울도 비슷한 맥락에서 통치하는 권위자들에게 복종하라고 권했다. 그가 밝힌 이유는 하나님으로부터 나지 않은 것이 하나도 없기 때문이라는 것이었다(롬 13:1).

그러나 왕 앞에서 신중하게 행동하라는 조언에서 그친다면 코헬렛답지 않다. 단, 모순처럼 보이는 그의 조언에서 미묘한 수수께끼 하나가 풀렸다. 그 조언은 코헬렛이 실제로 왕이 아닐 가능성을 대변하기 때문이다.[26] 그 후 코헬렛은 또다시 권력자에 대한 전통적인 지혜 관점을 뒤집는다. 무슨 일에든지 때와 심판이 있기 마련이고, 사람에게 임하는 재앙이 많다는 말로 삶의 양면을 들추는 것이다(전 8:6; 3:1, 17). "사람이 장래 일을 알지 못한다"는 선언이나 "누가 장래 일을 말해주겠는가?"(전 8:7; 6:12) 하는 질문도 마찬가지다. 인생은 불가해하다. 제아무리 제왕적인 권력의 달콤함을 누리더라도 끝내 권력은 덧없는 바람 같이 사라져 버린다. 그 모든 것이 이해할 수 없는 수수께끼와 같다. 따라서 그의 질문은 권력 역시 "헤벨"임을 다르게 표현한 셈이다. 최고 권력을 가진 왕이라도 하늘 위를 알 수 없는 땅의 사람으로서 땅의 제한된 몫을 나누어야 하는 존재에 불과하다.

이제 코헬렛은 또다시 인간의 지식과 능력의 한계를 지적하며 부

---

26   다시 말해 이 구절은 솔로몬의 저작권에 관한 논쟁과 저작 시기의 문제에 관한 하나의 단서가 될 수 있다.

정적인 관점을 드러낸다. 전도서 8:8에서 그는 바람에게 힘을 줄 사람도 없고, 자기의 죽음의 날을 결정할 사람도 없으며, 전쟁의 때를 모면할 사람도 없으니 죄[불법]는 "그것의 소유자들"(בְּעָלָיו[베알라이브]), 곧 죄의 실행자들을 구원할 수 없다고 말한다. "죄" 또는는 "불법"(רֶשַׁע[레샤])은 도덕적으로나 윤리적으로 올바르지 못한 나쁜 행동을 일컫는다. 사람들은 생존을 위해 죄까지 선택하는 존재다. 하지만 그 누가 자기 인생을 자기 의지대로 통제할 수 있을까? 또 불법에서 벗어나지 못하는 사람들이 과연 자기 자신을 구원할 힘이 있을까?

바람을 통제할 수 없듯이 갑자기 닥치는 죽음의 날도 피할 수 없다. 코헬렛은 자신이 제기한 질문—"누가 지혜자와 같은가? 누가 사물의 이치를 깨달았는가?"(전 8:1)—에 답변하듯 장래 일을 알지 못하는 인간의 힘과 능력의 한계를 지적한다. 이는 모든 때를 정하시는 창조자 하나님을 향하도록 독자들을 이끈다. 그리하여 우리는 모두가 무지 앞에 서 있을 뿐만 아니라 무지에 둘러싸여 있음을 자각하게 된다. 여기서 다시 생각해보자. 참 지혜자는 누구인가? 무지를 자각하는 사람이 아닌가?

(4) 연기된 심판과 삶의 기쁨(전 8:9-15)

코헬렛은 해 아래에서 행해진 모든 일을 마음을 다해 살펴본 후 사람이 사람 위에 군림하려다가 자신이 불행하게 되는 때가 있음을 알게 되었다(전 8:9).[27] 다른 사람에게 힘을 행사하는 행위는 비극을 초래하

---

27   새번역 성경은 전도서 8:9을 다음과 같이 번역한다. "나는 이 세상에서 벌어지는 모든

는 "악"이 될 수 있다. 여기서 우리는 타인을 수단화하지 말라는 교훈을 얻게 된다. 타인을 향해 자기 힘을 과시하거나 남용하는 사람은 끝내 불행한 결말을 벗어날 수 없다.

전도서 8:10은 "그런 까닭에 나는 보았다"(그런 후에 내가 본즉[개역개정])라는 말로 앞 절과 연결된다.[28] 코헬렛은 적절한 때와 심판을 말하면서도 그런 일이 언제 일어날지는 아무도 모른다고 고백한다(전 8:6-7). 지나간 일들이 반복된다고 해도(전 1:9) 사람은 당장 내일 무슨 일이 일어날지 알 수 없는 존재다. 누군가는 억울함과 괴로움 때문에 잠 못 이루는 밤을 보내며 악에 상응하는 심판과 구원이 일어나길 기대하지만 실제로 언제 그렇게 될지는 아무도 알 수 없다. 이 때문에 인류는 종종 "연기된 심판"(delayed judgement)이나[29] "늦춰진 정의"(delayed justice)의 문제를 심각하게 고민하게 된다.[30] 코헬렛도 하나님의 심판을 확신하면서도 악이 신속하게 해결되지 않는 현실의 문제를 간과하지 않았다.

처벌받지 않는 악인을 보는 코헬렛은 마음이 불편하다(전 8:10-14). 동서고금을 막론하고 굽이치는 역사의 강가에 서서 시대의 아픔

일을 살펴보다가, 이 세상에는 권력 쥔 사람 따로 있고, 그들에게 고통받는 사람 따로 있음을 알았다"(전 8:9[새번역]). 이 번역은 본문의 의미를 왜곡시킬 정도로 해석이 가미되었고, 그 내용도 앞뒤 문맥과 어울리지 않기에 바로잡아야 한다.

28 전도서 8:10을 여는 첫 단어는 וּבְכֵן(우-베켄)이다. Seow는 이 어휘가 에스더 4:16과 집회서 13:7에서 발견되는 후대 미쉬나 히브리어의 관용어라고 설명하면서 "그런 까닭에"(thereupon)라는 의미로 번역한다. 그리고 이에 근거해 전도서 8:10은 9절과 분리할 수 없으며, 새로운 단락의 시작으로 볼 수도 없다고 설명한다. Seow, *Ecclesiastes*, 284.

29 "연기된 심판"은 Bartholomew의 표현을 빌린 것이다(Bartholomew, *Ecclesiastes*, 289).

30 Seow, *Ecclesiastes*, 294.

을 지켜보는 사람들은 끊임없이 정의 실현이 지연되는 것을 목격하게
된다. 하지만 정의가 실행되는 때를 희망하지 않는다면 삶은 곧바로 지
옥이 되어버린다. 반면 늦춰지는 정의로 인해 좌절감을 느끼는 절망의
순간에도 희망할 용기가 있는 사람에게는 하루하루가 값지다.

코헬렛은 정의 실현이 지체되더라도 악인은 끝내 심판받는다는
사실을 굳게 붙든다. 이는 행위 화복의 기계적인 성취를 기대하는 것만
이 아니다. 왜냐하면 그가 마음을 다해 섬세하게 관찰한 세상일은 여전
히 부조리(헤벨)하기 때문이다. 그는 정의로운 심판을 말하면서도 여전
히 "헤벨"로 시작하고 "헤벨"로 마무리할 수밖에 없다(전 8:10, 14).

코헬렛은 이어서 악인들이 묻히고 그들이 거룩한 곳으로부터 떠
나가는 것을 보았다고 말한다(전 8:10a). 그런데 그들은 그들이 행하던
도시에서 잊히고 만다. 코헬렛이 볼 때는 이것도 "헤벨"이다(전 8:10b).
전도서 8:10은 히브리어 구문 자체가 난해하게 구성되어 번역이 까다
롭다. 롱맨도 이 구절이 전도서에서 가장 어려운 부분이라고 꼽을 정도
다.[31] 마소라 본문을 그대로 읽으면 무슨 뜻인지 이해하기 어렵고,[32] 고
대 역본 간에는 간과할 수 없는 차이가 존재한다. 그래서 여러 학자가
본문을 살짝 수정해서 읽기도 했다.

우리말 성경들의 번역도 의미가 분명하지 않다. 개역개정 성경과 새
번역 성경을 비교해보면 둘 다 악인들이 행한 일이 기억에서 사라지는 것
을 한탄한다는 뜻으로 통하지만, 얼핏 보면 서로 다른 본문처럼 보인다.

---

31   Longman, *The Book of Ecclesiastes*, 218.

32   마소라 본문에서 전도서 8:10a를 있는 그대로 읽으면 "악인들이 장사되고, 그들은 거
      룩한 곳을 오고 간다"는 뜻이 된다. 하지만 이것도 정확한 해석이라고 말하기는 어렵다.

개역개정(전 8:10)	새번역(8:10)
그런 후에 내가 본즉 악인들은 장사된바 되어, **거룩한 곳**을 떠나 그들이 그렇게 행한 성읍 안에서 잊어버린바 되었으니, 이것도 헛되도다.	나는, 악한 사람들이 죽어서 무덤에 묻히는 것을 보았다. 그런데 사람들은 **장지**에서 돌아오는 길에 그 악한 사람들을 칭찬한다. 그것도 다른 곳이 아닌, 바로 그 악한 사람들이 평소에 악한 일을 하던 바로 그 성읍에서, 사람들은 그들을 칭찬한다. 이런 것을 듣고 보노라면 허탈한 마음 가눌 수 없다.

새번역 성경의 번역은 해설에 가깝다. 그렇더라도 두 번역문에서 전달되는 논점은 비슷하다. 잊힘, 곧 악행에 관한 기억의 부재를 탄식하는 내용이다. 악한 자들의 죽음과 함께 그들의 행위도 사람들의 마음 속에서 사라져 버린다면 정의 실현은 점점 더 어려워진다.

악인들이 오갔다는 "거룩한 장소들"이 어디를 가리키는지도 모호하다. 성전을 언급하는 것인지, 제사를 위한 "성소"(מקום קדוש[마콤 카도쉬])를 말하는지(출 29:31; 레 6:9, 16, 20; 7:6; 10:13; 16:24; 24:9),[33] 아니면 고대 이집트인들의 표현처럼 무덤을 나타내는 완곡어법인지 분명하지가 않다. 코헬렛이 앞서 성전을 "하나님의 집"(전 5:1)으로 불렀다는 사실과, 악인들이 묻힌다는 문맥을 고려하면 "무덤"(장지[새번역])으로 보는 것이 자연스럽다. 그러나 고대 이스라엘 사람들에게 사람의 주검은 제의적으로 정결하지 않기에 묘지를 "거룩한 곳"이라고 지칭한다

---

33   Seow는 이 어구가 성전을 지시하는 것은 아니지만 성소 안의 여러 구역을 가리킨다고 보았다. 즉 종교적인 목적을 위한 일반적인 공간을 말한다는 것이다(Seow, *Ecclesiastes*, 285). Fox는 "거룩한 곳"이 묘지를 뜻하는 것은 아니고, 성전이나 회당일 것이라고 설명한다. 왜냐하면 시체는 제의적으로 정결하지 않기 때문이다(Fox, *A Time to Tear Down*, 284). 회당을 상정하는 경우는 코헬렛의 시대를 어디에 위치시키느냐의 문제와 연관된다. 회당이 자리 잡은 시기에는 실제로 망자의 몸을 회당에 두었다가 장사하는 경우들이 있었기에 "거룩한 장소"가 회당이라는 주장에 힘이 실린다.

는 것 자체가 석연치 않다. 악인들이 성소를 출입했다고 해도 문제다. 이를 인정하면 악인들은 땅에 묻힘으로써 심판에서 벗어날 수 있게 되는 것이 아닌가? 악한 행위가 기억되지 않고 잊히면 악은 여전히 활개를 치게 된다.

악은 어떻게 촉진되는가? 코헬렛은 악한 일에 대한 징벌이 속히 실행되지 않으니 사람들이 악을 행하면서도 마음이 대담하다고 말한다(전 8:11). 또 그는 악인이 백번이나 악을 행하고도 장수하는 것을 보았다고 한다(전 8:12a). 그는 악의 해결이 연기되고 정의 실현이 지연되는 현실이 불편하다. 그러나 코헬렛은 자신이 알게 된 사실, 아니 확신하게 된 사실을 덧붙인다. 그것은 하나님을 경외하는 사람은 잘되는 반면(전 8:12b), 악한 자들은 장수하지 못하고 그의 날이 그림자와 같으리라는 것이다(전 8:13a). 그 이유에 관해 코헬렛은 악한 자들이 하나님을 경외하지 않기 때문이라는 중요한 신학적 원리를 밝힌다(전 8:13b).

전도서 8:12에서 코헬렛이 "안다"라고 할 때 그는 동사의 분사 형태(יוֹדֵעַ[요데아])와 1인칭 독립 인칭 대명사(אָנִי[아니])를 덧붙여 강조하고 확증하는 방식을 사용한다. 더군다나 히브리어에서 "알다"(יָדַע[야다])라는 동사는 감각적이고 경험적인 깨달음과 연관되는 말로서 추상적이거나 관념적인 인식과는 거리가 있다. 따라서 코헬렛은 경험에 근거한 확신 속에서 "하나님 경외"의 중요성과 악인들에 대한 심판의 확실성을 강조한 것이다.

그런데 지금까지 코헬렛은 번뜩이는 관찰력과 참신한 질문으로 전통 지혜를 뒤집거나 비틀어 생각해보기를 즐겨왔다. 그런 그가 정의 실현이 늦춰지는 것에 관한 불편한 주제를 서둘러 전통 지혜의 흐름에 귀착시키는 것 같아 좀 이상하다. 급하게 결론을 지어버리는 인상마저 준다. 그가 서두르는 이유는 무엇일까? 코헬렛은 현실이 그렇지 않더라도 악인들이 형통할 수 없는 이유를 명확하게 밝히려는 듯하다. 지혜자 집단에 속한 사람으로서 코헬렛이 "하나님 경외"로 집약되는 전통적인 지혜 가르침과 보응(retribution) 원리를 부정한다면 무슨 희망을 말할 수 있겠는가? 물론 코헬렛은 보응 사상이 기계적으로 작동하지 않는다는 것을 기억하며 "헤벨"을 거침없이 선언한다. 하지만 그런 그도 본질적으로는 하나님 경외 신앙과 보응 신학을 폐기할 수 없다.

코헬렛은 앞서 언급했던 **정의가 뒤집히는 불편한 문제**(전 7:15)를 끝까지 다시 거론한다. 그는 "땅 위에"서 행해지는 "이해할 수 없는 것", 곧 "부조리"(헤벨)가 있다는 사실을 잊지 않는다. 그것은 악인이 받아야 할 처벌을 의인이 받고, 의인이 받아야 할 보상을 악인이 받는 현상으로 드러난다(전 8:14). 그래서 코헬렛은 이것도 "헤벨"이라고 거듭 말한다.

한편 코헬렛은 자신이 세상일들을 마음을 다해 눈으로 관찰하고 경험했다는 사실을 강조하면서 "하늘 아래" 또는 "해 아래"라는 말을 반복해서 사용한다. 그런데 전도서 8:14, 16에서는 "땅 위에"(세상에서 [개역개정])라는 말로 대체한다. 하늘 위 하나님의 일과 땅 위 사람의 일을 더 강렬하게 대조하려 한 것일까? 하지만 땅 위에서 일어나는 일들에서 깨달음을 얻기 위해 마음을 다해 애쓴 그도 결국에는 "이해할 수 없다"는 말을 내뱉는다(전 8:17). 이는 사람의 앎과 깨달음의 한계성을 드러내 준다.

정의가 제때 실행되지 않는 현실을 "부조리"(헤벨)라고 판단한 코헬렛의 말에 관한 아우구스티누스(Aurelius Augustinus, 기원후 354-430)의 해설은 적절하다.

> 만일 하나님이 모든 죄마다 일목요연한 형벌을 들고 찾아오신다면 최후의 심판에서 셈할 것이 남아 있지 않을 것이다. 반대로 만일 하나님이 이 땅의 죄를 분명하게 충분히 심판하지 않으신다면 사람들은 신의 섭리와 같은 것들이 존재하지 않을 것이라고 결론 내릴지 모른다. 이것은 삶의 선한 것들에 관련해서도 마찬가지다.[34]

이처럼 정의가 뒤집히는 문제를 전부 이해할 수 없다는 코헬렛의 솔직한 말에 교부철학자이자 신학자인 아우구스티누스도 동의한다. 사람이 어떻게 하나님이 행하시는 모든 섭리를 완전히 이해할 수 있을까? 만약 인간이 하나님이 하시는 일을 다 이해할 수 있다면 인간은 자기 이익을 위해 하나님의 일을 조작하려 들 것이다. 하지만 하나님은 이미 타락한 인간의 본질을 너무 잘 아신다. 그렇기에 사람이 아무리 애를 써도 이해할 수 없도록 하나님이 장막을 쳐두신 "미지"의 시공간이 필연적으로 존재하는 것이다(전 3:11).

그렇다면 "연기된 심판"이나 "지체된 정의"를 목격하고 도무지 알 수 없는 수수께끼 같은 인생사에 백기를 든 코헬렛은 어디서 논의를 매듭지으려 할까? 여기서 다시 삶의 기쁨이 무대에 등장한다(전

---

34   Augustinus, *City of God,* 1.8, in *The Fathers of the Church* 8.29, Treier, *Proverbs and Ecclesiastes*, 202에서 재인용.

8:15). 코헬렛은 지금까지 허무하고, 헛되고, 부조리하고, 수수께끼처럼 모호하거나 무의미한 것을 "헤벨" 판단으로 일괄했다. 그리고 동시에 "즐거움"을 촉구하는 발언을 헤벨 판단에 병행시켜왔다(전 2:24, 3:12, 22, 5:18). 하지만 전도서 8:15에서 재등장한 삶의 즐거움이라는 주제는 앞선 것들보다 더 강렬한 광채를 뿜어낸다. 히브리어 본문의 의미를 잘 드러낸 새번역 성경의 번역을 살펴보자.

> 나는 생을 즐기라고 권하고 싶다. 사람에게 먹고 마시고 즐기는 것보다 더 좋은 것이 세상에 없기 때문이다. 그래야 이 세상에서 일하면서 하나님께 허락받은 한평생을 사는 동안에 언제나 기쁨이 사람과 함께 있을 것이다(전 8:15[새번역]).

코헬렛은 "기쁨"을 찬양한다고까지 말하면서[35] 삶의 기쁨과 즐거움이 다른 것과 바꿀 수 없는 가치를 지닌다는 사실을 강조한다. 그는 줄곧 삶을 기뻐하며 즐기라고 조언해왔지만 이를 단지 기계적으로 반복해서 말하는 것이 아니다. 그는 열렬한 마음으로 사람들이 하나님의 허락 아래 먹고 마시며 노동하고 즐거워하는 기쁨을 누리게 되기를 바란다.

---

35 앞서 밝혔듯이 전도서 8:15은 다른 성경이 사용하지 않는 독특한 용법으로 שָׁבַח(샤바흐) 동사를 사용한다. 전도서를 제외한 다른 성경에서는 שׁבח가 하나님을 목적어로 삼아 "찬양하다", "영화롭게 하다"라는 뜻을 나타낸다("내 입술이 주님을 찬양할 것이다"[시 63:3]). 하지만 전도서 4:2에서는 "죽은 지 오래된 자들"(개역개정)을 목적어로 삼아 "복되다"라는 의미를 띤다. 전도서 8:15의 용례 역시 코헬렛만의 독특한 것으로서 기쁨을 강력하게 추천한다는 의미로 읽을 수 있다. 개역개정 성경은 이런 의미를 살려 "이에 내가 희락을 찬양하노니"라고 번역했다.

여기서 코헬렛은 잠시 접어두었던 노동의 문제를 다시 꺼내 든다. 그는 삶의 기쁨을 수고, 곧 노동(일)과 밀접하게 묶어 하나처럼 생각한 다(전 8:15). 앞서도 살펴보았지만 첫 사람 아담은 불순종한 죄의 결과 로 에덴동산에서 쫓겨났다. 그는 피땀을 흘려 노동해야 먹거리를 구할 수 있었다(창 3:17-19). 아담의 뒤를 따르는 모든 인류는 노동 없는 삶 을 생각할 수 없다. 죄는 땅과 사람, 사람과 사람, 사람과 하나님 사이 를 갈라놓았다. 죄로 인해 소외된 인간의 노동은 가혹하고 고된 것이 되었다. 하지만 노동은 여전히 인간의 생존 문제와 밀접하게 묶여 있 다. 적절하고 건전한 노동을 통해 얻는 먹거리는 윤리적 가치를 띠고 우리 삶의 중심을 차지한다.

성숙한 사회는 노동에 대한 정당한 보상을 지표로 삼아 사회의 건 전성을 평가한다. 그런 사회에서 노동 없이 얻은 재화를 축적한 사람은 "불로소득"을 누린다는 이유로 손가락질의 대상이 된다. 하지만 단지 많은 소득 자체가 칭송을 받고, 무노동 고소득의 생활 양식이 능력으로 인정되는 사회 속에서는 자본력이 없는 가난한 사람들이 박탈감을 느 낄 수밖에 없다. 그런 사회 속에서는 인간 평등의 가치가 상실되고, 대 자본을 소유한 자들이 자본이 적고 노동에 의존하는 자들을 교묘하게 착취하는 부당한 시스템이 작동되곤 한다.

오늘날 우리 사회는 어떤가? 인간의 존엄성을 위협하는 과도한 노동이 사람들의 몸과 정신을 사로잡고, 공평한 분배를 통한 삶의 재편 이 불가능해 보이는 우리 시대에도 고대의 지혜 선생 코헬렛의 조언이 깊은 울림으로 메아리치길 바란다. 그의 가르침은 방향을 잘못 잡은 시 대정신에 저항하는 대안적인 운동의 동력이 될 수 있다. 과도한 욕심을 버리고 과잉되지 않는 적절한 노동—정신노동이든, 육체노동이든—을 감당하며 삶의 기쁨을 잃지 않는 생활양식을 추구하라. 이것이 먹고 마시며 즐거워하라는, 코헬렛이 촉구하는 행복 명령이다.

코헬렛이 추천하는 삶의 양식은 미묘한 긴장감을 안겨준다. 우리가 코헬렛의 행복 명령을 실천하기 어려운 시대를 살아가기 때문이다. 자본주의에 기반을 둔 시장 논리에 따라 생산성과 효율성을 최고 가치로 여기는 무한 경쟁 사회는 타인을 동료가 아닌 경쟁자로 여기게 한다. 더 많은 생산과 높은 효율을 촉구하고 그 반대급부로서 무절제한 소비와 휴식을 권장하는 각박한 사회 시스템은 적절한 노동과 휴식으로 얻을 수 있는 삶의 기쁨을 쉬이 허락하지 않는다. 진리와 교양을 위한 배움의 터전인 학교조차도 자본과 시장의 논리에 잠식되어 서열화를 위한 평가에 열을 올리면서 경쟁을 부추기고 있다. 가장 순수해야 할 양육과 교육의 영역조차 일종의 사업처럼 취급되는 것이 우리의 현실이다.

그렇다면 우리는 배움의 과정조차 경제 논리와 이윤 추구의 대상으로 전락한 시대의 흐름을 거부할 용기가 있는가? "나눠진 복"에 따라 "즐거워하라"는 코헬렛의 행복 명령은 현대 그리스도인들에게 무차별적인 경쟁 사회 속에서 대항문화를 만들어가라는 사명을 전달한다. "**누가 지혜자들과 같은가?**"(전 8:1) 하고 코헬렛이 던진 질문의 답은 분명해졌다. 탐욕에 이끌리는 과잉의 추구를 멈추고, 타인을 경쟁자가 아닌 동료와 이웃으로 맞이하며, 먹고 살기에 적절한 수준의 노동으로 삶을 즐기는 사람이 지혜자다. 더 많은 이익을 남기고 더 많이 갖기 위해 돈에 종속되는, 노예적 삶을 거부하는 사람이 지혜로운 사람이다.

코헬렛이 묘사한 것처럼 정의로운 심판이 연기되고, 악과 억압이 번성하며, 의로운 자들이 악인으로 취급받는 세상에서 우리는 어떻게 기뻐할 수 있을까? 더군다나 기본 생존권 보장을 위한 노동의 기회조차 부여되지 않아 불안한 시대를 사는 우리 시대의 젊은이들에게 삶을 즐거워하라는 조언은 중산층 기득권자의 배부른 소리처럼 들릴지도 모른다.

이런 고민 앞에서 코헬렛이 해결하기 어려운 현실의 모든 문제에 일목요연하게 해결책을 제시하거나 정답을 알려주려 하지는 않았다는 사실을 인정하는 것이 중요하다. 그는 "부조리"(헤벨)로 가득한 세상을 향한 문제의식을 솔직하게 드러냈고 신중한 태도로 결론을 열어두었다. 그는 철학자다운 면모를 드러내며 처음 생각이나 특정한 명제에 고착되기를 거부한다. 문제를 끝까지 파헤치지만 구체적인 정답을 알려주지는 않는다. 그리고 오히려 자신이 마음을 다하고 지혜를 다해 하나님이 행하신 일들을 알고자 했어도 알아낼 수 없었다고 솔직하게 고백한다. 실제적인 해답을 섣불리 제시하기보다는 자신의 무지와 한계를 인정하는 코헬렛의 겸손한 태도가 우리에게 하나의 실마리가 될 수 있을 듯하다.

4장
이해할 수 없는 삶에서 부르는 기쁨의 노래
(전 8:16-9:10)

이 부분은 두 단락으로 구성된다(전 8:16-17/9:1-12). 코헬렛은 세상과 삶, 그리고 불공평의 문제를 좀 더 깊이 파헤치기 시작한다. 그는 알 수 없는 하나님의 지혜에 견주어 인간의 지혜가 얼마나 보잘것없고 취약한가를 생각하도록 독자를 밀어붙인다. 그리고 사람의 지혜와 그 한계 상황에서도, 또 수수께끼 같고 이해할 수 없는 삶의 현장에서조차도 삶의 기쁨을 누리라고 더 열렬하게 촉구한다.

1. 이해할 수 없는 하나님과 사람의 한계(전 8:16-17)

코헬렛은 중요한 관점 두 가지를 견지한다. 그는 우선 **인간의 지혜에는 한계가 있다**고 본다. 그리고 거기에 **인간은 하나님의 길을 발견할 수 없다**는 고백적인 선언이 뒤따른다. 앞서 살펴본 대로 이 두 가지 관점은 전도서의 중간 지점을 알리는 단락(전 6:10-12)에서 수사학적인 질문—"무엇이 좋은가?", "누가 알겠는가?"—을 통해 제기된 후 전도서 후반부의 저변에 깊게 드리워진다.

전도서 8:16-9:10에서 이 두 가지 관점은 단락 분할을 통해 뚜렷하게 드러난다. 일반적으로 전도서 8:16-17은 전도서 8장의 결론처럼 다루어진다. 하지만 전도서 전체의 수사적인 구조와 코헬렛의 언어 습관을 고려하면 새로운 단락의 시작이라고 보아야 한다. 그 근거를 살펴보면 첫째, 코헬렛은 줄곧 "헤벨" 판단과 함께 먹고 마시고 노동하는 단순한 일상의 "즐거움"을 병행시키는 방식으로 각종 담론을 마무리하는 수사적 전략을 택해왔다(전 2:24, 3:12, 22, 5:18; 8:15). 둘째, "내가 마음을 쏟았다"라는 1인칭 화법의 진술은 주로 새로운 문제 제기를 위해 사용된다(전 1:13; 2:12; 8:16).[1]

앞서 코헬렛은 먹고 마시며 노동을 통해 즐거워하는 삶을 촉구했다(전 8:14-15). 그리고 이제 다시 자신이 마음을 다해 지혜를 도구 삼아 알고자 한 것이 있다고 말한다(전 8:16a). 그리고 "땅 위에"(세상에서 [개역개정]) 살면서 밤이나 낮이나 자기 일로 잠 못 이루는 사람의 이야기를 꺼낸다(전 8:16b). 여기서 코헬렛은 사람이 일에 지나친 집착을 보이며 적절한 휴식을 취하지 못하는 것을 문제 삼는다. 그는 앞서도 평생 수고와 슬픔을 감당하며 밤에도 쉬지 못하는 인생과 그 삶의 허망함에 관해 말했다(전 2:23). 그리고 지금은 일 중독에서 헤어나지 못해

---

1   "내가 마음을 쏟았다"라는 표현은 앞서 다룬 주제를 보충하는 단락을 이끌기도 한다. 이런 관점에서 보면 "땅 위에"(전 8:14, 16)라는 말의 연속적인 등장은 전도서 8:16-17이 앞 단락과 유사한 주제로 연결된다는 근거가 될 수 있다. 하지만 전도서 8:16의 마지막 문장은 앞 단락과 전혀 다른 내용을 말함으로써 새로운 주제를 제시한다. 전도서 8:16의 마지막 문장을 여는 כִּי גַם(키 감)은 뒤따르는 문장의 내용이 일종의 삽입구처럼 기능한다는 사실을 보여준다(Longman, *The Book of Ecclesiastes*, 223).

불면증에 시달리는 사람의 고통에 주목한다. 코헬렛이 같은 주제에 관해 여러 차례 진지하게 문제를 제기하는 만큼 일에 대한 강박적 성향을 지닌 사람은 자신을 잘 돌아보아야 할 것이다.

　코헬렛은 자신이 하나님의 모든 일을 살펴보았다고 말하면서 사람과 하나님의 관계를 따져본다(전 8:17). 코헬렛은 "해 아래"에서 하나님이 행하셨던 "그 일"을 사람이 알려고 했지만 알 수 없었다고 말한다(전 3:11; 7:13-14). 그리고 그는 다시 "해 아래"에서 행해진 그 일들을 사람이 발견하려고 애썼지만 발견할 수 없었고, 또 지혜자가 안다고 하지만 찾을 수 없다고 말한다(전 8:17). 코헬렛은 "발견할 수 없다", "찾을 수 없다"는 말을 세 번이나 반복할 정도로 하나님의 일이 불가해함을 강조한다. 그는 인간의 역사와 창조세계에 나타난 하나님의 일을 살펴 그 인과관계를 깨우치려고 아무리 노력해도 그렇게 할 수 없음을 똑똑히 밝힌다. 세상 이치에 밝은 지혜자도 이 부분에서는 어쩔 수 없다.

　그는 솔직하다. 코헬렛처럼 모르는 것을 모른다고 말하며 자신의 한계를 인정할 줄 아는 사람이 지혜자다. 자기의 무지를 인정할 줄 아는 용기가 참 지혜다. 코헬렛은 노년기의 지혜 선생이었을 테지만 모든 것을 다 아는 것처럼 거만하게 말하지 않는다. 지혜자도 수수께끼 같은 하나님의 일을 도무지 알 재간이 없다고 말한다. 그의 태도는 시대의 간격을 뛰어넘어 정보와 지식의 홍수 시대를 사는 우리에게 조용한 파문을 일으킨다. 앎의 한계를 인정하는 코헬렛은 온갖 정보와 상품화된 지식을 누리는 오늘날의 독자들에게 앎의 본질이 무엇인지, 세상과 인간의 본질이 무엇인지 마음 열어 깊이 성찰하도록 인도하는 안내자이자 길잡이다.

코헬렛은 "해 아래"에서 일어난 일들, 곧 인간의 역사와 하나님의 행위 사이의 인과관계를 누구도 알 수 없다고 고백한다(전 8:16-17). 이 고백은 앞서 제시된 "누가 알겠는가? 누가 말해주겠는가?"(전 6:10-12) 하는 질문에 대한 답변인 셈이다. 이후로도 인간의 한계와 관련된 주제는 전도서 9-11장까지 이런저런 형식을 빌려 계속 이어진다. 코헬렛은 사람이 시공간의 한계 안에서 무엇이 지혜인가를 질문하고 깨닫도록 이끈다. 또한 그는 인간이 이해할 수 없는 수많은 일 뒤에 운명을 좌우하는 초월적 존재가 있음을 생각하게 한다.

그의 탐구는 초월적 존재에 대한 믿음을 바탕으로 한다. 숨 가쁘게 벌어지는 사건들 속에서 초월적 존재이신 하나님이 엮어가시는 운명과 역사를 인식하는 순간, 인간의 조악한 추론들은 모두 폐기될 수밖에 없다. 코헬렛은 사람의 이성으로 짜낸 체계로는 이해할 수 없는 영역을 인정함으로써 초월이 불가한 사람의 처지를 들추어낸다. 그는 인간이 한계에 갇힌 존재라는 사실을 철저하게 자각하도록 밀어붙인다. 실로 사람은 하나님에 의해 "미지"(עֹלָם[올람], 전 3:15)에 던져진 존재다. 사람은 자신이 짊어진 운명의 무게를 인정하고 받아들일 때야 비로소 오랜 세월 누적된 인간 중심적 독단에서 벗어날 수 있다.

2. 공동 운명체여, 즐거워하라(전 9:1-10)

코헬렛은 모순적인 세속의 일들을 판단하는 데 흔들림이 없다. 그는 철두철미하게 죽음과 현실의 문제를 사색한다. 그가 보기에 "모든 사람은 하나의 운명"(One fate for all)을 공유하는 공동 운명체다(전 9:1-6).[2] 이 주제는 새롭게 등장한 것처럼 보이지만 문맥에서 완전히 떨어진 것은 아니다. "땅 위에"(전 8:14, 16) 그리고 "해 아래"(전 9:3; 8:15, 17)의 한계에 갇힌 인류의 공동 운명에 관해 말하기 때문이다.

그가 말하는 공동 운명체의 본질은 모든 개인에게 차별 없이 닥쳐오는 죽음이다(전 2:14; 3:19-20). 죽음은 선한 사람이나 악한 사람, 또는 지혜로운 사람이나 어리석은 사람에게 차별 없이 동등하게 갑작스러운 손님처럼 찾아온다. 죽음 앞에서 모든 인간은 차이가 없다. 이것은 위로일까? 코헬렛은 서로 다른 모든 것들이 똑같은 운명, 곧 죽음이라는 하나의 질서에 복종한다는 사실을 강조한다.

코헬렛이 마음을 쏟아 자세히 살핀 것이 있다. 의인이나 지혜자들의 행위가 모두 하나님의 손안에 있다는 사실, 또 그들의 앞일을 아는 사람은 아무도 없다는 사실이다. 그리하여 그는 사람이 사랑이든 미움이든 어느 것도 알 수 없다고 말한다(전 9:1). 앞서 "해 아래"에서 하나님이 행하신 일들을 사람이 전부 알 수 없다고 말한 그는(전 8:16-17), 더 명료하게 인간의 무지와 한계에 관한 생각을 펼쳐놓는다. 도무지 설명되지 않는 불행이 의인에게 닥치는 것처럼(전 8:14), 사람은 예기치 않은 온갖 일에 무방비 상태로 노출되어 있다. 모든 존재의 핵심에는

---

2   전도서 9:1의 첫 단어인 כִּי(키)는 일반적으로 접속사로 쓰인다. 하지만 여기서는 새로운 단락의 시작을 강조하거나 새로운 주장의 등장을 알리는 서론적인 한정사로 기능한다고 보아야 한다. 물론 이후의 내용이 앞 단락과 완전히 분리되는 것은 아니다. 오히려 주제를 심화한다고 볼 수 있는데, 그 이유는 코헬렛이 "해 아래"라는 말을 여러 차례 반복하며 다루는 문제들이 이전부터 다루어온 주제와 완전히 별개는 아니기 때문이다.

불확실성이 자리 잡고 있다는 말이다. 삶은 경험과 축적된 지식을 통해 예측하는 대로 흘러가지 않는다. 세상일이 언제나 공평하게 도덕적인 질서에 의해 결정되는 것도 아니다. 오늘날 사람들은 정확한 확률적 통계와 예측을 기반으로 개인과 사회의 미래를 준비해가려고 한다. 하지만 개인의 운명과 역사의 흐름은 언제나 불확실성 위에 놓여 있다.

그러나 모든 사람이 거부할 수 없는 확실한 한 가지 사실이 있다. 모든 사람이 죽는다. 인류는 죽음이라는 공동의 운명을 공유한다(전 2:14). 코헬렛은 모두가 같은 운명을 타고났다고 말한다. 의인이나 악인이나, 착한 사람이나 강도나, 깨끗한 자나 더러운 자나, 예배를 드리는 자나 드리지 않는 자나, 맹세하는 자나 맹세하지 못하는 자나 모두 똑같다(전 9:2). 인류만이 아니라 하나님이 지으신 피조물이 모두 같은 운명이다. 코헬렛이 노래한 것처럼 세상살이에 양극의 질서가 존재하듯(전 3:2-8), 양극의 삶을 오가는 공동 운명체의 본질은 한 사람의 인격이나 삶의 양식과 무관하게 적용된다.

모든 사람에게 닥치는 종말, 곧 죽음은 일상의 질서정연한 평화를 뭉개고 침투해 들어온다. 신앙적인 삶과 세속적인 삶, 정결함과 부정함의 구별도 죽음 앞에서는 별 의미가 없다. 죽음이 결정적으로 삶의 모든 구별을 전복시키기 때문이다. 죽음만이 지상에 존재하는 모든 차이와 구별을 기꺼이 하나로 끌어안는다. 그러므로 죽음은 모든 삶을 평등하게 만드는 수평 장치가 된다.

하지만 그 누가 죽음을 기꺼이 받아들이겠는가? 죽음을 환영할 사람은 아무도 없을 것이다. 그러니 코헬렛의 말이 조금 당혹스럽게 들린다. 전통적으로 구약성경은 지혜와 정의의 관점에서 하나님이 선과 악을 구별하는 분이시라고 말한다. 이에 비해 악인이나 의인이나 모두가 하나의 공동 운명체라는 말은 듣기 거북하다. 그런데 본문을 자세히 살펴보면 코헬렛 자신도 이런 사실을 불편하게 느낀 듯하다. 모두가 같은 운명이라는 사실이 해 아래서 행해지는 모든 것 중에서 "악하다"(רַע, 전 9:3a)고 말하기 때문이다. 한마디로 "코헬렛에게 죽음의 보편성(the universality of death)은 악이다."[3] 세상에서 벌어지는 모든 것 중에 불편하고 불쾌한 일이 바로 차별 없는 죽음이다.

그러면 코헬렛이 느끼는 불편함의 정체는 무엇인가? 단지 인류가 구별 없는 죽음의 운명에 공동으로 던져진 것에 대한 실망인가? 아니다. 오히려 그는 사람 자체가 안고 있는 문제에 초점을 맞춘다. 그가보기에 사람의 마음에는 악이 가득하여 평생 광기를 품고 있다가 결국죽은 자들에게 돌아간다(전 9:3b). 오래전 인류는 이미 죽음을 모면할수 없을 만큼 생각하는 모든 계획이 항상 악하다는 평가를 받았다. 하나님은 인간의 악함을 보고 한탄하고 근심하셨다(창 6:5). 예레미야도만물보다 거짓되고 심히 부패한 것이 사람의 마음이라고 탄식했다(렘 17:9). 같은 맥락에서 코헬렛이 죽음을 매개로 하는 공동 운명체를 말하는 것은 "타락에 대한 깊은 성찰"(a meditation on the fall)을[4] 요청하는마음의 표현이다.

이후 코헬렛은 삶보다 죽음을 드높였던 진술을 번복하며 살아 있음의 가치를 옹호한다. 그는 "살아 있는 사람은 누구나 희망이 있다. 살

---

3   Bartholomew, *Ecclesiastes*, 302.

4   Duane A. Garrett, *Proverbs, Ecclesiastes, Song of Songs*, NAC(Nashville: Broadman, 1993), 331.

아 있는 개가 죽은 사자보다 낫다"(전 9:4)고 말한다. 우리말에서는 가치 없는 죽음을 비유적으로 이를 때 "개죽음"이라고 표현한다. 반면 사자는 타고난 힘과 위용 때문에 동물의 왕이라고 불린다. 그러나 힘과 위용을 자랑할 수 있는 것도 살아 있을 때나 가능한 일이다. 죽으면 끝이다. 그래서 코헬렛은 살아 있는 개와 죽은 사자의 비유라는 익살맞은 방식으로 살아 있음의 가치를 옹호한다.

하지만 우리는 코헬렛이 죽음을 삶보다 열등하게 생각하지 않았다는 사실을 기억해야 한다. 앞서 그는 살아 있는 자보다 죽은 지 오래된 자, 아직 출생하지 않은 자가 복되다고까지 말했다(전 4:2-3). 그 이유는 태어나지 않은 사람은 세상의 온갖 학대를 보지 않아도 되기 때문이었다(전 4:2-3; 6:1-6).

성급한 독자는 코헬렛이 일관성 없이 계속해서 말을 바꾼다고 비난할지도 모르겠다. 하지만 코헬렛은 자신의 설 자리를 찾아 이익을 챙기기 위해 양쪽 모두를 비난하는 치사한 양비론자가 아니다. 일관성이 없다는 평가도 그에게 어울리지 않는다. 오히려 모순처럼 보이거나 대립하는 것을 늘어놓는 말하기 방식은 코헬렛의 **치우침 없는 사고**를 반영한다. 어떤 것에 대해 "이것"이다 말하는 순간 "저것"으로 드러나는 경우가 많으니 코헬렛은 어떤 상황에서도 **양방향의 현상들을 동등하게** 바라보자고 제안하는 것이다. 그가 모순적인 것이 아니라 그가 관찰한 세상 자체가 모순으로 가득하다. 그는 인류에게 나타날 수 있는 온갖 양극적인 삶의 현상들을 유심히 살펴본 당대의 지식인이었다(전 3:1-8).

그런 그가 이제 다시 살아 있음의 가치와 희망을 좀 더 구체적으로 말하기 시작한다.

> 살아 있는 자는 그들이 죽을 것을 알지만,
> 죽은 자들은 아무것도 알지 못한다.
> 그들은 이제 보상도 받지 못할 것이니,
> 그들에 대한 기억이 잊힐 것이기 때문이다(전 9:5).

"살아 있음"이 희망이다. 이에 대해 코헬렛이 제시하는 이유가 기막히다. 살아 있는 자는 죽을 것을 알기 때문이라니! 반면 죽은 사람에게는 어떤 "보상"(שָׂכָר[사카르])도 없다. 코헬렛이 말하는 "보상"(전 9:5)은 노동자나 종의 임금처럼 물질적인 대가를 일컫는다. 죽은 자들은 작은 것도 무엇 하나 차지할 수 없다. 어디 그뿐인가? 죽은 자들에 대한 기억도 사라지고 만다(전 1:11; 2:16).

더 나아가 코헬렛은 죽은 자들에게는 사랑, 미움, 질투도 없을뿐더러 해 아래 그 어떤 몫도 영원히 돌아가지 않는다고 말한다(전 9:6). 이는 코헬렛이 전도서 9:1에서 사랑과 미움의 감정마저도 하나님의 손안에 있다고 했던 말과 연결되어 하나의 의미 단락을 형성하는 내용이다. 절절한 사랑도, 숨이 넘어갈 것처럼 불타올랐던 미움과 질투의 감정도 살아 있는 동안만 이어진다. 죽음은 살아 있는 자로부터 모든 것을 철저하게 분리시킨다. 죽음은 땅 위의 사람들이 경험하는 그 어떤 것도 허용하지 않는다.

따라서 죽음을 향해 가는 공동 운명체인 인류에게 살아 있음의 가치를 각인시키는 결정적 한마디는 또다시 "삶의 기쁨"이다. 코헬렛은 어김없이 "삶을 즐거워하라"고 명령한다(전 9:7-10). 그런데 이번에는 그동안 줄곧 사용했던 간접 명령형의 권고가 아니라 "당신"을 부르는 직접 명령형을 사용한다. 이때 코헬렛이 즐겨 사용하던 "먹다", "마시다", "즐거워하다" 등의 전형적인 어휘가 반복해서 등장한다(전 2:24; 3:12-13; 5:18; 8:15). 적극적인 직접 명령으로 "가라", "먹어라", "마셔라", "즐거워하라"고 권하는 그의 말에서 긴박감마저 느껴진다.

> 7너는 가서 기쁨으로 네 음식을 먹어라.
> 즐거운 마음으로 네 포도주를 마셔라.
> 이는 하나님이 네가 하는 일들을 이미 기쁘게 받으셨음이라.
> 8네 의복을 항상 희게 하며
> 네 머리에 향기름을 항상 바르라.
> 9네가 사랑하는 아내와 함께 삶을 즐거워하라.
> 해 아래 하나님이 네게 주신 모든 덧없는 날들을,
> 모든 너의 덧없는 날들을,
> 이는 너의 사는 날 동안 해 아래서 수고하고 얻은 네 몫이라.
> 10네 손으로 어떤 일을 찾든지
> 네 힘을 다하라.
> 네가 가게 될 무덤[스올]에는
> 일도, 계획도, 지식도, 지혜도 없다(전 9:7-10).

코헬렛은 기쁜 마음으로 음식을 먹고 포도주를 마시라고 권한다. 하나님이 우리를 좋게 보신다(전 9:7)는 말에 좀 어리둥절해진다. 흰옷을 입고, 머리에 기름을 바르고, 모든 짧은 날을 사랑하는 아내와 즐기라는 명령은 구체적이다. 이는 삶을 잔치나 축제처럼 "항상" 누리고 즐기라는 뜻이 아닌가? 이런 권면은 경건과는 거리가 멀게 느껴지기도 한다.

오그덴은 이 부분에서 즐거움을 명령법의 권위에 연결시킨 충격적인 문학적 특징이 드러난다고 말한다.[5] 지금까지 코헬렛은 "~은 ~보다 좋다"라는 비교 잠언 양식을 즐겨 사용하며 선택을 권고했지만 여기서는 직접 명령법을 사용한다. 이는 이른바 "카르페 디엠"(오늘을 잡으라)을 촉구하는 "기쁨의 권고 문장" 중 가장 강력한 표현에 해당한다. 이처럼 먹고 마시며 삶을 즐기라는 명령으로 현재의 행복을 적극적으로 권하는 구절은 구약성경의 다른 어느 부분에서도 찾아볼 수 없다.

현재의 삶을 기뻐하고 즐거워하라는 문맥에서 이어진 "기름을 바르라"는 명령은 구약의 배경에서 특별한 표현 중 하나다. 고대 이스라엘의 시인은 "주님께서 내 머리에 기름을 바르시며, 내 잔이 넘치도록 채우십니다"(시 23:5), 혹은 "하나님이 기쁨의 향유를 부으셨습니다"(시 45:7)라고 노래했다. 즉 기름과 향유는 하나님이 주시는 복과 기쁨을 표현하는 은유로 사용된다. 또한 구약성경에서 흰옷과 향기름은 축제와 즐거움의 맥락에서 발견된다. 따라서 흰옷을 입고 머리에 기름을 바르며 음식을 먹고 포도주를 마시라는 것은 날마다 축제의 삶을 살라는 요청이다. 코헬렛은 수고의 보상을 맛볼 수 없는 죽음의 상황(전 9:5-6)이 닥치기 전에 누릴 수 있는 행복을 맘껏 누리라고 명령한다.

---

5   Ogden, *Qoheleth*, 151.

일상의 삶을 축제의 삶으로 바꾸라는 명령의 근거는 해 아래서 수고하고 노동하는 삶에서 얻은 "몫"(전 9:9c)이 바로 그것이기 때문이다(전 2:10; 3:22; 5:18). 여기서 코헬렛은 "노동 신학"(a theology of work)의 핵심을 말하는 셈이다.[6] 그는 살아 있음과 함께 노동을 축복으로 본다. 노동과 삶의 즐거움은 분리되지 않는다. 구약성경에서 사람은 본래 창조의 시점부터 일하도록 부름을 받았다(창 1:27-28; 2:20).

여기서 코헬렛이 어떤 노동을 지향하는지가 분명해진다. 그것은 유달리 위대해 보이지 않더라도 안 하면 안 되는, 일상의 기쁨을 위한 노동이다. 더 많은 축적을 위한 과잉의 수고가 아니라 나눠 받은 "몫", 영원하지 않은 몫을 축제처럼 즐길 수 있게 하는 노동이다. 이는 생산성과 효율의 극대화를 목표하는 노동, 인간을 소외시키고 휴식을 빼앗는 노예적인 노동과는 거리가 멀다.

축제와 같은 삶으로의 초청은 기본적으로 삶이 곧 선물이라고 보는 코헬렛의 생각에 근거한다. 하지만 노동이 삶의 기쁨과 어우러져야 하는 이유는 더 있다. 죽음 때문이다. 죽음은 즐거운 이야깃거리가 아니다. 하지만 코헬렛은 결코 죽음을 삶에서 떼어내는 법이 없다.

네 손이 일을 얻는 대로 힘을 다해 할지어다.
네가 장차 들어갈 스올에는 일도 없고 계획도 없고
지식도 없고 지혜도 없음이라(전 9:10[개역개정]).

---

6   Fredericks, *Ecclesiastes*, 210.

이 구절은 죽은 자들은 아무것도 모르며 보상을 받지 못하고 잊힌다는 말씀과 일맥상통한다(전 9:5). 시편과 지혜 문헌에서 자주 발견되는 "스올"(שְׁאוֹל)은 사람이 죽은 이후에 가게 되는 "죽은 자들의 거처", "지하 세계"를 가리킨다(창 37:35). 또한 스올은 "구덩이", "지옥", "무덤", "잊힌 땅", "어둠의 세계"(시 88:11-12, 3-4) 등의 다양한 의미를 지닌다.[7] 스올을 거론하는 코헬렛의 강조점은 분명하다. 사람이 죽음 이후에 가게 될 세계는 무덤뿐이다. 그곳은 무엇을 하고 싶어도 아무것도 할 수 없는 컴컴한 세계다. 스올로 표현되는 죽음은 "해 아래" 혹은 "땅 위에" 사는 인류에게 제한된 삶의 현실을 인식하게 해주는 중요한 근거다.

그러므로 코헬렛은 죽은 자들의 세계에 들어가기 전에 먹고 마시며, 노동하고 즐거워하며 축제의 삶을 살아가라고 열렬하게 촉구한다. 삶의 기쁨을 권하면서 삶과 죽음이라는 양극의 사태를 논하는 것, 이는 코헬렛만의 독특한 수사법이다. 그는 대립적인 문제를 둘로 갈라놓지 않고 하나로 묶는다. 죽음과 생명, "헤벨"과 즐거움, 눈물과 웃음, 사랑과 미움이 동시에 다루어지면서도 어느 것 하나 소외되지 않는다. 하지만 그는 삶의 수수께끼 같은 일과 부조리를 하나하나 짚어가며 분석하는 데 목적을 두지도 않는다. 인간의 현실 경험은 합리적 판단과 논리적 추론을 통해 기술적으로 처리할 수 있는 일이 아니기 때문이다.

철학자 하이데거(Martin Heidegger, 1889-1976)의 "죽음의 철학"을 논하지 않아도 충분하다. 지혜 선생으로서 코헬렛은 하이데거보다 더

---

7   *TWOT*, 2303c; *NIDOTTE*, #8619.

오래전에 죽음의 의미와 삶의 환희를 탐구했다. 그가 볼 때 죽음은 순간의 사건이지만 살아 있음은 지속되는 사건이다. 매일 아침 햇살을 새로이 보내시며 새로운 시간을 허락하시는 분이 계시다. 그분으로 인해 사람은 일하고 먹고 마시는 단순한 일상을 반복할 수 있다. 해 아래 모든 인류는 공평하게 베풀어지는 "하루"라는 선물을 매일 받는다. 이는 창조세계를 돌보시는 분의 손길이 멈추지 않는다는 증거다. 따라서 우리의 반복되는 일상은 얼마든지 위대해질 수 있다.

코헬렛은 이스라엘의 언약 전통 가운데 면면히 흐르는 구속 역사를 구체적으로 말하지는 않지만, 창조세계의 반복되는 질서와 리듬에 맞추어 기쁘게 살아가도록 우리를 이끈다. 기쁨으로의 부름, 그 긴박한 요청은 그의 시대에서 끝나지 않았다. 선명한 죽음을 배경으로 삶의 기쁨을 논했던 코헬렛의 역설은 모든 시대를 통과하여 신약 시대까지 이르렀고, 사도 바울의 요청을 통해 성도의 마땅한 태도로 각인되었다.

주 안에서 항상 기뻐하라.
내가 다시 말하노니 기뻐하라(빌 4:4[개역개정]).

5장
지혜와 어리석음의 긴장 사이에서
발견하는 하나님의 신비

(전 9:11-11:6)

삶의 기쁨을 열렬히 촉구하는 코헬렛, 그에게 지혜로운 삶이란 무엇인가? 그는 이미 덧없고 부조리한 세상을 살아가는 인류를 위한 대안으로 기쁨의 명령을 제시했다. 하지만 그는 지혜와 어리석음을 비교하며 삶의 문제를 찬찬히 들여다본다. 저 세상이 아닌 이 세상의 일들, 곧 시간과 공간의 제약을 받는 인간의 한계상황을 인정하고 사람이 이해할 수 없는 신비의 영역을 인식하는 곳에서 인간 중심적 사고의 혁파가 일어난다. 코헬렛은 그것이 곧 지혜라고 일깨운다.

코헬렛이 볼 때 삶은 예측할 수 없는 것들로 가득하다. 그는 사람의 기대를 저버리는 삶의 반전을 흥미롭고 익살스럽게 묘사한다. 그는 사람들이 말하기 꺼리는 죽음을 논하는 순간에도 말놀이를 즐긴다. 그런 언어 감각은 삶과 죽음의 본질을 꿰뚫어 보는 사람에게만 허락된다. 삶의 반전이 예측 불가능한 사태 속에서 벌어지듯 죽음도 예측하지 못한 순간에 찾아온다. 그런데 코헬렛은 삶의 예측 불가능성을 절망이 아니라 위로와 희망으로 생각한다. 그리하여 그는 예측 불가능한 인생(전 9:11-18), 지혜의 불확실성(전 10:1-20), 지혜와 어리석음 사이의 긴장

속에서 누구도 알 수 없는 미래(전 11:1-6)에 관해 단순하고 담담한 어조로 기록한다.

1. 예측 불가능한 삶과 숨겨진 함정의 질서(전 9:11-12)

코헬렛은 새로운 화두를 꺼낼 때마다 "내가 해 아래서 되돌아보았다"라거나 "내가 보았다"라고 말하는 습관이 있다(전 1:12, 16; 4:1, 4; 5:18; 6:1; 7:15; 8:9; 9:1, 11, 13; 10:5). 그런 이유에서 코헬렛을 "바라봄의 철학자"라고 불러도 좋을 듯하다. 코헬렛은 섬세한 관찰을 통해 다양한 담론의 소재들을 발견한다.

　　전도서의 후반부에 이르러 코헬렛이 꺼내 드는 이야깃거리들은 삶의 반전과 관계된다. 그가 말하는 삶의 반전이란 예측 불가능성의 다른 표현이다. 앞서 그는 일 혹은 사건이 일어나는 알맞은 때, 꼭 일어날 수밖에 없는 상반된 양극의 때를 정갈한 시로 읊조렸다(전 3:1-8). 그와 마찬가지로 인생의 반전은 언제나 존재한다. 계절의 변화가 때에 맞추어 질서정연하게 오가는 것을 반복하듯이 인생에는 알맞은 때가 있다. 역사적인 사건도 마찬가지다. 하지만 사람은 하나님의 일을 처음부터 끝까지 알 수 없는 태생적 한계를 지닌 존재다(전 3:11). 그런 까닭에 사람은 예측 불가능한 예외성과 모순적인 현실의 사태 앞에서 놀라곤 한다. 이를 풍자적으로 묘사한 코헬렛의 말을 들어보라.

　　나는 해 아래서 되돌아보았다.

빠른 자가 경기에서 이기는 것이 아니며,

전쟁의 용사들이라고 이기는 것도 아니고,

더군다나 지혜로운 자들이라고 빵을 더 얻는 것이 아니며,

지각 있는 자들이라고 부를 얻는 것도 아니며,

지식 있는 자들이라고 은총을 얻는 것도 아니다.

실로 때와 기회는 모든 이들과 만나기 마련이다(전 9:11).

얼핏 모순처럼 보이거나 예측을 빗나가는 예외성에 관한 묘사가 흥미롭다. 처음에 다룬 "빠른 자"와 "용사들"의 이야기는 민첩성과 힘 등 신체적인 조건에 관련된다. 나머지 세 부류―"지혜로운 자들", "지각 있는 자들", "지식 있는 자들"―는 마음 또는 심장과 관련된다. 그런데 여기서 "더군다나"로 번역한 한정 접속사 "감"(ㅁ;)은 부정어 "로"(אֹב) 앞에서 세 번이나 사용되며 신체적인 조건보다 지혜와 관련된 마음의 문제를 더 강조하는 역할을 한다. 사람들은 통념상 민첩성을 가진 사람이 달리기에서 이기고, 훈련을 받은 용사들이 전쟁에서 승리할 것으로 예측한다. 하지만 꼭 그렇지만은 않다. 통념과 상투성을 넘어서는 일들이 느닷없이 발생할 수 있다. 코헬렛은 누구나 그럴 것이라고 생각하는 지점에서 또 다른 사건이 발생하는 예외성과 반전 가능성에 관심을 둔다.

사람들은 사회적인 통념이나 보편적인 규칙에서 벗어난 예외적인 상황에 좀처럼 관심을 두지 않는다. 그러다가도 상투성을 벗어난, 예상치 못했던 사건이나 모순된 순간이 항상 비극적인 것만은 아니라는 사실에 눈을 뜨곤 한다. 예컨대 인과적인 범주와 예측을 빗나간 우

연한 사건이 공정하고 정의로운 힘을 발휘할 때도 있지 않은가? 사람들의 합의된 가치에 갑자기 발생하는 균열, 그것은 인간의 경험과 능력이 닿지 않는 무엇인가를 가리킨다. 그것은 "미지" 곧 "영원"(전 3:11)의 영역에 속한다. 지혜로운 자들은 이런 사실을 마음에 간직한다.

> 전쟁을 대비하여 군마를 준비해도,
> 승리는 오직 주님께 달려 있다(잠 21:31[새번역]).

사실 구약성경에는 사회 통념을 벗어난 사건들이 상당수 기록되어 있다. 예컨대 다윗과 골리앗의 싸움은 잘 알려진 이야기 중 하나다(삼상 17장). 예언자 아모스도 코헬렛 못지않은 재치로 예외적인 하나님의 섭리에 관해 말했다.

> [14]빨리 달음질하는 자도 도망할 수 없으며,
> 강한 자도 자기 힘을 낼 수 없으며,
> 용사도 자기 목숨을 구할 수 없으며,
> [15]활을 가진 자도 설 수 없으며,
> 발이 빠른 자도 피할 수 없으며,
> 말 타는 자도 자기 목숨을 구할 수 없고,
> [16]용사 가운데 그 마음이 굳센 자도
> 그날에는 벌거벗고 도망하리라(암 2:14-16[개역개정]).

인간의 빛나는 지성으로도 설명할 수 없는, 예측 불가능한 사태는 언제나 존재한다. 그래서 코헬렛은 인간이 통제할 수 없는 시간, 하나님의 주권적인 손에 의해서만 결정되는 시간, 하나님만이 아시는 고유하고 적합한 "때"에 관해 생각한다. 그것은 양극의 순간으로 존재하기 일쑤다(전 3:1-8). "때와 기회"(עֵת וָפֶגַע [에트 바페가], 시기와 기회[개역개정], 때와 재난[새번역])는[1] 모두에게 닥쳐오기 마련이다(전 9:11). 그리고 사람은 자기의 "때"(시기[개역개정])를 알지 못한다(전 9:12). 하나님은 때를 따라 모든 것을 아름답게 만드셨지만 사람에게는 "영원" 곧 "미지"를 주셨기 때문이다(전 3:11).

그래서 코헬렛은 갑작스럽게 불행한 순간이 누구에게나 무차별적으로 닥칠 수 있다는 가능성을 배제하지 않는다. 그는 마치 물고기가 그물에 걸리고 새들이 덫에 걸리는 것처럼 사람도 갑자기 닥쳐오는 "비참한 때"(עֵת רָעָה [에트 라아])를 알지 못한다고 말한다(전 9:12). 언제 어떻게 고통스러운 시간이 사람에게 닥칠지 모른다.

코헬렛은 세상 모든 것의 운명과 역사의 불확실성을 철두철미하게 사색했다. 그래서 그는 인간의 삶에는 예측할 수 없는 긍정과 부정의 양극의 시간대가 존재한다고 말한다(전 3:1-8). 인간의 모든 역사에는 숨겨진 함정의 질서가 있다. 누구도 이 불확실성의 늪을 빠져나갈 고정된 수단을 갖고 있지 않다. 이런 불확실성을 인식하고 인정하는 것

---

1   새번역 성경은 וָפֶגַע עֵת를 "불행한 때와 재난"으로 번역하면서 히브리어 본문에 없는 형용사를 덧붙였다. 아마도 전도서 9:12의 문맥을 고려한 번역일 테다. "기회"로 번역한 פֶגַע(페가)는 다른 성경에서 잘 사용하지 않는 매우 희귀한 단어다. 다른 본문에서는 동사로 사용되어 "만나다"(meet), "조우하다"(encounter), "공격하다"(attack) 등을 뜻한다. 전도에서만 유일하게 남성 명사로 사용되어 "기회"(chance), 또는 "일"이나 "발생"(occurrence)을 뜻하는 명사로 사용되었다.

이 지혜로운 삶의 출발점이다. 코헬렛이 말하는 지혜는 인간 중심적인 생각을 해체하는 곳에서 열리기 시작한다.

2. 불확실성이 가하는 충격
: 슬기로운 한 남자의 에피소드(전 9:13-18)

삶은 우리에게 가끔 충격을 가한다. 예상하지 못한 사건들은 충격을 일으킨다. 전도서 9:13-18에서 코헬렛은 지혜자의 지혜로운 행동이 그 진가를 인정받지 못하는 경우에 관해 이야기한다. 사람들은 보통 지혜가 힘을 발휘하고 유익을 가져올 것으로 예측한다. 하지만 코헬렛은 작은 어리석음이 지혜의 힘을 파괴하는 것을 지켜봤다. 그리고 해 아래서 관찰한 짧은 이야기 하나를 들려준다.

> [14]어떤 작은 성에 적은 수의 사람들이 살고 있었다. 그런데 한번은 어떤 강한 왕이 공격하여 그 도성을 공격하고, 그 도성을 포위하고, 거대한 공격용 탑을 설치했다. [15]그러나 그 작은 성에는 가난하지만 지혜로운 사람이 있었다. 그리고 그 지혜자는 그의 지혜로 그 성을 구원했다. 그러나 그 누구도 그 가난한 사람을 기억하지 않았다(전 9:14-15).

이 일화는 가난하지만 지혜로운 사람의 이야기를 전해준다. "작다", "적다" 및 "강하다", "거대하다"라는 형용사가 대조를 이루며 흥미를 유발한다. 가난하지만 지혜로운 한 사람이, 온갖 무기를 동원해서 공격을 퍼붓는 강력한 왕에게서 도시를 구해냈다. 그러나 안타깝게도 그의 지혜는 제대로 인정받거나 보상받지 못한다. 심지어 그는 사람들의 기억에서도 점점 잊혀간다. 코헬렛은 이 짧은 이야기에 경구 한마디로 해설을 덧붙인다. 그가 보기에 지혜는 힘보다 강하지만 항상 인정받는 것은 아니다.

> …지혜가 힘보다 좋으나
> 가난한 자의 지혜가 멸시를 받고
> 그의 말들을 사람들이 듣지 않는다(전 9:16[개역개정]).

코헬렛은 무언가 희망적이고 긍정적인 내용을 기대했을 독자들의 마음에 찬물을 끼얹는다. 사실 인생은 우리가 기대하는 것만큼 호락호락하지 않다. 물론 때로 예측하지 못한 사건과 만남이 끼어들어 삶에 환희를 선사하기도 한다. 하지만 삶은 어쩌자고 사람의 기대를 그렇게 자주 배신하는가? 독자는 성읍을 구할 정도의 지혜를 가진 가난한 사람이 끝까지 승승장구할 것을 기대한다. 하지만 그는 사람들에게서 잊히고 만다. 기대했던 선한 결과는 찾아볼 수 없다. 행위대로 거둬들인다는 보편적이면서도 합리적인 "보응"의 원리에 균열이 발생한다.

주류 지혜 전통을 대표하는 잠언은 지혜 있는 자는 강하고 지식을 가진 자는 힘이 있다고 말한다(잠 2:5). 하지만 코헬렛은 전통적인 지혜 신학의 기대에서 벗어나는 현상들을 관찰했다. 그는 지혜 전통에서 흔히 말하는, 행위와 결과에 따른 적절한 보응이라는 관점을 뒤집어버리는 상황들을 무심히 지나치지 않았다. 그의 눈에는 지혜가 가져올 유익과 기대를 꺾는 반전의 순간이 포착되었다. 그런 순간은 한마디로 지혜의 역설이며 "보응의 역설"(retributive paradox)이다.[2] 코헬렛이 말한 일화는 지혜의 기획을 뒤엎을 수 있는 삶의 순간이 언제든 닥칠 수 있음을 마음에 새기라는 말과 다르지 않다.

그래서 코헬렛은 지혜의 우월성을 말하면서도 그 한계 역시 여전함을 밝힐 수밖에 없다(전 9:17-18). 그는 지혜자들의 조용한 말이 어리석은 자 중에 있는 통치자들의 호령보다 더 잘 들린다고 말한다(전 9:17). 누구도 지혜의 우월성을 약화시킬 수는 없다. 그러나 언제든 틈이 생기면서 예측하지 못한 어떤 것이 끼어들 수 있다. "지혜"와 "착함"을 동의적인 개념으로 여겼던 전통적인 가치를 뒤집는 코헬렛의 가르침은 계속 이어진다.

지혜는 전쟁 무기보다 좋다.
그러나 죄인 한 사람이 많은 선을 무너지게 한다(전 9:18).

코헬렛은 죄인 한 사람의 파괴적인 힘과 많은 선을 대비시킨다. 이로써 그는 "착함"의 무력함을 꼬집는다. 지혜를 무력하게 하는 죄의 존재는 긴장을 불러일으킨다. 고대의 지혜자들, 특히 잠언의 지혜자는 죄와 어리석음을, 지혜와 의로움을 하나의 개념처럼 묶어 사망과 생명의 길을 제시하며 무엇을 선택해야 하는지 교훈했다. 그러나 코헬렛은

---

2   이 표현은 Jerry A. Gladson, "Retributive paradox in Prov. 10-29," PhD. diss., Vanderbilt University, 1978; Bartholomew, *Ecclesiastes*, 315에서 재인용했다.

지혜의 유익을 말하면서도 죄인 앞에서 맥없이 무너지는 "착함"의 허약성을 주지시킨다.

우리는 살아가면서 어리석음이 지혜를 무너뜨리는 일을 겪게 된다. 일반적으로 사람들은 지혜롭고 착하고 의로운 행위가 삶을 좀 더 살맛 나게 한다고 믿는다. 하지만 현실은 그런 기대를 번번이 저버리기 일쑤다. 지나간 역사와 지금 우리의 현실을 들여다보면 지도자의 작은 어리석음이 엄청난 후폭풍을 몰고 올 수 있다는 사실을 알게 된다.

조선 중기의 유명한 성리학자였던 율곡 이이(李珥, 1536-1584)는 문란한 지도자의 유형을 폭군(暴君), 혼군(昏君), 용군(庸君)의 세 가지로 구분했다. 이 중 "혼군"은 사리에 어둡고 어리석은 왕을 가리킨다. 혼군은 총명하지 못해 충신들을 배척하고 간신배들의 말에 귀를 기울인다. 간신배들은 권력을 사유화하고 사리사욕을 채우는 데 급급하여 민중을 도탄에 빠뜨린다.

코헬렛은 이이보다 더 오래전에 어리석음의 파괴적인 힘에 주목했다. 그리고 지혜와 어리석음의 관계에서 발생하는 균열과 틈, 그리고 그 긴장 관계에 관심을 두었다. 코헬렛은 이제 지혜와 어리석음이 보여주는 관계의 다른 측면들을 좀 더 구체화하며 우리에게 말을 걸어온다(전 10:1-20).

3. 지혜의 불확실성(전 10:1-20)

(1) 지혜와 어리석음의 긴장 관계(전 10:1-4)

코헬렛은 9:17-18에서 다루었던 지혜와 어리석음의 긴장 관계를 좀
더 깊이 들여다본다. 한 사람의 죄인이 많은 선을 무력화시킨 것처럼
(전 9:18), 어리석음의 힘은 지혜와 대비를 이룬다. 코헬렛은 이를 다음
과 같이 묘사한다.

> 죽은 파리들이 향기름을 악취가 나게 만드는 것 같이
> 적은 우매가 지혜와 존귀를 난처하게 만드느니라(전 10:1[개역개정]).

코헬렛은 죽은 파리와 향수에 빗대어 지혜와 영광을 쓸모없는 것
으로 만들어버리는 어리석음의 위력을 지목한다. 절망적인 묘사다. 그
러나 이는 양단을 모두 아우르는 코헬렛의 말하기 방식이다. 그는 지
혜의 탁월성을 찬양하면서도 현실 세계에서 어리석음이나 죄가 보이
는 영향력을 가벼이 취급하지 않는다. 그는 지혜와 어리석음에 관해 대
중화된 생각에 틈을 만들고 비집고 들어가 지혜에 대한 낙관적 전망을
전복시킨다.

곧이어 코헬렛은 지혜자의 마음과 어리석은 자의 마음의 방향에
관해 말한다(전 10:2-3). 지혜자와 어리석은 자는 각기 서로 다른 방향
으로 향한다.

지혜자의 마음은 그의 오른쪽에 있고,

우매자의 마음은 왼쪽에 있느니라(전 10:2[개역개정]).

지혜로운 사람의 마음은 옳은 일 쪽으로 기울고,

어리석은 자의 마음은 그릇된 일 쪽으로 기운다(전 10:2[새번역]).

주류 전통 지혜를 대표하는 잠언은 삶의 방향이 두 갈래 길—의 인의 길과 악인의 길, 생명의 길과 죽음의 길—로 나뉜다고 소개한다 (잠 4:10-19). 성경에서 오른쪽과 왼쪽은 종종 옳음과 그름이라는 윤리적 의미를 함축한다.[3] 하지만 코헬렛은 윤리적인 함의를 담아 오른쪽과 왼쪽을 구분한다기보다는 지향하는 방향이 서로 반대라는 점을 강조한다. 그래서 오른쪽과 왼쪽의 의미를 깊이 고민할 필요는 없다. 단지 코헬렛은 서로 반대로 향하는 양 갈래의 방향을 걷는 것에 견주어 삶의 여정과 그 방향을 부각할 뿐이다. 이때 어리석은 사람이 선택하는 방향과 태도는 안쓰러움을 불러일으킨다(전 10:3).

또한 어리석은 자는 길을 걸을 때

---

3   창세기 48:12-20에서 야곱은 요셉의 아들들을 축복하면서 오른손을 차자의 머리 위에 얹었다. 요셉은 이에 대해 문제를 제기했다. 마태복음 25:31-46에서 예수님은 인자가 천사들과 영광의 보좌에 앉아 모든 민족을 양과 염소를 구분하듯이 나눌 것이라고 말씀하신다. 이때 양은 오른편에 염소는 왼편에 두는데 오른편은 지극히 작은 자를 대접한 자들로서 영생의 복을 받고, 왼편은 작은 자를 무시한 자들로서 영벌의 저주를 받을 자들로 묘사된다.

마음이 부족하여 자신의 우둔함을 모두에게 말한다(전 10:3).[4]

어리석음의 영향력은 그 누구보다 자기 자신을 향한다. 어리석은 자는 삶의 방향이 잘못 설정되었어도 바로잡지 못하고 계속 걸을 뿐이다. 게다가 그가 자신의 어리석음을 주변 모든 사람에게 스스로 광고하며 다닌다는 것이 더 큰 문제다. 잠언도 미련한 자는 자기의 미련함을 스스로 전파하고 다닌다고 말함으로써 어리석은 발걸음을 꾸짖고 경계한다(잠 12:23; 13:16). 반면 신중한 자들의 지혜는 자기의 길을 분별할 줄 아는 것이다(잠 14:8; 14:15).

코헬렛은 미련함의 나쁜 영향력을 권위자의 문제와 연결한다(전 10:4). 갑작스러운 주제의 전환이 자연스럽지 않게 느껴진다. 하지만 지혜와 권위는 무관하지 않다. 코헬렛은 권위의 전복과 어리석음의 관련성을 함께 다룬다(전 10:5-7).

코헬렛은 권위자 앞에서 지혜로운 행동이 무엇인지를 말하며 "만일 그 통치자가 네게 화를 낸다면"이라는 조건을 가정한다(전 10:4a). 여기서 통치자를 가리키는 히브리어 "모쉘"(מֹושֵׁל)은 왕보다는 낮은 단계의 권위자를 가리킨다. 정관사를 붙여 "그 통치자"(הַמֹּושֵׁל[함모쉘])라고 특정한 것을 보면 전도서 9:17에서 말한 어리석은 자 중에서 선택된 "어떤 통치자"를 지목한 셈이다. 코헬렛은 "너는 너의 자리를 떠나

---

4   전도서 10:3b은 "וְאָמַר לַכֹּל סָכָל הוּא לִבֹּו חָסֵר"인데 이 문장에서 "마음이 부족하다"에 해당하는 어구는 לִבֹּו חָסֵר(리보 하세르)다. 이를 두고 개역개정 성경은 "지혜가 부족하다"로, 새번역 성경은 "생각 없이"로 번역했다. 문자적으로 마음 또는 심장(לֵב)이 부족하다는 내용을 생각이나 지각이 부족하다는 의미로 읽은 것이다. 이는 히브리인들의 언어 습관 및 지혜의 자리가 마음에 있다는 개념을 반영한 번역이다.

지 말라. 침착함이 많은 결점을 지워줄 것이다"(전 10:4b)라고 말한다. 문장의 의미가 모호하지만,[5] 지혜자의 침착함과 품위는 통치자의 분노까지 누그러뜨릴 수 있다는 뜻으로 풀이된다. 이 조언은 곧바로 전도서 10:5-7에 기록된 세력가들의 짧은 이야기로 이어진다.

(2) 전복된 질서(전 10:5-7)

코헬렛은 힘센 용사라고 전쟁에서 이기는 것은 아니라고 말했다(전 9:11). 이런 풍자성 짙은 말은 위치가 뒤바뀐 세상, 곧 모순으로 가득 찬 삶과 역사의 반전을 생각하게 한다. 여기서 전통적인 지혜 관념이 해체된다. 코헬렛은 자신이 해 아래서 한 가지 악을 보았다고 말한다. 그것은 통치자에게서 나오는 "실수" 같은 것이다(전 10:5). "실수"(שְׁגָגָה[쉐가가])란 부주의나 태만에서 비롯된 "허물"(개역개정) 혹은 잘못을 뜻한다(레 5:18). 다시 말해 실수는 의도적인 죄와 다르다.[6]

　도대체 코헬렛이 관찰한 "악"(재난[개역개정])이란 무엇일까? 그는 어리석은 자들이 크고 높은 자리를 얻고, 부자들은 낮은 자리에 앉으며, 종들은 말을 타고, 귀족들은 노예처럼 걸어간다고 묘사한다(전 10:6-7). 고대 사회에서 말을 탈 수 있는 사람들은 왕이나 통치자들, 군

5　두 번째 소절의 의미에 관한 여러 번역본을 비교해보라. "for deference will make amends for great offense"(RSV); "serious wrongs may be pardoned if you keep calm"(TEV); "calmness can lay great offenses to rest"(TNIV); "for calmness will undo great offenses"(NRS).

6　*TWOT*, 2324a.

주들이나 재물이 많은 부자들이었다.[7] 한마디로 돈과 권력을 가진 엘리트 집단만이 말을 탈 수 있었다. 통념상 부자들(전 10:6)과 귀족들(전 10:7)은 통치자 계급에 속하는 반면 어리석은 자들(전 10:6)과 노예들(전 10:7)은 통치의 대상이 된다. 그러나 코헬렛은 이런 계급 질서가 뒤집힌 상황을 묘사한다. 질서가 뒤집힌 상태, 곧 신분과 계급 질서가 전복된 사태가 발생한 것이다.

코헬렛이 이런 묘사로 무슨 메시지를 전달하려는 것인지 궁금하다. 그는 적절하지 않은 자들이 높은 지위를 차지하는 사회적 격변의 상황을 생생하게 보여주려 하는가? 아니면 통치자들의 실수는 언제든 사회적 혼란을 야기할 수밖에 없음을 말하려는 것인가? 그것도 아니라면 고대 사회를 주름잡는 부유한 세력가들, 엘리트 집단의 문제점을 들춰내려 한 것일까?[8] 코헬렛은 잠언의 지혜자처럼 왕들과 방백들이 지혜로 치리하며 공의를 세우는 세상을 기대했을 것이다(잠 8:15). 하지만 그는 세상일이란 결국 사람들의 예측이나 통념에 따라 이루어지지 않음을 말하고 싶어 하는 듯하다. 즉 코헬렛은 원인과 결과의 연쇄작용으로 설명되지 않는 사태, 예측 불가능한 어떤 힘의 질서에 조명을 비춘다. 우리는 그의 말을 통해 그 누구도 확실성을 가지고 사태의 본질

---

7   구약 시대에는 당나귀와 낙타가 평범한 시민들의 운송 수단으로 사용되었고, 말은 왕과 귀족들만의 전유물이었다(에 6:8-9; 왕하 25:28). 또한 말을 소유한다는 것은 부와 권력의 표시였다(신 17:16). 그러므로 말은 지위를 표시하는 상징이다(Seow, *Ecclesiastes*, 315).

8   Seow, *Ecclesiastes*, 315. 반전의 사태에 관한 지혜자들의 생각은 서로 통하는 데가 있다. 코헬렛의 이 짧은 일화는 세상을 진동시키는 서너 가지 일을 소개한 아굴의 잠언(잠 30:21-23) 중에 종이 왕이 된 이야기와 비슷하다(잠 30:22). 아굴의 잠언은 짧은 경구로 표현되었지만 기존의 질서를 뒤엎는 반전의 사태를 적실하게 드러낸다.

을 밝힐 수 없다는 사실을 깨닫는다.

(3) 예상하지 못한 위험한 사건과 사고들(전 10:8-11)

우리 삶의 곳곳에는 위험한 사건들이 도사리고 있다. 함정처럼 숨겨진 위험은 의인이나 착한 사람이어서 피할 수 있는 것이 아니다. 코헬렛은 그런 예기치 못한 위험들을 익살스럽게 표현한다.

> 8함정을 파는 자가 거기에 빠질 수가 있고,
> 담을 허무는 자가 뱀에게 물릴 수가 있다.
> 9돌을 파내는 자는 돌에 다칠 수가 있고,
> 나무를 패는 자는 나무에 다칠 수가 있다(전 10:8-9[새번역]).

고대로부터 지금까지 시대를 초월하여 어떤 행위에 대한 보응의 원리가 제대로 작동하는지는 사람들의 큰 관심사 중 하나다. 하지만 코헬렛은 전통적인 지혜의 관점에서 일반적인 공리처럼 받드는 인과적인 보응 원리에 의문을 제기하며 그에 어긋나는 예외적인 현상들에 유달리 관심을 보였다. 어쩌면 전도서 10:8-9은 코헬렛이 살았던 당대의 대중들 사이에 널리 퍼진 격언이었을지도 모른다. 잠언의 지혜자도 함정을 파는 자는 거기에 빠질 것이고, 돌을 굴리는 자는 도리어 그것에 치일 것이라고 말하기 때문이다(잠 26:27). 하지만 코헬렛은 말을 살짝 비튼다. 말의 의도와 목적에서 차이가 엿보인다.

코헬렛은 예측하지 못한 사태가 무차별적으로 발생할 수 있음에 주목한다. 그는 인간의 경험적 지식이나 지혜의 한계를 남달리 인식했기에 잠언의 전통적인 격언에 변용을 시도한다. 돌을 파내고 나무를 패는 일은 일상의 반복된 훈련을 통해 능숙해질 수 있다. 하지만 익숙한 일을 할 때도 예측하지 못한 일이 발생하곤 한다. 사람은 누구나 자신의 계획과 실행에 따르는 적절한 결과물을 기대한다. 하지만 예상했던 결과를 얻지 못하고 도리어 예상치 못한 위험에 빠지게 되는 경우도 적지 않다.

에스더서에 기록된 하만의 이야기는 매우 적절한 예다(에 5:9-7:10). 하만은 모르드개를 죽이기 위해 장대를 만들었다. 하지만 하만은 끝내 그 장대에 매달려 처형된다. 전통적인 지혜의 관점에서 보면 하만의 악과 그로 인한 죽음은 인과응보에 따른 필연적 결과처럼 보인다. 그러나 하만의 관점에서 볼 때 그것은 우연으로 보이는 사건들이 통제할 수 없고 예측 불가능한 위험을 만들어낸 상황이다.

코헬렛은 사람이 통제할 수 없는 불확실성과 의외성에 관한 깨달음을 이야기한다. 하지만 그는 지혜가 가져오는 성공적인 달성을 외면하지 않는다. 다만 그의 관점은 방향이 약간 다르다. 도끼가 무딘데도 날을 갈지 않으면 힘이 더 든다. 그러나 지혜는 성공을 가져오는 "이익"(이트론)이다(전 10:10). 코헬렛은 날이 무뎌진 철 연장과 대조해 지혜가 가져오는 이득이 무엇인지 말한다. 이때 지혜는 갈고 닦아야 쓸모 있는 도끼처럼 삶의 경험으로 다듬어진 실용적인 지혜다.

그러나 코헬렛은 다시 한번 생각을 뒤집는다. 그는 실용적인 지혜의 지속적인 유익을 기대하지 않는다.

주술을 베풀기 전에 뱀에게 물렸으면,

술객은 소용이 없느니라(전 10:11[개역개정]).

뱀을 부리지도 못하고 뱀에게 물리면,

뱀을 부린다는 그 사람은 쓸데가 없다(전 10:11[새번역]).

앞 절에 이어 같은 방식으로 "만일 ~이라면"(אִם[임])이라고 말하는 전도서 10:11을 살펴보자. 뱀에게 주문을 거는 특별한 비법을 가진 전문적인 직업인이 있다. 그런데 뱀을 잘 다루는 "그 주인"(술객[개역개정])이 뱀에게 물린다면 그 전문적인 기술이 무슨 유익이 있을까? 전문 기술조차도 소용없게 되는 예측불허의 사태는 언제든 벌어질 수 있다. 그러니 사람은 자기의 의지와 생각을 초월하는 조절자, 곧 주권자가 존재한다는 사실을 인식해야만 한다.

(4) 지혜와 어리석음 사이: 말, 말, 말의 파괴력(전 10:12-15)

앞서 밝혔지만 코헬렛은 백성들에게 지식을 가르치고 잠언을 찾아 수집하고 연구하며 창조적으로 정리하는 일에 종사하는 전문인이었다(전 12:9). 그는 많은 잠언을 능숙하게 활용할 수 있었다. 그는 당대에 널리 알려진 지혜 격언들을 단순하게 소개하는 것에 그치지 않고 수정을 가해 재창조해냈다. 그는 "기쁨의 말들"과 진실하고 "정직한 말들"(전 12:10)을 찾으려고 힘썼던 지혜 선생으로서 말에 관한 관심이 남달랐다. 그 때문인지 그는 "지혜자의 입의 말들은 은혜로우나 우매자의 입술들은 자기를 삼키나니"(전 10:12[개역개정])라는 경구로 어리석은 자의 말이 지니는 자기 파괴적인 성향을 문제 삼는다. 지혜로운 사람의 말이든 어리석은 사람의 말이든 말에는 힘이 있지만 그 결과는 매우 다르게 나타난다. 코헬렛은 이처럼 지혜와 어리석음을 비교하여 지혜의 상대적인 우수성을 표명한다.

말에 관한 관심이 컸던 코헬렛은 특히 어리석은 자의 말이 지니는 파괴력에 주목한다. 그는 "어리석은 자의 입에서 나오는 말은 어리석음으로 시작해서 사악한 광기로 끝난다"(전 10:13[새번역])고 말한다. 이는 "시작"과 "끝"이라는 개념을 곁들여 자기 파괴적인 말의 결과를 한층 더 강조하는 표현이다. 어리석은 사람의 자기 파괴적인 언어는 말의 넘침과 관련된다. 코헬렛은 말의 넘침을 자세히 관찰한 후 "어리석은 자는 말이 많거니와 누가 나중에 그에게 일어날 일을 말해주겠는가?"(전 10:14)라고 묻는다.

> 우매한 자는 말을 많이 하거니와
> 사람은 장래 일을 알지 못하나니
> 나중에 일어나는 일을 누가 그에게 알리리요?(전 10:14[개역개정])

이 구절은 "누가 그에게 알려주겠는가?"라는 수사학적인 질문으로 마무리된다. 이는 누구도 장래 일을 알지 못한다는 사실을 강조하는 질문이다. 하지만 문맥상 이 질문은 자기에게 무슨 일이 일어날지 모르고 말을 많이 하는 사람의 어리석음을 두드러지게 한다. 말의 절제가 추천되는 것은 누구도 미래를 확신할 수 없다는 생각에 근거한다. 이미 코헬렛은 사람이 미래에 관한 어떤 지식도 가지고 있지 않음을 여러 차례 밝혔다(전 6:13; 7:14; 8:7). 그리고 이번에는 절제하지 못하고 말을 많이 하는 사람의 어리석음을 강조한다. 무엇이든 그 쓰임이 차고 넘치면 깊고 고요할 수 없다.

코헬렛은 말의 넘침뿐만 아니라 어리석은 자들의 "수고"(노동)에 대해서도 문제의식을 느낀다.

우매한 자들의 수고는 자신을 피곤하게 할 뿐이라.
그들은 성읍에 들어갈 줄도 알지 못함이니라(전 10:15[개역개정]).

제집으로 가는 길조차 못 찾는 어리석은 자는,
일을 해도 피곤하기만 하다(전 10:15[새번역]).

어리석은 자들은 고된 일을 해도 피곤하기만 할 뿐 목표한 바를 이루지 못한다.[9] 이 구절이 정확히 어떤 상황을 묘사하는지는 알 수 없다. 그러나 어리석은 자들의 자기 파괴적인 말의 넘침을 경계하는 앞

---

9   사실 이 구절은 의미가 애매해서 번역하기가 까다롭다. 문자적으로는 "그는 그 도시로 가는 길을 알지 못한다"라는 의미로 해석된다. 여기서 "가다"에 해당하는 동사는 부정사로 표현된다. 이를 두고 Ogden은 "그의 길을 찾아가는 방법"(how to go)을 알지 못한다는 의미로 해석한다(Ogden, *Qoheleth*, 378) 그러나 Fox는 이 구절이 이집트의 관용구와 비슷하다고 보고 "목표에 이르지 못한다"라는 의미로 해석한다. 따라서 Fox는 이 부분을 "어리석은 사람이 하는 일은 그를 지치게 할 뿐이다. 왜냐하면 그는 결코 그의 목표하는 바를 이룰 수 없기 때문이다"로 번역한다(Ogden, *Qoheleth*, 379). 새번역 성경은 "제집으로 가는 길조차 못 찾는 어리석은 자는 일을 해도 피곤하기만 하다"라고 번역하면서 없는 말을 덧붙였다. 이런 번역은 앞서 등장한, 어리석은 자가 자신의 어리석음을 드러낸다는 선언(전 10:3)에 이어 어리석은 사람의 어이없는 행위에 초

문맥을 고려하면 어느 정도 의미가 드러난다. 코헬렛은 어리석은 사람이 가야 할 방향조차 제대로 찾지 못하고 왜 가는지 그 이유도 모른 채늘 피곤한 노동에 시달린다고 말한다. 어리석은 사람은 말을 절제하는 능력이 부족하다. 또한 분별력 없는 언어가 가져올 파괴력도 알지 못한다. 더 나아가 수고를 감당하면서도 방향이 잘못 설정되어 그 앞길이 위험하다는 사실을 눈치채지 못한다. 코헬렛은 이처럼 말의 넘침과 노동의 넘침을 경계하며 어리석음에서 벗어나기를 요청한다.

(5) 어떤 통치자의 에피소드(전 10:16-20)

코헬렛은 지혜로움과 어리석음의 문제를 통치자와 연결한다. 그는 여기서 통치권을 행사하는 두 집단을 호출하며 목표로 삼는 독자층을 밝힌다(전 10:16-17).

전도서 10:16	전도서 10:17
네게 화가 있으리라. 왕은 어리고 관료들은 아침마다 잔치를 벌이는 나라여.	너는 행복하여라. 왕은 "자유 시민들"[10]의 아들이며 관료들은 취하기 위함이 아니라 정한 때에 힘을 위해 먹는 나라여.

코헬렛은 흥청망청한 관료들이 통치하는 나라를 향해 선포하듯

점을 맞춘 결과다.

10 이에 해당하는 히브리어 חֹר(호르)는 성경에 몇 번 등장하지 않는다. חֹר는 사전적으로 "자유 시민"(free man) 또는 "귀족"이라는 뜻이다. 주로 전도서에서와 마찬가지로 복수형(חֹרִים[호림])으로 사용된다. 열왕기상 21:8, 11에서는 장로와 함께 언급되는

이 "너에게 화가 있으리라"(전 10:16a)라고 말한다. 마치 예언자의 심판 신탁 같은 선언이다. 반면 다음 절에 소개되는 반대편 집단에게는 "너는 행복하다"(전 10:17)라고 말하며 온화하게 대한다. 서로 다른 대상에게 재앙과 행복을 선언하는 구도는 시편 1편을 떠오르게 한다.

심판의 대상으로 언급되는 나라는 완숙기에 접어들었다고 보기에는 미숙한 "청년"(נַעַר[나아르], 소년)이 통치한다. 잠언 역시 경험이 부족하고 미숙한 "젊은 자"(잠 1:4[개역개정])를 지목할 때 같은 어휘를 사용한다. 그의 관료들은 아침마다 잔치를 벌인다. 그들을 향한 재앙 선포는 이사야 예언자의 선포와 닮았다.

화로다.
아침에 일찍 일어나 독주를 마시며
밤이 깊도록 포도주에 취한 자들이여(사 5:11[개역개정]).

아직 배워야 할 것이 많은 "소년", 곧 어린 청년이 왕이 된 것도 문제지만 때를 분별하지 못해 아무 때나 잔치를 즐기듯 흥청거리는 관료들의 행태는 재앙을 불러올 수밖에 없다.

앞서 코헬렛은 가르침을 받을 줄 모르는 왕보다 가난하지만 지혜로운 젊은이가 낫다는 말로 젊은이에 대한 일반적인 통념을 뒤집었다(전

"귀족들"을 가리킨다. 이사야 34:12, 예레미야 27:20, 느헤미야 6:17, 13:17 등에서도 귀인 또는 귀족을 가리킨다. RSV는 이 단어를 "자유 시민"(free man)으로 번역했다. 그 근거는 חֹר가 아람어의 영향을 받은 후기 히브리어이며, 아람어에 해당하는 단어가 땅을 가진 지주를 언급할 때 사용된다는 것이다(HALOT, 115; TWOT, 757a).

4:13-16). 그러나 지금 코헬렛의 선언은 예언서에서 발견되는 심판 선언의 문맥과 통한다. 이사야는 심판의 날을 묘사하면서 만군의 주님이 예루살렘과 유다가 의지하는 것을 모두 제거하고 "소년들"과 "아이들"로 하여금 다스리게 하실 것이라고 선포했다(사 3:4-5, 12). 두 본문은 기존의 질서가 해체되고 전복된 사회를 묘사한다는 점에서 공통점을 가진다.

반대로 전도서 10:17이 묘사하는 행복이 머무는 땅은 어떨까? 그 나라는 관료들이 자유 시민의 아들로 태어난 왕과 더불어 제때에 힘을 발휘하기 위해 음식을 먹는다. 그들은 정한 때에 기력을 보충하기 위해 음식을 먹을 뿐이지 술에 취하지 않는다. 통치 권력을 가진 자들로서 먹고 마시는 목적과 시점을 정확히 분별하는 것이다.

비교되는 두 나라의 관료들은 모두 먹고 마신다. 하지만 같은 행위에도 질적 차이가 존재한다. 지혜는 가장 적합한 때를 분별하는 능력이다. 여기서 우리는 과잉을 추구하지 않는 지혜가 가져오는 행복에 대해 다시 생각하게 된다. 필요한 만큼만 소유하는 나라가 행복한 나라다. 필요한 만큼만 생산하고 소비하는 절제의 덕이 실현된 상태가 복이다. 이런 가르침은 과잉생산과 소비문화를 지향하는 현대사회의 시스템에 종속된 무비판적인 생활 습관을 반성하게 한다.

이 구절과 관련하여 솔로몬을 전도서의 저자로 본 프레더릭스는 솔로몬이 하나님께 지혜를 구하는 과정에서 자신을 "작은 아이"로 칭하며 자신이 마땅히 해야 할 임무를 "알지 못한다"고 겸손한 태도를 보인 것과 코헬렛의 말을 연결한다(왕상 3:7).[11] 그러나 솔로몬이 자신을

---

11   Fredericks, *Ecclesiastes*, 225.

낮추는 겸손한 태도를 보였을 때는 아직 왕의 권력을 마음껏 누렸던 시점이 아니었다. 따라서 프레더릭스의 주장은 설득력이 떨어진다. 오히려 코헬렛은 이스라엘의 위대한 왕이었던 솔로몬을 염두에 두고 그의 전통을 패러디하며 그 모든 영광을 무로 만들어버렸다(전 2:1-11).

사실 현재 문맥에서는 코헬렛이 마음에 둔 인물이 솔로몬인지 아닌지가 중요하지 않다. 코헬렛은 단지 재앙이 임박한 나라와 행복한 나라를 대비시키며 지혜와 행복의 관계, 그리고 반대되는 어리석음과 재앙의 문제를 살펴볼 뿐이다. 코헬렛이 생각하는 행복한 나라, 곧 복된 나라는 때를 분별할 줄 아는 왕과 관료들이 가진 절제의 덕이 바탕이 되는 나라다. 시대를 막론하고 정치, 경제, 문화, 언론에 이르는 사회의 각 영역을 장악한 사람들은 과잉된 힘을 누리며 기득권 유지를 위해 결탁한다. 그로 인해 건전하고 행복한 세상을 일구는 일은 매번 난관에 봉착한다. 이를 방지하려면 권력이 한쪽으로 치우치지 않고 적정한 수준에서 균형을 이루도록 조정되어야 한다. 그럴 때 통치력에 정당성이 부여되고 모두가 함께 행복해질 수 있는 세상이 이루어져 간다.

앞서 코헬렛은 제 기능을 하지 못하고 빈민을 학대하거나 정의와 공의를 짓밟는 통치자의 지도력을 문제 삼았다(전 5:8-9). 르무엘 왕의 어머니가 잠언 31장에 남긴 교훈도 통치자가 마땅히 해야 할 일을 정확히 짚어준다. 그녀는 아들에게 억눌린 자들을 보호하고, 그들의 고통을 기억하기 위하여 술에 취하지 말라고 당부한다. 그녀의 가르침에는 왕이 된 아들이 덕성을 갖추어 건전한 통치력을 온몸으로 실천하길 바라는 진심 어린 마음이 담겨 있다. 코헬렛도 그녀와 마찬가지로 사회가 제 기능을 발휘하려면 통치자의 바른 마음가짐과 때를 분별하는 지혜가 우선되어야 함을 강조한다.

코헬렛은 대조되는 두 부류의 지배층을 묘사함으로써 권력자와 그 주변에서 권력을 누리고 행사하는 자들이 삶의 태도를 반성하며 절제의 덕을 갖추도록 안내했다(전 10:16-17). 여기에 보충적인 조언이 필요하다고 생각했던 것일까? 코헬렛은 간결하고 날카로운 지혜 경구를 덧붙여 마땅히 해야 할 일을 미루는 게으르고 태만한 사람의 결말을 담담하게 전한다.

게으름 때문에 서까래가 무너지고,
태만함 때문에 지붕이 샌다(전 10:18).

게으름을 비난하는 쓴소리지만 익살과 재치가 넘친다. 코헬렛은 의무와 강제성을 내세워 "~을 하라"는 식으로 말하지 않는다. 그저 게으름이 가져오는 결과를 날카롭게 묘사할 뿐이다. 일해야 할 때를 알지 못하는 어리석은 왕과 대신들이 나라를 망치는 것처럼 게으른 개인도 삶을 제대로 유지하지 못한다. 구약의 전통 지혜 역시 게으름과 어리석음을 비난하며 그 둘을 동급으로 취급한다(전 4:5; 잠 10:4; 6:6-11; 10:26; 13:4; 15:19; 19:24; 20:4; 21:25; 22:13; 24:30-34; 26:13-16). "게으른 자여, 개미에게 가서 그가 하는 것을 보고 지혜를 얻으라"(잠 6:6[개역개정])는 경구에서도 고대 지혜자들의 재치를 엿볼 수 있다.

이어서 코헬렛은 또다시 먹고 마시는 즐거움과 돈의 문제를 논한다(전 10:19). 앞서 그는 때를 분별하지 못하는 권력자들이 흥청대며 과도하게 먹고 마시는 행태를 비난했다. 하지만 이번에는 먹고 마시는 삶의 또 다른 한 측면을 짚는다.

직역	빵은 웃음을 만들고, 포도주는 삶을 즐겁게 하며, 돈은 모든 것을 해결한다.[12]
개역개정	잔치는 희락을 위하여 베푸는 것이요, 포도주는 생명을 기쁘게 하는 것이나 돈은 범사에 이용되느니라.
새번역	잔치는 기뻐하려고 벌이는 것이다. 포도주는 인생을 즐겁게 하고, 돈은 만사를 해결한다.

빵과 포도주는 잔치에 필수적인 음식이다. 하지만 히브리인들이 일상적으로 먹는 주식이기도 했다. 여기서 우리는 먹고 마시는 일상의 활동을 가치 있는 것으로 받드는 코헬렛의 가르침을 다시 생각하게 된다. 그런데 그는 갑자기 돈에 관한 이야기를 꺼낸다. "돈은 만사를 해결한다"(전 10:19[새번역])는 말은 귀를 솔깃하게 한다. 이 말은 경건한 그리스도인에게 어울리지 않는 것처럼 들릴 수도 있다. 그렇다면 우리는 이 말 뒤에 숨은 함축적 의미를 찾아야 할까? 하지만 그는 사실을 있는 그대로 말할 뿐이다. 돈의 유용성을 부정할 필요는 없다.

앞서 코헬렛은 때를 가리지 않고 벌이는 잔치, 무절제한 음주를

---

12 "돈은 모든 것을 해결한다"는 문장에서 동사 "해결한다"에 해당하는 히브리어는 "대답하다"를 의미하는 עָנָה(아나)의 미완료형(יַעֲנֶה)이다. 즉 이 문장은 돈이 모든 문제에 대한 해답이라는 뜻을 담은 셈이다. 또한 "모든 것"은 정관사가 포함된 "그 모든 것"이다. 따라서 전도서 10:19의 "모든 것"은 전도서 1:2에서처럼 세상의 모든 "만사"를 뜻할 수도 있지만, 바로 앞 소절에서 언급하는 빵과 포도주를 지목한다고 보는 것이 적절하다. 돈은 생존을 위한 기본적 요건으로서의 먹고 마시는 문제를 해결할 수 있는 수단이다. 이런 점을 염두에 두고 문장의 모호성을 살펴야 한다.

향해 재앙을 선언했다(전 10:16). 그런데 여기서 갑자기 돈의 유용성을 긍정하는 발언이 나오니 당황스럽다. 우리는 차분히 문장과 문장 사이를 오가며 곱씹어보아야 한다. 코헬렛은 먹고 마시는 것에 있어서 바른 생활과 그릇된 생활의 질적 차이를 좀 더 깊이 성찰하도록 우리를 안내한다. 코헬렛이 살았던 시대가 농경문화에 기반을 두었다고 하더라도 이미 화폐가 통용되고 상업적인 교류가 활발했다면 돈은 일상생활에 필수적일 수밖에 없다. 그러므로 "돈은 만사를 해결한다"라는 말은 돈의 가치를 필요 이상으로 절대화시키는 것이 아니다. 전도서 7:12에서 코헬렛은 지혜가 만들어내는 그늘이 돈의 그늘 못지않다고 말하면서도 지혜는 지혜를 소유한 자의 생명을 보호한다고 지적했다. 돈의 가치를 인정하면서도 지혜의 가치를 더 높이 산 것이다. 돈은 유익을 주지만 지혜만큼은 아니다. 따라서 코헬렛은 여러 가지 필요를 채워주는 돈의 효용 가치를 생각한 것이지 돈의 만능성을 말한 것은 아니다.

돈은 결코 사람을 고상하게 만들지 않는다. 돈은 필요를 채우는 수단이지 목표가 아니다. 돈이 목적이 되는 순간 인간성은 파멸을 향해 질주한다. 이미 돈은 현대사회에서 요술 방망이를 갖는 것 같은 환상을 심어주는 성공의 잣대가 되었다. 코헬렛의 말이 오독되어 자본의 힘이 모든 것을 삼켜버리는 황금만능주의에 잠식된 현대사회를 옹호하는 발언으로 오용되는 일은 없어야 한다.

전도서 10:20의 경구는 다시 왕과 부자의 문제를 다룬다. 평행법적인 구성이 돋보이는 구절이다.

생각으로라도 왕을 저주하지 말고,

잠자리에서라도 부자를 저주하지 말라.

왜냐하면 공중의 새가 그 소리를 전하고,

날짐승이 네 말을 전파할 것이기 때문이다(전 10:20).

코헬렛은 앞서 가난하고 지혜로운 젊은이를 어리석은 왕보다 높이 평가했다(전 4:13-16). 하지만 그렇다고 해서 권력을 가진 왕과 부자를 비난하지는 않는다. 그는 어떤 사건과 사물을 선택적으로 숨기고 드러내며 상황을 뒤집는 전략을 자유자재로 활용하는 수사력의 대가다. 공중의 새와 날짐승이 소리와 말을 전한다는 것은 과장된 표현이다. 그런데 우리말에도 "낮말은 새가 듣고 밤말은 쥐가 듣는다", "벽에도 귀가 있다" 등의 비슷한 속담이 있다. 이 속담들은 가장 은밀하고 사적인 장소에서라도 말을 조심하라는 조언이다. 이와 비슷하게 코헬렛도 권위를 가진 자들에 대해 함부로 말하지 말라고 조언한다. 이는 근거 없는 공포를 조장하여 권위자에게 복종을 강요하는 말이 아니다. 과장법을 사용했지만 결국에는 신중함의 훈련을 요청할 뿐이다. 맥락을 좀 더 넓혀 생각하면 이 구절은 하나님이 어떤 순간에도 사람의 마음을 살피신다는 사실을 일깨워준다.

코헬렛은 자신의 가르침에 독자가 무조건 굴복하는 것을 바라지 않는다. 오히려 그는 누구든지 자신과의 대화를 통해 내면에 잠재된 것들을 일깨우기 바란다. 실제로 사람은 자기 내면이라는 공간에서 실제적인 이미지를 만들어낸다. 상상 행위다. "상상"(imagination)은 밖의 실재로부터 해방된, 다름의 이미지를 떠올리는 일이다. 더 나은 삶을 위한 추진력과 올바른 방향을 선택할 힘은 권위자의 명령이 아니라 내면의 공간에서 만들어지는 상상력에서 비롯된다. 상상력을 통해 새로운 삶을 꿈꾸는 대안의 시나리오가 작성되고 실현된다. 상상력을 활용하는 것은 코헬렛의 가르침을 적용하는 가장 실존적인 방법이다.

4. 숨겨진 미래, 누가 알겠는가?(전 11:1-6)

어려운 시절을 견뎌야 했던 한국교회에서 한때 유행했던 신앙고백적인 찬양이 하나 있다. "내일 일은 난 몰라요. 하루하루 살아요. 불행이나 요행함도 내 뜻대로 못해요…." 이 찬양은 한 치 앞도 내다보지 못하는 한계에 갇힌 인간의 조건을 구슬프게 한탄하는 내용이 아니다. 알수 없는 내일을 향해 한 걸음씩 발을 떼면서 하나님이 함께해주시기를 바라는 간절한 기도의 고백이다. 이런 고백은 인간의 능력으로 통제할수 없는 내일의 시간을 하나님께 맡기는 겸허함을 바탕으로 한다.

코헬렛의 지혜는 겸손함에서 비롯한다. 그는 슬기로운 삶에 관해 말하려고 물, 바람, 구름, 비, 나무 등과 같은 자연현상을 소재로 활용한다. 그는 짧고 날카로운 문장으로 지혜로운 삶의 방식을 말하지만 그 강조점은 앞일을 알지 못하는 인간의 무지와 한계를 밝히는 데 있다. 그는 삶에 닥칠 수 있는 위험과 불확실성을 말하는 데 거리낌이 없다. 그에게 내일의 불확실성은 인간의 경험에서 축적된 지식과 지혜의 한계를 보여주는 창문과 같다.

코헬렛은 이미 사람이 장래의 일을 알 수 없다고 말했다(전 6:12; 10:14). 하지만 이 문제는 또다시 말해야 할 만큼 중요한 문제다. 그 이유는 아무도 행위와 보응의 인과적 관계를 확언할 수 없기 때문이다. 코헬렛은 단지 내일의 불확실성과 인간의 무력함을 드러내는 것만을 목표로 삼지 않는다. 그는 사람이 자신의 한계를 인식하는 것이 지혜라고 말하면서도 그 한계 안에서 어떻게 살아야 하는지를 고민한다. 그리고 일련의 지혜 잠언들을 찾아 정리하고 재창조하여 사람들을 가르치기 위해 노력했다.

특별히 코헬렛은 자연에서 흔히 볼 수 있는 물, 구름, 비, 나무, 땅, 씨앗 등으로부터 배움을 얻는다. 그가 자연으로부터 얻은 깨우침은 단순한 경구로 표현된다. 하지만 지나치게 단순하여 더러는 해석이 까다롭기도 하다. 미래의 불확실성을 논하는 한마디 말도 쉬이 이해되지 않는다. 이런 해석의 어려움은 코헬렛이 살았던 시대와 현대사회의 정치, 경제, 문화적 차이를 단순 비교하는 것으로는 해결되지 않는다. 전도서 11:1-2에 대한 번역은 그 까다로움을 입증하기라도 하듯 흥미로운 차이를 보여준다.

새번역	¹돈이 있으면, 무역에 투자하여라. 여러 날 뒤에 이윤을 남길 것이다. ²이 세상에서 네가 무슨 재난을 만날지 모르니 투자할 때는 일곱이나 여덟로 나누어 하여라.
개역개정	¹너는 네 떡을 물 위에 던져라. 여러 날 후에 도로 찾으리라. ²일곱에게나 여덟에게 나눠줄지어다. 무슨 재앙이 땅에 임할는지 네가 알지 못함이니라.

개역개정 성경은 이 부분을 유달리 직역에 가깝게 번역했다. 개역

개정 성경은 빵을 던져 몫을 여럿으로 나누는 베풂의 행위를 강조한다. 반면 새번역 성경은 경제적 투자의 유익과 요령을 말하는 것으로 번역했다. 공동번역 성경과 쉬운성경도 투자에 초점을 맞추어 번역한다.

공동번역	[1]돈이 있거든 눈감고 사업에 투자해두어라. 참고 기다리면 언젠가는 이윤이 되돌아올 것이다. [2]세상에는 어떤 불운이 닥쳐올지 모르니, 투자하더라도 대 여섯 몫으로 나누어라.
쉬운성경	[1]씨앗을 물 위에 던져라. 수일 후면 수백 배로 거둘 것이다. [2]재산을 일곱 군데, 아니 여덟 군데에 투자하여라. 이 세상에서 어떤 불운이 닥칠지 모르지 않는가?

이처럼 다양한 번역들이 원본인 히브리어 문장의 까다로움을 방증하는 듯하다. 고대의 아람어 번역 성경인 타르굼은 이 구절의 내용을 가난한 자들에게 베푸는 자선 행위와 연결해 번역했다.[13] 중세의 유대인 주석가 라쉬(Rashi)와 라슈밤(Rashbam) 역시 빵을 던지는 행위가 기대하지 않은 유익으로 돌아올 수 있다는 뜻으로 해석했다.[14] 루터(Martin Luther, 1483-1546)는 "빵을 나누라"는 어구를 하나님이 네게 주신 것만큼 다른 사람이 죽을 지경에 이르지 않게 넉넉하게 베풀라는

---

13   타르굼의 해당 구절을 번역하면 다음과 같다. "물 위에 배를 타고 가는 가난한 자에게 영양가 있는 빵을 주어라. 많은 날이 지난 후에 오는 세상에서 그 보상을 받을 것이다"(Give your nourishing bread to the poor who go in ships upon the surface of the water, for after a period of many days you will find its reward in the world-to-come). 히에로니무스도 타르굼과 같은 관점으로 본문을 이해했다. Longman, *The Book of Ecclesiastes*, 255에서 재인용; Bartholomew, *Ecclesiastes*, 335-36.

14   Seow, *Ecclesiastes*, 343.

뜻으로 읽었다.[15] 따라서 "너의 빵을 던져라"(שַׁלַּח לַחְמְךָ [샬라흐 라흐므카])라는 말은 다른 사람과 나누며 살라는 뜻에 가깝다.

실제로 코헬렛은 이어지는 전도서 11:2에서 "나뉜 몫"(חֵלֶק [헬레크])에 대해 말한다. 코헬렛은 자신의 몫을 일곱이나 여덟에게 나누어 주라고 명하는데 여기서 "빵을 던져라"(שַׁלַּח לַחְמְךָ)와 "몫을 주라"(תֶּן-חֵלֶק [텐 헬레크])가 평행하는 구조에서 같은 의미를 띤다. 즉 이 구절에는 이미 먹거리를 나누고 재산을 분배하는 공유 경제의 의미가 담긴 셈이다.

한편 다른 여러 번역 성경은 "몫을 주라"는 명령어가 경제적인 투자 행위를 강조한다고 본다. 모험을 무릅쓰지 않으면 어떤 이익도 얻을 수 없다는 것이다. 이는 지혜 문헌의 실용적 측면과 잘 어울리는 번역이다. 또한 코헬렛이 경제적 용어인 "이익"(이트론)을 자주 거론했다는 사실도 이 번역을 뒷받침한다. 그 결과 전도서 11:1-2은 부의 증식을 위한 자본 투자를 적극적으로 권장하는 말씀으로 비친다. 하지만 그런 해석은 타인을 향한 사랑과 돌봄을 적극적으로 권하는 구약의 전반적인 가르침과 어긋난다는 문제가 있다. 또한 그런 해석은 경쟁을 문제시하며 서로 협력하는 공동체적 삶을 강조한 코헬렛의 가르침과도 어울리지 않는다(전 4:9-12).

결과적으로 전도서 11:1-2은 자기 먹거리와 재산(분할된 몫)을 다른 사람과 나누는 공유의 가치를 강조한 것이다. 물론 어떤 행위에 따른 예측은 언제든 빗나갈 수 있다. 하지만 누군가를 위해 자기 몫을 나

---

15   Seow, *Ecclesiastes,* 343에서 재인용.

누는 선행을 했다면 그 결과를 염려할 필요는 없다. 더군다나 "빵"은 생명을 유지하기 위한 가장 기본적인 생필품이다. 나눔을 통해 다른 사람의 생명을 보전할 수 있다면 그 자체로도 큰 의미가 있다.

몇몇 주석가는 전도서 11:1-2이 해상무역에 관해 언급한다고 본다. 설령 그것이 사실이라고 해도 코헬렛이 강조점을 두는 부분은 전도서 11:2의 둘째 소절이다. 즉 코헬렛은 앞으로 어떤 불행한 일이 닥칠 것인지 누구도 모른다는 사실을 강조한다. 그는 미래의 불확실성을 계속해서 지적해왔다. 이처럼 일관되게 내일을 모르는 인간의 무지를 꼬집어온 코헬렛이 최대 이윤을 위해 더 많은 자본을 골고루 투자하라고 조언할 이유가 있을까? 그런 조언은 장래 일을 알 수 없는 사람들에게 하루를 선물처럼 여기면서 먹고 마시고 노동하며 즐겁게 살라고 권하는 코헬렛과 어울리지 않는다. 그는 이미 과도한 부의 축적이 헛되다고 선언했다(전 5:10-12).

전도서 11:1-2의 의미는 이어지는 3-4절의 내용을 통해 확장된다. 전도서 11:3은 구름이 물로 가득 차면 비가 되어 땅에 떨어지고, 나무가 쓰러지면 남쪽으로든 북쪽으로든 쓰러진 대로 있게 된다고 말한다. 코헬렛은 구름과 비의 순환, 쓰러진 나무의 상태 등을 묘사하며 자연의 힘과 신비가 인간의 통제 밖에 있음을 보여준다.

그런데 코헬렛은 바람을 지켜보는 자는 씨를 뿌리지 않고, 구름을 살피는 자는 수확하지 않는다고 말한다(전 11:4). 이 말의 뜻은 무엇일까? 사람은 바람과 구름을 통제할 수 없다. 그러니 씨를 뿌리거나 수확하기에 적절한 날씨를 살피며 때를 기다린다는 말인가? 아니면 개역개정 성경이나 새번역 성경의 번역처럼 위험을 감수하더라도 좀 더 적극적으로 농사를 경영하라는 말인가?

바람이 그치기를 기다리다가는, 씨를 뿌리지 못한다.
구름이 걷히기를 기다리다가는, 거두어들이지 못한다(전 11:4[새번역]).

풍세를 살펴보는 자는 파종하지 못할 것이요,
구름만 바라보는 자는 거두지 못하리라(전 11:4[개역개정]).

이런 번역은 기후를 살피다가 파종도 못 하고 추수도 못 하는 사람을 비난하는 듯한 뉘앙스를 띤다. 코헬렛은 정말 날씨에 신경을 쓰는 농부의 행위가 지혜롭지 못하다고 비난하는 것일까? 그렇지 않다. 날씨를 살펴 파종이나 수확의 때를 적절하게 결정하는 농부의 태도는 경험적 지혜에서 비롯한다. 다만 코헬렛은 사람이 통제할 수 없는 자연현상을 통해 사람이 알 수 없는, 숨겨진 영역이 있음을 말한다. 오랜 세월이 흐른 뒤 예수님도 유대인 지도자 중 하나였던 니고데모에게 하나님 나라에 관해 말씀하시며 바람의 길을 알지 못하는 인간의 한계를 짚으셨다.

바람이 임의로 불매 네가 그 소리를 들어도 어디서 와서 어디로 가는지 알지 못하나니 성령으로 난 사람도 다 그러하니라(요 3:8[개역개정]).

코헬렛은 인간의 지혜 너머에 숨겨진, 현상의 또 다른 측면을 하나님의 일과 대비시킨다. 그는 "너는 알지 못한다"라는 말을 반복하며 하나님의 일과 사람의 무지를 비교한다.

> ⁵바람이 다니는 길을 네가 모르듯이
> 임신한 여인의 태에서 아이와 생명이 어떻게 시작되는지를
> 네가 알 수 없듯이
> 만물의 창조자 하나님이 하시는 일을
> 너는 알지 못한다.
> ⁶아침에 씨를 뿌리고
> 저녁에도 부지런히 일하여라.
> 어떤 것이 잘될지,
> 이것이 잘될지 저것이 잘될지를 알 수 없기 때문이다(전 11:5-6[새번역]).

코헬렛은 인간의 경험적인 지혜가 닿지 않는 무지의 영역을 살핀
다. 물론 지금 인류는 고도의 과학 기술을 앞세워 고대인들이 볼 수 없
었던 태아의 성장 과정을 들여다볼 수 있게 되었다. 또 바람의 흐름을
예측해 풍력 발전에 활용하고 햇빛을 전기 에너지로 바꾸어 일상의 편
리를 도모한다. 그리고 지금 인류는 마치 태초에 하나님이 자기의 형상
을 닮은 사람을 만드신 것처럼 인간을 닮은 인공지능 로봇을 꿈꾸기에
이르렀다.

인간의 능력이 개발되고 과학과 의학이 도약적으로 발전한 지금,
인류는 지식의 축적을 거듭하며 눈부신 결과물을 만들어내고 있다. 그
러나 인류가 어디까지 나아갈 수 있을지는 아무도 모른다. 또한 예측하
지 못한 일들이 어디서 어떻게 끼어들어 어떤 틈을 만들어낼지 누구도

알 수 없다. 고대의 지혜 선생이 고백한 것처럼, 과학의 비약적인 발전을 누리며 사는 우리가 "하늘 아래"에서 성취한 업적들을 자랑해도 "하늘 위"에서 계획하시는 하나님의 뜻을 아는 것에는 무능하지 않은가?

물론 여기서 오해는 하지 말아야 한다. 코헬렛은 인간의 무능력과 무지에 심취한 채 삶의 의미를 의심하는 회의주의자가 되라고 말하는 것이 아니다. 그의 의도는 단순하다. 말 그대로 사람은 아침과 저녁으로 씨를 뿌리지만, 어떤 것이 더 좋은 결과를 가져올지 알 수 없다(전 11:6). "안다"는 것은 경험에 근거하여 미리 내다보고 예측하는 능력을 포함한다. 하지만 사람의 수고가 어떤 결과로 돌아올지 확신할 수 있는 사람은 아무도 없다. 수고에 따른 결과는 인간의 손을 떠나 있다. 잠언의 지혜자도 이에 동의한다.

> 사람이 마음으로 자기의 길을 계획할지라도
> 그의 걸음을 인도하시는 이는 여호와시니라(잠 16:9).

코헬렛은 하나님의 일과 계획을 아는 자가 아무도 없다는 사실을 깊이 생각했다. 그리고 인간의 무지와 하나님의 신비 사이의 오묘한 긴장을 그 누구보다 진지하게 다루었다. 그는 인간의 온갖 경험적 지혜와 지식의 한계성을 주장함으로써 인간의 자기중심적인 사고를 해체하려 한 선구자다.

코헬렛의 목표는 한 가지다. 해 아래 살면서 경험을 통해 지혜와 지식을 습득하고 발전시키는 사람에게, 예측할 수 없는 다른 무엇의 끼어듦을 인식하라고 촉구하는 것이다. 그것이 지혜다. 예측불허의 갖가지 사태를 인식할 때 인간의 한계를 인정할 수 있다. 이는 전부를 아는 것처럼 행동하는 인간의 자기 중심성이 해체되는 중대한 지점이다. 하나님의 감춰진 계획의 신비를 인식하고 인간의 지식과 능력의 한계를 깨닫는 곳에서 인간 중심적 사고의 해체가 시작된다.

6장
삶을 즐겨라, 그러나 하나님을 기억하라
(전 11:7-12:8)

앞서 코헬렛은 "해 아래"서 일어나는 일들에 관해 말하며 자연과 인간의 길을 노래했다(전 1:4-11). 그 노래는 간결한 2연시로서 반복적인 자연 세계의 질서와 인간 역사를 묘사하며 "해 아래" 새것이 없다는 깨달음을 주었다. 그리고 자신의 담론을 마무리하는 시점에 그 노래에 호응하는 시 한 편을 다시 소개한다. 전도서의 전체 구성에서 첫 번째 시(전 1:4-11)와 마지막 시(전 11:7-12:7)는 서로 마주 보며 책의 앞뒤를 감싼다.

이제 코헬렛은 반복적인 규칙성을 보이며 순환하는 자연 세계에 "끝"이 도래하는 사태를 묘사한다. 그 "끝"은 사람이 피할 수 없는 본연적인 한계상황, 곧 죽음과 우주의 종말이다. 코헬렛은 지금까지 "하늘 아래"와 "땅 위에" 살면서 경험하고 관찰하며 깨달은 온갖 현실의 문제들을 말해왔다. 그리고 그 모든 논의의 끝자락에서 시인의 상상력을 더해 한 인간의 죽음을 넘어 인류의 죽음과 우주의 죽음까지 내다본다.

그런데 코헬렛은 인류와 우주의 죽음을 말하기에 앞서 삶의 핵심 가치와 실천을 위한 강령을 두 마디 말로 압축하여 표현한다: "즐거워하라. 그러나 **기억하라.**" 두 개의 동사 사이에는 오묘한 긴장감이 있다. 코헬렛이 일관되게 강조한 삶의 기쁨은 "오늘"이라는 현재의 시간을 가슴 벅차게 만드는 중요한 요소였다. 그런데 그는 자신의 담론을 마무리하며 삶의 기쁨과 함께 "기억"을 촉구한다. 무엇을 기억하라는 것일까? 모든 일에 시작이 있으면 끝도 있는 것처럼 생명은 죽음을 품고 있음을 기억해야 한다. 모든 인류, 곧 "사람"(아담)이 "흙"(아다마)으로부터 와서 다시 흙으로 돌아간다는 근원적인 사실을 기억하라는 것이다(창 3:19).

코헬렛은 모든 생명의 시작과 끝, 특히 모든 것의 종말을 말하려고 삶의 빛나는 환희와 반대되는 어둠을 소환한다(전 11:7-8). 그리고 젊은 이들을 호명하며 젊은 날을 즐거워하되 하나님의 심판이 있음을 알아야 한다고 촉구한다(전 11:9-10). 그 후 이어지는 "너의 창조자를 기억하라"는 명령에는 죽음과 종말의 묘사가 덧붙는다(전 12:1-7). 마지막으로 코헬렛은 지금까지의 모든 담론을 다시 "헤벨"로 마무리한다(전 12:8).

그는 인류와 우주의 마지막, 곧 종말을 시각적인 심상에 바탕을 둔 회화적인 언어와 은유로 표현한다. 하나 이상의 여러 심상을 전달하는 미묘한 언어와 그 안에 숨겨진 수사학적인 의도성은 많은 해석자를 혼란스럽게 해왔다. 하지만 여기서 시간을 표현하는 부사구가 해석의 실마리가 된다. "~전에"라는 말은 세 차례 반복되면서 시의 구성적 전략을 오롯이 드러내 줄 뿐만 아니라 혼란스러운 시의 의미를 감지할 수 있게 해주는 길잡이가 되어준다. "~전에"를 기준으로 코헬렛의 마지막 시를 정리하면 간결한 구성이 드러난다.[1]

---

1   이 시의 구성력을 보여주는 도표는 Bartholomew의 것을 인용했다(Bartholomew,

즐거움의 요청과 어둠의 날(전 11:7-8) 젊은 날의 즐거움과 하나님의 심판(전 11:9-10) 너의 창조자를 기억하라(전 12:1-7)		
전에(전 12:1b)	**전에(전 12:2a)**	**전에(전 12:6a)**
불행한 날이 오기 전에	해, 달, 별이 어두워지기 전에	땅으로, 하나님께로 돌아가기 전에

여기서 다중적인 뜻을 가진 어휘들과 다양한 은유가 모호성을 즐기는 코헬렛의 말하기 방식과 만나 예술성을 띤다. 코헬렛은 우주와 인류의 종말을 말하기 위해 예언자들이 "주님의 날"을 묘사할 때 사용하는 언어를 빌려왔다. 따라서 이 시는 종말론적인 마지막 때의 광경을 묘사하는 것처럼 보인다. 독특하게도 코헬렛은 한 개인의 죽음을 우주 전체의 운명과 연결한다. 그렇지만 그가 말하는 마지막 종말의 때는 다른 구약성경이나 신약성경이 계시하는 종말론적 희망 및 우주의 회복과 관계되는 것은 아니다. 코헬렛이 조직화된 종말론 교리를 말한다고 보기도 어렵다. 구약의 지혜서들은 본질적으로 직접적 계시에 의한 역사적 심판을 말하거나 공유하지 않는다.

하지만 우리는 또다시 코헬렛이 지혜자 집단의 일원이었다는 사실을 기억해야 한다(전 12:9-10). 그는 지식을 가르치고 잠언들을 꼼꼼히 따져보고, 연구하고, 정리하여 생산하는 사람으로서 자기 생각을 창조적으로 표현하기 위해 예언자의 언어도 자유롭게 사용했을 것이다.

Ecclesiastes, 358). 그가 설명하지 않은 부분은 김순영, 『열쳇말로 읽는 전도서』, 204-6에서 먼저 소개했다.

그런 코헬렛의 독특성은 "너의 창조자를 기억하라"(전 12:1)는 말로 인류와 우주의 마지막 그림을 "하나님 경외" 신앙으로 집약시킨 것에서 분명하게 드러난다. 그는 종말의 묘사를 이스라엘 지혜 신학의 토대, 곧 "하나님 경외" 신앙과 연결함으로써 창조적인 방식으로 지혜 전통을 계승한다. 다시 말해 잠언이 "주님 경외"를 말하듯이 "하나님 경외"를 지혜의 중심 가치로 받들면서 지혜 신학을 계승하는 것이다. 하지만 코헬렛 특유의 비틀기는 사라지지 않는다.

그는 직접적인 청중(혹은 독자)으로 젊은이를 지목하며 호명한다(전 11:9). 그리고서 살아 있음과 죽음, 모든 것의 끝, 영원하지 않은 젊음과 한숨처럼 지나가는 삶을 "헤벨"로 정리하며 "청춘의 때"를 즐기라고 말한다. 그러나 갑자기 그의 논조가 긴박하게 변하며 긴장감을 불러일으킨다. 삶과 우주의 종말을 노래하는 지혜 시인의 어법이 어떻게 변하는지 아래의 표를 통해 살펴보자.

전 11:7-9	빛과 어둠
전 11:7	빛의 달콤함과 해를 보는 행복
전 11:8	즐거워해야 한다. 그러나 기억해야 한다(간접 명령) 이유, "헤벨"(8절)
전 11:9-10	즐거워하라(직접 명령) 이유, "헤벨"(10절)
전 12:1-8	기억하라(직접 명령) 이유, "헤벨"(8절)

지금까지 "헤벨"과 "즐거움"의 병행은 전도서 전체의 수사적인

구조를 결정하는 구성 방식이었다. 전도서의 마지막 부분에도 "헤벨" 판단(전 12:8)에 앞서 "즐거워하라"(전 11:10) 및 "기억하라"(전 12:1)는 명령이 자리한다. 그런데 전도서 11:7-8의 내용은 "즐거워해야 한다" 와 "기억해야 한다"로 번역할 수 있는, 히브리어의 간접 명령법(jussive) 으로 기록되었다. 반면 그 후의 어법은 직접 명령형으로 바뀐다(전 11:9-10; 12:1-7). 이런 어법의 전환이 긴장감과 긴박감을 더해준다.

코헬렛은 모든 것의 죽음, 곧 종말을 묘사한다. 하지만 그는 예언 자들과는 달리 하나님을 심판자로 내세워 구체적인 죄를 고발하는 방식을 취하지 않는다. 오히려 그는 종말을 묘사할 때도 전도서의 독특한 주제를 구조적으로 배열한다. 이때 "해를 보는 것과 모든 것의 즐거움"(a), "어둠의 날들"(b), "**헤벨**"(전 11:7-8, c)에 이어 또다시 "젊은 날의 즐거움"(a′), "심판"(b′), "**헤벨**"(전 11:9-10, c′)의 주제가 서로 미묘하게 연결된다(abca′b′c′).

전 11:7	해를 보는 즐거움	[a]
전 11:8	모든 것을 즐겨야 한다	
	그러나 어둠의 날을 기억해야 한다	[b]
	이유: 모든 날은 "헤벨"	[c]

전 11:9	젊은 시절을 즐겨라	[a′]
	그러나 알라-"심판"	
	마음의 슬픔과 몸의 고통을 버려라	[b′]
전 11:10	이유: "헤벨"	[c′]

이 도표에서 드러나는 것처럼 "어둠의 날들"(b)은 "심판"(b′)과 평

행하는 관계 속에서 의미를 확장한다. 더군다나 어둠의 날과 심판은 즐거움(a, a´)과 헤벨(c, c´) 사이에 신중하게 놓인다.[2] 이와 같은 구성적인 전략 안에서 코헬렛이 말하는 즐거움은 단지 권고가 아니라 기억하고 알아야 하는 거룩한 명령이 된다.

1. 빛의 달콤함과 해를 보는 즐거움(전 11:7-8)

이 부분은 독특한 방식으로 기록되어 있다.[3] 코헬렛은 지금까지 말해왔던 여러 담론의 대단원을 정리하며 달콤하고 즐거운 삶을 묘사한다.

> 빛은 달콤하고,
> 눈으로 해를 보는 것은 즐겁다(전 11:7).

> 빛을 보고 산다는 것은 즐거운 일이다.
> 해를 보고 산다는 것은 기쁜 일이다(전 11:7[새번역]).

> 빛은 실로 아름다운 것이라.
> 눈으로 해를 보는 것이 즐거운 일이로다(전 11:7[개역개정]).

---

2   김순영, 『열쇳말로 읽는 전도서』, 233. 전도서의 마지막 단락(전 11:7-12:8)과 맺음
     말(전 12:9-14)의 내용은 본래 나의 박사학위 논문에서 먼저 다루었지만 여기서는
     단행본인 『열쇳말로 읽는 전도서』를 주로 인용했다.
3   이 단락은 새로운 주제의 등장을 표시하는 접속사(ן)로 시작된다. 하지만 대다수 번역
     성경에서는 그 의미가 누락된다.

태초에 하나님은 빛이 존재하도록 명령하셨다. 하나님이 "빛"이 있으라고 말씀하셨고 그 말씀대로 빛이 생겨났다. 빛은 하나님이 보시기에 "좋았다"(토브). 코헬렛은 이런 빛의 창조 이야기를 기록한 창세기 1:3-4을 모방하듯이 말하며 빛이 "달콤하다"(מָתוֹק [마토크]), "즐겁다"(토브)고 표현한다. 여기서 빛은 살아 있음을 표현하는 은유다. 코헬렛에게는 살아 있다는 것 자체가 단맛을 주는 즐거움이다. 해를 눈으로 보는 일도 "즐겁다"(전 11:7b). 코헬렛은 창조된 세상이 하나님이 보시기에 "좋았다"(토브)라는 말을 가져와 우주가 처음 창조되었던 미지의 태곳적 시간을 모방하며 살아 있음의 감격을 노래한다. 그만큼 그는 현재의 감격을 태고의 역사와 연결하고 싶었을지도 모른다. 그는 현재가 언제나 미지의 시간과 맞닿아 있다고 말하는 듯하다.

코헬렛은 곧이어 사람이 여러 해를 산다면 항상 즐거워해야 한다고 권면한다. 그러나 그는 어둠의 날이 많다는 사실을 기억해야 한다고 덧붙인다. 왜냐하면 다가올 모든 것은 "순간"(헤벨)이기 때문이다(전 11:8). 살면서 해를 보는 달콤함과 즐거움은 어둠의 날과 대비된다(전 11:7-8). 하지만 코헬렛에게 빛과 어둠의 날은 공평하다. 그는 살아 있음의 달콤함과 즐거움만큼이나 어둠의 날을 기억한다. 여기서 코헬렛이 일관되게 유지해온 치우침 없는 균형 감각이 엿보인다. 빛과 해는 살아 있음과 충만함의 은유다. 하지만 코헬렛은 빛과 해를 어둠보다 강조하지 않는다. "어둠의 날들"이 함축하는 궁극의 의미는 죽음이다. 동시에 해 아래 현실 세계에서 겪어야 하는 다양한 슬픔과 고통의 날들도 거기에 포함된다.

피할 수 없는 죽음이 모든 사람에게 닥치듯 생의 순간순간마다 갖가지 기쁨과 슬픔이 쉴새 없이 교차한다. 그러니 어둠의 날이 많을 것을 기억해야 한다는 요청이 적실하게 느껴진다. 개역개정 성경은 어둠의 날들(캄캄한 날들)을 "생각할지로다"(전 11:8)라고 번역했지만 본래 히브리어 "이즈코르"(יִזְכֹּר)는 "기억해야 한다"는 뜻이다. 기억하는 행위는 단순히 과거를 회상하는 정도에서 그치지 않고 그것을 바탕으로 주의 깊게 생각하는 것까지 포함한다. 우리는 때때로 이해할 수 없는 부조리와 모순으로 가득한 현실 세계의 삶을 살아간다. 하지만 해 아래서 일어나는 모든 것이 "순간"(헤벨)이다(전 11:8). 코헬렛에게는 지나간 어제도 다가올 내일도 모두 "순간"이고 덧없다. 때문에 그는 신속하게 지나가는 덧없는 세월을 어떻게 살아야 할지 말해야 했다.

2. 즐겨라! 젊은이여, 너의 청춘을(전 11:9-10)

코헬렛은 가장 혈기 왕성한 나이의 "젊은이들" 곧 "청춘들"을 불러내 젊음의 날들을 즐기라고 권한다. 그리고서 "네 마음과 눈이 원하는 길을 따르라"(전 11:9)고 말한다. 그의 말이 살짝 당혹스럽다. 신실하고 경건한 삶을 표방하는 사람, 특히 보수적 신앙을 가진 독자에게 코헬렛의 말은 미숙한 낭만주의나 무책임한 쾌락주의를 조장하는 것으로 들릴지도 모른다. 그러나 코헬렛은 신속하게 모든 일에 심판이 있을 것이라는 준엄한 경고를 덧붙인다. 그리고 곧이어 등장하는 "그러나 알라"라는 명령은 긴장감마저 불러일으킨다.

청년이여, 네 어린 때를 즐거워하며

네 청년의 날들을 마음에 기뻐하여

마음에 원하는 길들과 네 눈이 보는 대로 행하라.

그러나 하나님이 이 모든 일로 말미암아

너를 심판하실 줄 알라(전 11:9[개역개정]).

즐거라! 젊은이여, 너의 청춘을.

네 젊음의 날들을 네 마음에 좋을 대로 행하라.

걸어라. 네 마음의 길을 따라, 네 눈에 보이는 대로.

그러나 알라.

이 모든 것에 대해 하나님이 너를 재판하실 것이다(전 11:9).

코헬렛은 유달리 젊음을 표현하는 다양한 어휘들―"청년이여", "네 어린 때를", "네 청년의 날들"(개역개정)―을 사용해 젊음을 강조한다. 여기서 "청년"은 말 그대로 "젊은이"(בָּחוּר[바후르])를 집합적으로 이르는 말이다. 사전적으로는 신체적으로 완전히 성숙하여 혈기 왕성하지만 아직 결혼하지 않은 사람을 일컫는다. 코헬렛은 청년에게 "즐겨라(שְׂמַח[세마흐]), 걸어라(וְהַלֵּךְ[베할레크]), 그러나 알라(וְדַע[베다])"고 명령한다. 그의 진의가 궁금하다. 그는 청춘들에게 눈과 마음에 원하는 모든 것들을 행하라고 권한 뒤에 하나님의 재판정으로 호출받을 준비를 하라고 말한다.

그렇다면 "재판"(심판[개역개정])의 의미는 무엇인가? "재판"이 포함된 문장을 있는 그대로 읽으면 "이 모든 것에 대해 하나님이 '그 재판에' 너를 오게 하실 것이다"라는 말이다. "그 재판에"(בַּמִּשְׁפָּט [바미슈파트])라는 어휘는 하나님이 궁극적으로 재판관으로 활동하실 것임을 말해준다. 하나님이 재판관으로 좌정하시는 "그 심판은 하나님의 우주적인 통치와 법칙의 개념이다."[4] 앞서 삶의 "헤벨"을 논하는 자리에서 삶의 즐거움을 권고했듯, 코헬렛은 젊음의 날을 즐기라는 조언에 이어 하나님의 재판정을 언급한다. 그는 늘 이런 식이다. 서로 양립하기 어려워 보이는 반대의 것들을 나란히 조화시키는 수사적 기질을 가졌다.

코헬렛이 "재판" 곧 "심판"을 처음 말한 것은 아니다. 그는 이미 모든 일에 때가 있어서 마침내는 하나님이 의인과 악인을 재판(심판)하실 것이라고 말했다(전 3:17). 하나님이 우주와 사람을 맨 처음 창조하신 태초의 시간이 죽음과 끝을 품고 있었던 것처럼, 코헬렛은 삶의 기쁨을 말하는 동시에 모든 것의 죽음, 곧 종말과 심판의 시간을 되새겨 보게 한다. 그러니 코헬렛이 삶을 즐기는 것과 심판을 함께 놓는 것은 속물적이고 무분별한 향락이나 절제되지 않은 방종과 무책임한 쾌락의 추구를 부추기자는 것이 아니다. 오히려 그 모든 것을 경계하게 하는 안전장치로서 심판이 뒤따른다.

코헬렛은 호기심과 열정이 가득하고 혈기 왕성한 젊은 날을 즐기라고 권한다. 하지만 이 즐거움은 삶에 대한 책임 회피와는 관련이 없다. 오히려 남용되지 않는, 순전하고 깨끗한 즐거움이 추천된다. 젊음을 환호하고 기뻐하고 즐기되 하나님의 심판이 있음을 알아야 한다. 즉 즐거움만이 아니라 신중함이 요구되는 것이다. 이는 코헬렛이 젊은이

---

4   *TWOT*, 2443c.

에게 촉구하는 독특한 삶의 질을 보여준다. 이어지는 구절은 코헬렛이 젊은이에게 촉구하는 삶의 질을 좀 더 구체화해준다.

> 그런즉 근심이 네 마음에서 떠나게 하며
> 악이 네 몸에서 물러가게 하라.
> 어릴 때와 검은 머리의 시절이 다 헛되니라(전 11:10[개역개정]).

> 네 마음의 걱정과 육체의 고통을 없애라.
> 혈기왕성한 청춘은 덧없이 지나가기 때문이다(전 11:10[새번역]).

> 제거하라, 네 마음의 초조함을.
> 벗어버려라, 네 육체의 악을.
> 젊음과 검은 머리는 순간이다(전 11:10).

앞서 코헬렛은 빛의 달콤함을 즐기되 어둠의 날들을 기억하고(전 11:7-8), 청춘을 즐기되 심판이 있음을 알라고 촉구했다(전 11:9). 여기서 삶의 기쁨은 신중함을 요구한다. 왜냐하면 어둠의 날이 언제 닥칠지 모르고 하나님의 재판정에 언제 회부될지 모르기 때문이다. 하지만 신중한 즐거움을 촉구하는 이유 한 가지가 더 있다. 청춘은 "순간"(헤벨)이라는 이유다(전 11:10).

코헬렛은 구체적으로 네 마음속에 있는 "초조함"이나 "분노"의 감정을 제거하고, 네 육체의 악을 벗어버리라고 권한다. 그 이유는 젊음의 시절이 "잠깐"(헤벨)이기 때문이다. 전도서 11:10의 문장 구성은 단순하지만 어휘의 해석이 쉽지 않다. 우선 구약성경의 다른 곳에 쓰이지 않는 "하얄두트"(הַיַּלְדוּת)는 젊음, 청춘을 가리킨다. 또 "핫샤하루트"(הַשַּׁחֲרוּת)는 "그 거무스름함"으로 직역할 수 있는 독특한 표현이다.[5] 널리 사용하는 우리말 성경에서 "핫샤하루트"는 "검은 머리"(개역개정) 또는 "혈기왕성한 청춘"(새번역)으로 번역되는데 이를 "인생의 새벽"으로 번역해도 좋을 것 같다. 왜냐하면 노년의 지혜 선생 코헬렛에게 "젊음"은 잠깐 있다가 사라지는 새벽안개, 곧 사라질 희뿌연 수증기처럼 일시적이기 때문이다.

지금까지 삶의 덧없음을 일관되게 외쳐온 코헬렛은 왜 논의의 끝자락에서 혈기왕성한 "젊음"이 순간처럼 덧없다고 또다시 말해야 했을까? 보통 사람들은 삶의 일시성을 잊고 산다. 더군다나 젊은이들은 젊음이 영원할 것처럼 착각하기 쉽다. 그래서 코헬렛은 젊은이들을 특정하여 젊음의 날이 속히 지나간다고 말하며 "마음의 불안을 버리라", "네 육체의 악을 벗어버리라"고 권하는 것이다. 이 두 권고는 문법적인 평행 관계로 연결된다. 더군다나 코헬렛이 의지의 영역인 사람의 마음과 육체를 예리하게 구분했을리 없다. 그는 마음의 불안이나 초조함과 몸에서 비롯되는 "악"(רָעָה)을 같은 의미로 말하지 않았을까? 마음의 병이 몸의 병으로 나타나듯 정신적인 초조함, 분노, 불안은 육체적인 "고통" 또는 "악"이 된다. 코헬렛은 이 둘을 모두 떨쳐버리라고 권한다. 젊

---

5   הַשַּׁחֲרוּת는 전도서에서만 발견되는 단어로서 다른 성경에서는 용례를 찾을 수 없다. 이 단어는 청춘의 상징인 "검은 머리"(TNK)나 "인생의 청춘기"(the prime of life[NAS]), 또는 "삶의 새벽"(the dawn of life[NRS]) 등으로 번역된다. 새번역 성경은 앞 문맥의 "젊은이"와 결합해 "혈기왕성한 청춘"으로 번역했다.

음의 날은 신속하게 사라지는 "순간"(헤벨)이다(전 11:10c). 그 "순간"의 즐거움을 앗아가는 불안이나 육체를 좀 먹는 행동을 "악"으로 여겨 제거하라는 코헬렛의 지혜 교훈은, 끝 모를 불안감에 사로잡힌 현대인들에게 더 절실한 삶의 진정제가 되기에 충분하다.

코헬렛은 모든 일에 때가 있다고 말했다(전 3:1). 그의 가르침은 삶의 시작, 청춘의 덧없음, 늙음과 끝이 있음을 자각하게 한다. 그는 중요한 생의 주기와 사건들을 관찰하면서 해 아래의 선과 악 사이에서 해결되지 않는 정의의 문제들을 깊이 고민하며 질문하기도 했다(전 4:1). 의로움이 보상받지 못하는 세상을 탄식하면서도 의로움을 포기하지 않는 코헬렛은 상반된 삶의 주제들을 능숙하게 다룰 줄 알았던 지혜 선생이었다. 그는 이번에도 삶의 즐거움을 당당하게 요청하는 동시에 심판과 죽음이 예정되어 있음을 강조한다. 코헬렛은 땅 위에 살면서 고행이나 금욕의 극단적인 삶을 추구한 것이 아니라 고결하고 가치 있는 삶이 무엇인가를 심각하게 고민한 사람이었다. 따라서 "헤벨"을 선언하면서 삶의 즐거움을 촉구하는 것이 전도서의 전부가 아니다. 그의 마지막 권고는 즐거움마저도 끝나게 하는 죽음과 심판, 곧 종말에 대한 현실 인식에서 비롯된다.

3. 그러나 너의 창조자를 기억하라(전 12:1-8)

우주에 시작이 있었다면 그 끝도 존재한다. 시작과 끝으로 표현되는 삶과 죽음의 양극성이 전도서의 마지막 부분에 집약적으로 묘사된다. 모든 생명의 시작과 죽음은 동서고금을 막론하고 인간의 한계성을 깨닫게 하는 주제다. 코헬렛은 삶의 여정에서 모든 종류의 슬픔과 기쁨의 현실들이 끝을 향해 간다고 노래한다. 그 노래를 통해 모든 것의 죽음, 곧 종말이 현재의 세계 안으로 끌려들어 온다. 삶의 모든 양상에 양극의 요소들이 존재한다는 사실을 지적해온 코헬렛은 이제 무차별적으로 발생하는 사태들을 맞이해야 하는 인생살이에 주목한다. "해 아래" 서 일어나는 갖가지 인생의 사건들은 한숨이나 새벽 안개처럼 순간이요, 모순이요, 역설이요, 모호함이요, 수수께끼요, 신비로 귀결되는 "헤벨"이다.

코헬렛은 해 아래서 경험하고 관찰하여 깨달은 바를 정리하며 끝도 없이 반복될 것 같았던 우주의 질서와 인생의 끝을 하나로 엮는다. 이는 하늘과 땅의 "계보"(תוֹלֵדוֹת[톨레도트], 창 2:4)를 인간의 "계보"(창 5:1; 6:9; 10:1; 11:10; 11:27; 25:12; 25:19; 36:1; 37:2)와 하나로 연결하는 창세기의 방식을 닮았다. 그의 목소리는 장엄하다. 그의 담론이 처음부터 글이었는지, 아니면 말로 전해진 것이었는지는 분명하지 않다. 하지만 무엇이 먼저였든 상관없이 그의 목소리는 엄숙하다.

코헬렛은 "그리고 너의 창조자를 기억하라. 너무 늦기 전에"(전 12:1)라고 명령한다. 우리말과의 어순 차이로 인해 히브리어의 강렬함을 전달하기가 쉽지 않다. "그리고 기억하라"는 첫 마디는 전도서 12:1-8을 하나의 의미 단락으로 묶는 중요한 열쇳말이다. 이 명령어에 뒤따르는 내용은 "~전에"(עַד אֲשֶׁר[아드 아쉐르])라는 부사구의 반복(전 12:1b, 2, 6)에 따라 단계적으로 발전하며(전 12:1/12:2-5/12:6-7) 의미가 분명해진다. 다시 말해 코헬렛은 "기억하라"는 명령어와 "~전에"

라는 부사구의 어울림으로 인류와 우주의 마지막 모습을 묘사한다. 그리고 곧바로 마지막 "헤벨" 판단을 선언한다(전 12:8). 이 선언은 전도서의 내부 틀을 구성하는 열쇳말이다.

코헬렛만의 독특한 구문 형태를 우리말 형식으로 제대로 표현하기란 쉽지 않다. 그런데 번역의 어려움만큼이나 본래부터 까다로운 구문도 문제다. 더군다나 심오하고 복잡한 심상들을 표현하는 은유적인 어휘들은 해석의 까다로움까지 증폭시킨다. 얼핏 보면 단순해 보이지만 전혀 간단하지가 않다. 하지만 앞서 살펴본 대로 부사구 "~전에"에 주목하며 시행을 나누면 글의 형식미가 드러나며 의미의 세계가 열린다.

전 12:1a	너의 창조자를 기억하라
전 12:1b	~전에(전 12:1b)
전 12:2	~전에(전 12:2-5)
전 12:6	~전에(전 12:6-7)

코헬렛은 앞서 미래의 불확실성과 사람의 무지를 말했다(전 11:1-10). 미래의 불확실성과 무지에 대한 감각은 인간의 한계 인식과 성찰로 이어진다. "해 아래"서 벌어지는 인간사와 세상사를 섬세하게 관찰한 코헬렛은 온갖 일을 "헤벨"이라고 선언했다. 그는 가장 혈기 왕성한 청년에게 "즐거워하라"고 명령했다. 그 이유는 젊음과 청춘은 "순간"이기 때문이다(전 11:10). 하지만 그것이 전부가 아니다. 코헬렛은 이제 본심을 드러낸다.

(1) 너의 창조자를 기억하라. 곤고한 날들이 닥치기 전에(전 12:1)

> 너의 청년 시절에 너의 창조자를 기억하라.
>
> 곤고한 날들이 오기 전에
>
> "내게는 어떤 즐거움도 없구나!"라고 말할
>
> 날들이 닥치기 전에(전 12:1).

긴박감이 느껴지는 "기억하라"는 명령은 감상에 잠긴 달콤한 추억이나 슬프고 아픈 기억 저편의 일들을 회상하라는 뜻이 아니다. 고디스(Robert Gordis)와 데이비스(Barry C. Davis)의 말처럼 "기억하라"는 명령은 신앙적인 엄숙한 선서를 위한 가장 적합한 선택 사항이다.[6] 아니 그 이상이다. 찬찬히 깊게 생각하며 일상의 변혁을 꿈꾸게 하는 말이다. 그 변혁은 적의에 찬 결연한 의지 표명이나 사람들을 동원하기 위한 거창한 구호로 성취되지 않는다.

즐거움과 심판 사이의 미묘한 틈을 파고든 것처럼(전 11:9), 코헬렛이 선택한 단어 하나하나에는 신중함과 독특함이 있다. 먼저 하나님을 "창조자"로 표현한 것이 유별나다. 그는 지금까지 우주를 창조하신 하나님을 가리킬 때 "엘로힘" 곧 "하나님"을 줄곧 불렀다. 그러나 그는 담론을 마무리하는 지점에서 가장 보편적 명칭인 "하나님"이 아니라 "너의 창조자"(בּוֹרְאֶיךָ [보르에카]; 너의 창조주[개역개정])를 기억하라고

---

6 Robert Gordis, *Koheleth: The Man and His World*, 340; Barry C. Davis, "Death, An Impetus for Life," in *Reflection With Solomon: Selected Studies on the Book of Ecclesiastes*, ed., Roy B. Zuck(Grand Rapids: Baker Books, 1994), 352에서 재인용.

말한다. 구약의 다른 지혜 본문인 잠언과 욥기는 하나님을 표현할 때 "창조하다"(בָּרָא [바라])가 아니라 "만들다"(עָשָׂה [아사])라는 동사의 분사형—"지으신 이"(עֹשֶׂה [오세], 잠 22:2; 욥 25:2; 37:5), 또는 "나를 지으신 분"(עֹשֵׂנִי [오세니], 욥 32:22; 35:10)—으로 표현한다.

"너의 창조자"(보르에카)라는 어휘는 "바라" 동사의 남성 복수 분사 형태에 소유격 접미어(2인칭 남성 단수)가 덧붙은 형태다. 따라서 이 "창조자"는 "엘로힘"처럼 남성 복수형으로 표현되었다. 이런 표현 방식은 유일무이하게 코헬렛에게서만 발견되고 다른 성경 어디에서도 발견되지 않는다.[7] 코헬렛은 태초에 하늘과 땅을 창조하신(창 1:1), 우주적인 힘과 주권을 가지신 하나님을 "너의 창조자"라고 표현하며 우주적 하나님을 개인적이고 사적인 관계 안으로 끌어당긴다. 먼 거리에서 우주를 관리하시는 초월적인 창조자 하나님을 "나-당신"의 친밀한 관계로 초청하는 셈이다. 이는 코헬렛이 언약적인 친밀성을 드러내는 "야웨"라는 이름을 단 한 번도 쓰지 않는 대신 사용한 대체 표현인 듯하다. 그렇다면 "너의 창조주"(개역개정)라는 표현은 우주의 "창조자"와 친밀한 언약의 이름 "야웨"에 상응하는 "주님"을 합성한 말이 된다.

무엇보다 "너의 창조자를 기억하라"는 촉구는 빈약한 인간의 기억력과 새로움의 부재를 강조했던 코헬렛의 전제를 되짚어준다(전

---

7   이사야서에서 "창조하다"의 분사형(בּוֹרֵא [보레])은 하나님을 나타내는 말로 모두 13회 사용되었다(사 40:28; 42:5; 3:1, 15; 45:7[x2]; 57:19; 65:17, 18[x2]). 여기에 소유 대명사가 결합한 형태인 "너를 창조한 자"(בֹּרַאֲךָ [보라아카])도 2회 등장하지만(사 12:1; 43:1), 전도서와는 달리 남성 복수형이 아니라 단수형으로 표현된다. 그 밖에 이사야 45:12과 54:5도 인류가 하나님의 창조물임을 밝힌다. 이는 전도서와 창세기의 관계성뿐만 아니라 지혜 문헌과 예언서 사이의 연계성을 밝힐 수 있는 증거 자료인 셈이다.

1:9-11). 코헬렛은 지나간 세대는 잊히고 앞으로 올 세대도 다음 세대가 기억해주지 않을 것이라고 말했다(전 1:11; 2:16). 그는 자기 민족의 고달팠던 역사와 구원을 떠올렸던 듯하다. 그리고 그는 우주를 만드신 창조자요, 우주의 주인이신 하나님을 강조하려고 "너의 창조자"라는 자기만의 독특한 용어를 만들어냈다. 이는 구원의 약속과 실현을 잊지 않고 "기억하시는" 하나님의 사랑과 인간의 빈약한 기억력을 견주어 창조자 하나님의 은총을 강조하는 코헬렛의 선포로 들린다. 하나님의 은총은 그분의 "파토스"에 근거해 발현한다.

> 이스라엘이 죽음의 땅 애굽에서 다시 회생할 수 있었던 것도 하나님의 기억 때문이었다. 그 누가 그 오래전의 언약을, 그것도 태곳적의 약속을 기억할 수 있겠는가? 사람의 기억은 무덤과 함께 잠들어버린다. 죽음의 세계에는 기억이란 없기 때문이다.[8]

기억은 과거로부터 무엇인가를 회상하는 것을 넘어 과거를 현재로 편입시키는 역동적인 개념이다.[9] 하나님의 기억은 하나님의 "정념", "열정", "정열"에서 비롯한다. 하나님의 "정열"은 인간의 본성으로 파고드는 힘이다. 그것은 하나님의 기억을 회생시키고 다시 사람의 기억을 소환하여 현재화한다. 그래서 코헬렛도 심판을 경고하는 예언자처럼 죽음을 맞는 불행한 날이 이르기 전에 "너의 창조자"를 기억하라고

---

8   류호준, "하나님의 파토스와 예언자 예레미야", 「구약신학저널」 1권(2000), 70-71.
9   *TDOT*, IV, 64-82.

긴박하게 요청한다. 죽음의 순간이 이르기 전에, 모든 존재의 시작을 알리는 창조의 때를 기억하라는 것은 죽음과 삶의 양극성 및 그 주관자이신 하나님을 되새기라는 뜻이다.

코헬렛에게 삶과 죽음은 결코 분리될 수 없다. 그의 가르침은 묵직하면서도 흥미로운 표현으로 가득 차 있다. "창조자"에 상응하는 히브리어 "보레"(בּוֹרֵא)와 "무덤"을 뜻하는 "보르"(בּוֹר)는 음가가 비슷하다. 이런 유사성은 창조와 함께 죽음을 생각하라는 외침으로 들린다. 이처럼 창조는 모든 인간 존재의 근거이며 배경이다. 그러니 "너의 창조자" 곧 "보르에카"라는 말은 사람과 하나님의 가까운 관계성만 드러내는 것이 아니라 삶과 죽음이 가까이에 있음을 생각하라는 의미를 띤다. 그리하여 "너의 창조자를 기억하라"는 말은 모든 피조물의 주인이신 "하나님과의 사귐"을 강조하면서 삶과 죽음이 먼 거리에 있지 않음을 표현한다. 이것은 대중화된 라틴어 경구 "메멘토 모리"(*memento mori*) 곧 "죽음을 기억하라"는 말보다 앞설 뿐만 아니라 더 깊은 울림을 전해준다.

코헬렛은 마지막까지 기쁨의 명령을 거두지 않으면서도 다가올 "심판"에 대한 신중함과 냉철함을 표출하며 창조자를 "기억"하라고 촉구한다. 기쁨은 "하나님의 선물이며 지금 여기를 위한 명령"이지만,[10] 코헬렛은 청춘의 나날들 동안 "불행한 날들"(문자적으로, 악한 날들), 다시 말해 "곤고한 날"(개역개정; 고생스러운 날[새번역])이 오기 "전에" 창조자를 기억하라고 요청한다. 그는 인간과 삶에 대한 낙관적인 전망을 붙드는 사람이 아니다(전 3:16; 4:1). 그래서 "불행한 날들"이나 "곤고한

---

10   Choon-Leong Seow, "Qohelet's Eschatological Poem," *JBL* 118(1999), 209-34.

날"을 말하는 데 주저함이 없다. 여기서 "불행한 날들"이란 개인적인 불행이나 사회적이고 공동체적인 갖가지 어려움을 통틀어 나타낸다.[11] 따라서 그 날들은 인생의 온갖 곤경과 비참함, 재난(전 11:2)과 죽음(전 12:5)의 상황들을 아우른다. 앞서 코헬렛이 삶의 종지부를 찍는 갑작스러운 날을 "재앙의 날"(개역개정), "악한 때"(새번역)라고 표현한 것처럼(전 9:12), "불행한 날들"은 갑자기 닥치는 최후의 죽음의 시간을 상정한다. 그러므로 "불행한 날들이 이르기 전에", "내가 어떤 기쁨도 찾을 수 없구나"라고 말할 날이 오기 전에 삶과 죽음이 멀리 있지 않음을 기억해야 한다.

(2) 너의 창조자를 기억하라. 종말이 이르기 전에(전 12:2-5)

코헬렛은 해와 빛, 달과 별이 어두워지기 전에, 비가 온 뒤에 구름이 다시 일어나기 전에 "너의 창조자를 기억하라"고 명령한다(전 12:1-2). 그는 종말이 마치 창조의 철회라도 되듯이 해와 달과 별의 빛이 암흑으로 돌아가는 상황을 묘사한다. 크고 작은 광명체들이 빛을 잃고 암흑이 되는 때를 상상해보았는가? 아니면 반대로 암흑이 환희의 빛으로 덮이는 창조의 순간을 상상해보았는가? 창세기는 우주가 맨 처음 빛을 발하던 순간, 곧 창조의 시간을 기록한다. 코헬렛은 창세기 1장이 해와

---

11   "불행한 날들"에 관한 해석은 해석자에 따라 다양하다. 도덕적인 타락, 스올의 암흑, 기쁨을 보장할 수 없는 "노년" 등을 의미하는 표현이라고 보는 해석들이 있다. 불행한 날의 문자적인 의미는 "악한 날"이다. 코헬렛은 지금까지 불행과 악을 표현하는 히브리어 רָעָה를 사용해 사회 또는 개인의 불행 및 그와 관련된 일련의 사태를 평가해왔다.

다른 광명체를 구분하듯 천체를 구분한다.

> 해와 빛과 달과 별들이 암흑이 되기 전에,
>
> 비 뒤에 구름이 다시 돌아오기 전에(전 12:2).

해는 변함없이 뜨고 지면서 제자리로 돌아가 거기서 다시 떠오르지 않던가?(전 1:5) 그러나 해의 반복적인 운동이 멈춘다. 해, 달, 별들의 운동이 지속되지 않는다. 우주의 질서가 멈춘다. 이런 일들은 암흑의 시간, 창조 사건을 무효화하는 시간, 우주의 운동이 멈추는 시간인 "그날에"(בַּיּוֹם[바욤], 12:3, 5) 일어난다. 일찍이 예언자들은 "그날", 곧 크고 두려운 "야웨의 날", 종말의 날에 관해 말했다(사 13:10; 렘 13:16; 욜 2:2, 10, 31[3:4]).

> 하늘의 별들의 무리가
>
> 그 빛을 내지 아니하며
>
> 해가 돋아도 어두우며
>
> 달이 그 빛을 비추지 아니할 것이로다(사 13:11[개역개정]).

> 그가 어둠을 일으키시기 전,
>
> 너희 발이 어두운 산에 거치기 전,
>
> 너희 바라는 빛이
>
> 사망의 그늘로 변하여
>
> 침침한 어둠이 되게 하시기 전에

너희 하나님 여호와께 영광을 돌리라(렘 13:16[개역개정]).

여호와의 크고 두려운 날이 이르기 전에
해가 어두워지기고
달이 핏빛같이 변하려니와
누구든지 여호와의 이름을 부르는 자는
구원을 얻으리니…(욜 2:31-32[개역개정, MT 3:4-5]).

다가올 "그날"에 관한 코헬렛의 묘사는 예언자들이 말하는 "야웨의 날", "크고 두려운 날"과 관계된 우주적인 재난 장면과 비슷하다. 무엇보다 해, 달, 별 등의 광명체들이 어두워지는 것은 야웨의 날과 관련된 대표적인 은유다(사 5:30; 13:10; 암 8:9; 욜 2:2, 10, 31[3:4]; 3:15[4:15]; 습 1:15).[12] 오랜 세월이 지난 후 예수님도 구약 예언자들의 언어를 자유롭게 인용하면서 환난이 닥치는 인자의 날에 해와 달이 빛을 잃고 별들이 떨어지는 하늘의 징조가 있을 것이라고 말씀하셨다(마 24:29; 막 13:24-25).

그날 환난 후에 즉시 해가 어두워지며
달이 빛을 내지 아니하며
별들이 하늘에서 떨어지며

---

12 Bartholomew, *Ecclesiastes*, 348. 구름이 몰려오는 것(겔 32:7)도 종말론적인 모티프로 여겨지곤 한다.

하늘의 권능들이 흔들리리라(마 24:29[개역개정]).

코헬렛은 빛들이 어두워지고 검은 구름이 하늘을 덮는 장면을 통해 예언자들이 말하는 종말의 이미지를 상상하게 한다. 예언자들이 말하는 종말의 날은 컴컴하고 어두우며 먹구름으로 뒤덮이는 날이다(욜 2:2). 구약에서 야웨의 날은 매우 중요한 신학적 주제다. 그날은 심판과 파괴라는 종말론적인 의미를 함축한다. 그러므로 전도서 12:3을 시작하는 첫 마디인 "그날에"는 빛과 어둠이 섞이고 낮과 밤이 교차하는 질서가 멈추어버리는 "그날"을 가리킨다. 창조의 질서와 환희가 사라지는 어둠의 날, 밤과 낮의 주기를 나타내주던 "날"이 철회되는 시간이다. 빛이 꺼진다는 것은 창조의 취소, 곧 태곳적 어둠으로의 회귀를 상징한다.[13] 창조 자체의 철회처럼 묘사되는 언어들은 우주적 재난의 광경을 심상으로 전달한다. 그 광경은 "그날에"로 시작하여 "집" 안과 밖에서 일어나는 일상의 혼돈으로 이어진다. 집안의 일상적인 일들이 중단되고(전 12:3), 공적인 장소들이 기능을 잃으면서 거리의 문들이 닫혀버린다(전 12:4). 스산한 거리의 풍경은 경제적·사회적인 활동이 멈춘 도시의 황폐한 모습을 떠오르게 하기에 충분하다.

종말을 떠올리는 "그날에"(바욤[전 12:3])는 관계사 "쉐"(שֶׁ)와 결합하면서 전도서 12:3-5을 지배한다. 그날의 이미지는 사람들이 거주하면서 일상을 안전하게 유지하는 "집"에서 시작되어 모두가 돌아가는

---

13   Fox도 빛이 소멸되는 어둠의 위협을 예언적인 개념으로 생각했다. Michael V. Fox, "Aging and Death in Qoheleth 12," in ed., Roy Zuck, *Reflecting with Solomon: Selected Studies on the Book of Ecclesiastes*(Grand Rapids: Baker Books, 1994), 393.

"영원한 집"으로 확장된다(전 12:5).[14] 먼저 "집 지키는 자들이 떨고 있다"(전 12:3a). 이는 단지 육체적 허약함의 묘사가 아니라 두려움의 표현이다(합 2:7). 문자적으로 "힘 있는 자들이 구부러진다"(전 12:3b)는 표현도 마찬가지다. 그날에는 능력과 부와 권세를 가진 자들이 위축되고 큰 소동이 일어난다. 이는 "용감하고 힘 있는 자들까지도 공포 속에서 떨게 하는 명백한 위협을 묘사한 것이며, 신에 의해 초래되는 임박한 파멸을 그린 것이다"(출 15:14-15; 사 13:6-8; 암 2:13-15).[15] 이런 묘사의 맥락은 예언자 아모스가 "빨리 달음질하는 자도 도망할 수 없으며, 강한 자도 자기 힘을 낼 수 없으며, 용사도 자기 목숨을 구할 수 없으며, 발이 빠른 자도 피할 수 없으며, 말 타는 자도 자기 목숨을 구할 수 없다"(암 2:14-15)라고 말했던 것과 비슷하다. 즉 일상적인 삶에서 위세를 떨치던 힘 있는 자들마저도 힘을 발휘할 수 없는 상황을 묘사한다.[16]

빵을 만들기 위해 곡식을 가루로 만드는 "맷돌 가는 여인들"의 수

---

14   Milton P Horne, *Proverbs-Ecclesiastes*, Smyth & Helwys Bible Commentary 12(Macon: Smyth & Helwys Publishing, 2003), 534.

15   Seow, *Ecclesiastes*, 377.

16   Seow, "Qohelet's Eschatotlogical Poem," 217. 신약성경에서 맷돌 가는 여인은 예수님이 마지막 때를 설명하는 비유에 등장한다(눅 17:36). 그 비유는 그 날과 때를 아무도 모른다는 결론으로 귀결되는, 인자의 오심과 관련된 여러 비유 가운데 위치한다. 구약성경에서 "힘 있는 남자들"이란 표현은 능력이나(창 47:6; 출 18:21, 25; 삼상 31:12; 왕상 1:42; 대하 26:8; 사 5:22), 용맹스러움과 용기를 나타낼 때(삿 3:29; 삼상 14:52; 18:17), 또 군인들(삿 20:44, 46; 삼하 11:16; 23:20; 렘 48:14)이나 지주 계급 및 상류층의 부유한 자들을 언급할 때 사용된다. 무엇보다 지혜문학에서 "힘"은 물질적인 부와 능력을 갖춘 사람들과 관계된다(욥 15:9; 20:15, 18; 잠 13:22, 시 49:7, 11:73:12). 따라서 전도서의 이 구절은 사람들이 하던 모든 일이 멈추는 "그날"(단수 명사형)을 묘사한다. 신약성경에 이르러 이런 광경은 언제 닥칠지 모를 마지막 때에 관한 담화에서 등장한다(마 24:40-51).

고도 멈춘다. 그 이유는 여인들의 수가 감소하기 때문이다(전 12:3cd). 생계를 유지하기 위한 일상의 노동이 이어지지 않는다. 여자들의 수가 왜 감소하는지 이유가 드러나지 않지만 재난으로 인한 갑작스러운 죽음을 어렵지 않게 추측해볼 수 있다. 전도서의 첫머리에서 간결한 시로 묘사된 출생과 죽음의 순환은 자연계에서 벌어지는 여러 일 중 한 부분이었지만(전 1:4), 이제 그 순환적인 질서가 무너져 버린다. 맷돌 가는 여인들의 감소는 예언자들의 종말 묘사에 나타나는 인구 감소와 비슷한 공포감을 불러일으킨다. 하나님은 이사야를 통해 "내가 사람을 순금보다 희소하게 하며 인생을 오빌의 금보다 희귀하게 하리라"(사 13:12[개역 개정])라고 경고하셨다.[17]

또 "창문을 내다보던 여인들"(창들로 내다보는 자[개역개정])이 어두워진다(전 12:3). 쉽게 이해하기 힘든 모호한 말이다. 하지만 이는 희망이 좌절되는 상황을 묘사하는 고대 이스라엘의 문학적인 표현과 연결된다. 즉 창문을 내다보던 여인들의 눈은 일련의 슬픔과 절망 때문에 희미해져 잘 보이지 않게 된다.[18] 사실 이 구절에 관한 그동안의 해석은 노인들의 노안 문제를 묘사한다는 알레고리적 해석이 지배적이었다. 하지만 그보다는 갑자기 닥치는 공포의 위협 앞에 노출된 무기력함의 묘사로 읽는 관점이 더 객관성이 있다.

갑작스러운 공포의 위협에 관한 묘사는 계속된다. 거리의 문들이 닫히고, 맷돌 소리가 줄어들고, 새들의 소리는 "높아지고",[19] 모든 딸의

---

17   Fox, "Aging and Death in Qoheleth 12," 393.

18   Bartholomew, *Ecclesiastes*, 349.

19   이 구절은 "새의 소리가 높아질 것이라"(וְיָקוּם לְקוֹל הַצִּפוֹר[베야쿰 레콜 핫치포르)

노래는 잦아든다(전 12:4). 고대 사회에서 성문은 공적인 장소였다. 성문은 경제적·사회적 활동의 중심으로서 사람들이 사업과 친교, 종교 활동, 장례식 등을 위해 모여드는 공간이었다(잠 1:21).[20] 코헬렛은 지금 성문 주변의 광장에서 벌어지는 일상의 모든 활동이 멈춘 상황을 묘사한다. 맷돌질하는 소리 같은 일상의 소음이 사라지고 노래로 표출되는 삶의 기쁨이 잦아드는 재난의 현장이 눈앞에 펼쳐진다(참고. 렘 25:10-11). 높아진 새들의 소리는 황폐한 거주지를 표현하는 불길한 징조로서(습 2:14), 청명한 하늘 아래 아침을 깨우는 경쾌한 새소리와는 거리가 멀다. 오히려 귀를 따갑게 하며 거슬리는 소음, 불길한 기운이 감도는 전조가 바로 높아진 새들의 소리다. 어떤 새들은 먹잇감의 죽음을 예감하거나, 사람이 멸절되는 장소로 모여들 때 기분 나쁜 소리를 낸다. 그래서 새들의 소리가 높아진다는 것은 죽음의 징후다.[21]

새들의 소리는 높아지는 반면 맷돌 소리와 딸들의 노랫소리는 잦아든다. "모든 딸들의 노래"(כָּל־בְּנוֹת הַשִּׁיר [콜-베노트 핫쉬르], 음악하는 여자들[개역개정])는 직업적으로 곡하는 사람의 노래가 아니라 찬양이나 승리를 축하하는 기쁨의 노래를 일컫는다. 고대 이스라엘에서 여자들이

로 직역할 수 있다. 같은 구절을 번역하면서 개역개정 성경과 NRSV는 동사의 주어가 불특정하다고 가정한다("새의 소리로 말미암아 일어날 것이며"[개역개정], "and one rises up at the sound of a bird"[NRSV]). 하지만 집합 명사로 사용된 "새의 소리"(לְקוֹל הַצִּפּוֹר)의 전치사 לְ(레)의 לְ은 명사 앞에 위치할 때 주어 기능을 하기도 한다(후대 히브리어). 이런 용례는 다른 여러 곳에서도 발견된다(전 9:4; 겔 44:9; 대상 7:21; 스 1:5). 다음 자료를 확인하라. Paul Joüon, T. Muraoka, 『성서 히브리어 문법』, 김정우 옮김(서울: 기혼, 2012), §125.1; E. Kutzsch, A. E. Cowley(ed.), *Gesenius' Hebrew Grammar*(Oxford: Clarendon Press, 1988), §143e.

20   Seow, "Qohelet's Eschatotlogical Poem," 217.
21   Seow, *Ecclesiastes*, 358.

승전을 기념하기 위해 마을 어귀에 나와 노래하던 관습을 기억한다면 (예. 삿 11:34; 삼상 18:6-7), 삶의 크고 작은 즐거움들이 사라져가는 어둡고 황폐한 광경을 상상할 수 있다. 사람들 사이에서 기뻐할 이유가 사라진 암울한 상황이다. 일상의 크고 작은 온갖 소리가 그친 황폐한 거리의 적막을 깨는 새들의 날카로운 소리는 불길함을 더해준다. 흉물스럽게 변해가는 거리 위로 인간이 통제할 수 없는 공포가 엄습한다.

그런데 전도서 12:2-5은 오랫동안 노화의 과정에서 발생하는 육체적 힘의 소실을 묘사하는 것으로 해석되어왔다. 전통적으로 굳어진 알레고리적 해석은 무비판적으로 수용되었고 교회의 오랜 역사만큼이나 그리스도인들에게 지대한 영향을 끼쳐왔다. 물론 문학적 알레고리를 완전히 무시할 수는 없다. 하지만 젊음과 노년의 대조에 초점을 맞추는 알레고리적 해석의 흐름을 극복하려는 다양한 시도들이 있었다. 예를 들어 문자적인 해석을 우선하는 사람들은 전도서 12:2-5을 죽음과 애도의 시간과 연결하며 가족과 사회 공동체의 비극적 상태를 묘사하는 만가(애가)로 읽었다.[22] 이런 시도는 전도서 12:2-5에 관한 알레고리적 해석의 흐름을 중화시켰다.

빛, 해, 달, 별들이 어두워지는 광경을 단순히 노년과 연관된 묘사나 만가의 내용으로 축소할 수 없는 여러 이유가 있다. 우리는 종래의 알레고리적 읽기 방식의 익숙함 때문에 무심코 놓쳐버린 것들을 꼼꼼히 따져보아야 한다. 먼저 "그날에"(שׁ בַּיּוֹם [바욤 쉐])로 시작하는 전도서

---

22   Charles Taylor, "The Dirge of Coheleth in Ecclesiastes 12," in *Reflecting with Solomon: Selected Studies on the Book of Ecclesiastes,* ed. Roy Zuck(Grand Rapids: Baker Books, 1994), 401-3; Fox, "Aging and Death in Qoheleth 12," 387.

12:3-4에는 남녀로 나뉘어 두 쌍을 이루는 4개의 복수 명사가 등장한다. 곧 "집 지키는 남자들", "힘 있는 남자들", "맷돌 가는 여자들", "창문으로 바라보는 여자들"이다. 알레고리의 관점에서 이런 요소들은 모조리 사람의 신체 기관을 가리킨다고 이해되었다. 그에 따르면 집은 인간의 몸을 가리키고 "집 지키는 남자들"은 팔, "힘 있는 남자들"은 다리, "맷돌 가는 여인들"은 치아, "창문으로 내다보는 여인들"은 눈을 가리킨다.[23] 이렇게 대중화된 관점에서는 전도서 12:3-4이 노년의 신체적인 쇠퇴 현상을 말한다는 것이 분명해 보인다. 그리고 이런 해석의 흐름은 우리말 성경에 그대로 반영되었다.

개역개정	새번역	공동번역
그런 날에는 집을 지키는 자들이 떨 것이며 힘 있는 자들이 구부러질 것이며 맷돌질하는 자들이 적으므로 그칠 것이며 창들로 내다보는 자가 어두워질 것이며(전 12:3).	**그때가 되면** 너를 보호하던 팔이 떨리고, 정정하던 두 다리가 약해지고, 이는 빠져서 씹지도 못하고, 눈은 침침해져서 보는 것마저 힘겹고(전 12:3).	**그날이 오면** 두 팔은 다리가 후들거리는 수문장같이 되고, 두 다리는 허리가 굽은 군인같이 되고, 두 다리는 허리가 굽은 군인같이 되고, 이는 맷돌 가는 여인처럼 빠지고, 눈은 일손을 멈추고 창밖을 보는 여인들같이 흐려지리라(전 12:3).
길거리 문들이 닫혀질 것이며 맷돌 소리가 적어질 것이며 새의 소리로 말미암아 일어날 것이며 음악하는 여자들은 다 쇠하여질 것이며(전 12:4).	귀는 먹어 바깥에서 나는 소리도 못 듣고, 맷돌질 소리도 희미해지고, 새들이 지저귀는 노랫소리도 하나도 들리지 않을 것이다(전 12:4).	거리 쪽으로 난 문이 닫히듯 귀는 멀어 방아 소리 멀어져가고 새소리는 들리지 않고 모든 노랫소리도 들리지 않게 되리라(전 12:4).

---

23   Roland E. Murphy, *Ecclesiastes*, WBC(Waco: Word Books, 1992), 118. 이런 읽기는 탈무드, 미드라쉬에 이은 타르굼의 영향 때문이다. 이에 관한 자세한 설명은 다음 자료를 참고하라. 카일, 델리취, 『전도서, 아가』, 302-20; 발터 침멀리, 『잠언, 전도서』(한국신학연구소, 1992), 385-86.

또한 그런 자들은 높은 곳을 두려워할 것이며 길에서는 놀랄 것이며 살구나무가 꽃이 필 것이며 메뚜기도 짐이 될 것이며 정욕이 그치리니 이는 사람이 자기의 영원한 집으로 돌아가고 조문객들이 거리로 왕래하게 됨이니라(전 12:5).	높은 곳에는 무서워서 올라가지도 못하고, 넘어질세라 걷는 것마저도 무서워질 것이다. 검은머리가 파 뿌리가 되고, 원기가 떨어져 보약을 먹어도 효력이 없을 것이다. 사람이 영원히 쉴 곳으로 가는 날, 길거리에는 조객들이 오간다(전 12:5).	그래서 언덕으로 오르는 일이 두려워지고 길에 나서는 일조차 겁이 나리라. 머리는 파 뿌리가 되고 양기가 떨어져 보약도 소용없이 되리라. 그러다가 영원한 집에 돌아가면 사람들이 거리로 쏟아져 나와 애곡하리라(전 12:5).

알레고리적 해석의 문제점을 살피기 위해 전도서 12:5의 내용을 히브리어 본문의 문자적인 의미와 함께 살펴보자.

더구나 높은 곳에서 바라보니

길에는 공포가 있고,

아몬드나무는 "혐오스러워지고",[24]

메뚜기는 발을 질질 끌며,

가시백화채나무는 쪼개지고,

사람은 그의 영원한 집으로 가니,

거리에는 통곡하는 자들이 돌아다닌다(전 12:5).

히브리어의 구문 형식을 그대로 놓고 읽으면 노년이나 노화의 과

---

24 구약성경의 고대 역본들(70인역, 시리아역, 불가타)과 현대 주석가 대부분은 이 단어의 어근을 "꽃이 피다"라는 뜻의 נצץ로 보고 베-이크톨형(וינץ)으로 고쳐 읽는다. 필사자의 오류라고 보기 때문이다. 이런 관점은 오늘날까지 그대로 이어져 대다수 학자는 א이 추가된 형태인 (וינאץ)를 거부한다. 두 가지 어휘는 동음이의어 관계인데 케티브의 원형인 נאץ는 "혐오하다"라는 전혀 다른 뜻을 지닌다. 나의 번역은 케티브를 수용한 결과다. 이때 첨가되는 모음 א은 수사적 의도에 따라 강조의 목적을 띠는 "강조의 알레프"라고 설명되기도 한다(*TWOT*, 1274b).

정을 묘사하는 내용은 찾을 수 없다. 먼저 형식의 측면에서 시행의 배열을 살펴보면 "아몬드나무"(살구나무[개역개정]), "가시백화채나무"(정욕[개역개정]) 사이에 "메뚜기"가 끼어 있다. 혐오스럽거나 쪼개지는 두 개의 식물 사이에 놓인 곤충의 상태마저 불길하다. 본래 구약성경에서 메뚜기는 황폐의 상징이다(출 10:5). 하지만 여기 등장하는 메뚜기는 특유의 날쌘 움직임이 사라져 버렸다.

그렇다면 왜 우리말 성경은 유달리 이 부분을 노년의 비애 묘사로 번역했을까? 실제로 "가시백화채나무(הָאֲבִיּוֹנָה[하아비요나])가 쪼개진다"라는 말은 전도서에서만 발견된다. 그런데 개역개정 성경은 이 구절을 "정욕이 그치리니"라고 번역했다. 아무래도 이 나무가 식욕과 성욕을 자극하는 식물로 알려졌기 때문인 듯하다.[25] 또한 후기 유대 문학은 아몬드나무의 흰 꽃이 노년의 백발을 의미하고 힘없는 메뚜기의 움직임은 노년의 힘들고 고통스러운 모습을 가리킨다고 보면서 노골적인 연결을 시도했다.[26] 이런 배경에서 "원기가 떨어져 보약을 먹어도 효력이 없을 것이다"(새번역)라는 위트 넘치는 번역까지 나올 수 있었던 듯하다. 더 나아가 이런 맥락에서는 사람이 자기의 "영원한 집"으로 간다(전 12:5)라는 말이 죽음을 향해 가는 노년의 상태를 보여주는 절정의 표현일 수밖에 없다.

하지만 좀 더 생각해보자. 전도서 12:3-5을 해석할 때 알레고리를 동원해 노년기를 비관하는 의미로 읽는 관점은 노년의 신체적 쇠퇴

---

25   BDB, 3; Murphy, *Ecclesiastes*, 113; Longman, *The Book of Ecclesiastes*, 272.

26   Longman, *The Book of Ecclesiastes*, 272.

를, 곧 노화의 과정을 맞이하기 싫어하는 통념에서 비롯된 것이 아니었을까? 반면 삶의 양극적인 사태들을 모두 수렴하는 코헬렛이 신체의 노화를 부정적으로 보았을까? 코헬렛은 노화를 삶의 자연스러운 일부로 받아들였을 가능성이 크다. 그러나 고대의 지혜와는 달리 21세기의 현시대를 사로잡은 사회적 통념은 젊음을 상품화하고 자연스러운 늙음의 과정을 추한 것으로 왜곡한다. 오늘날 사람들은 늙은이의 내면에 축적되는 지혜와 인격적 가치에는 별 관심이 없다. 젊은이다운 외모가 성숙한 지혜보다 훨씬 더 중요하게 여겨지고, 노인의 이미지는 추함이나 "꼰대"에 고착되기 일쑤다.

알레고리를 전제한 번역과 해석이 주류를 이루지만 좀 더 엄밀하게 읽는다면 전도서 12:4-5의 시행은 집 밖 거리의 풍경이 전체적으로 황폐해져 가는 음산한 분위기를 전달한다. 독자는 자연 질서의 붕괴, 인간의 죽음, 거리에서 통곡하는 자들의 음울한 상황을 상상하게 된다. 여기서 코헬렛은 예언서에 등장하는 애도의 풍습, 그리고 의인화된 도시와 땅에 관련되는 관용구를 자유롭게 인용한 것으로 보인다(욜 1:13-14; 암 8:10; 사 24:4; 사 3:26; 렘 4:28).[27]

밭은 폐허가 되고,
땅이 통곡하며(욜 1:10).

이 때문에 땅이 떨지 않겠으며,

---

27   Fox, "Aging and Death in Qoheleth 12," 393.

모든 주민이 애통해하지 않겠느냐?(암 8:8)

땅이 통곡하고 쇠잔하여지며(사 24:4).

그 성문은 슬퍼하며 애곡할 것이요(사 3:26).

이로 인해 땅이 애곡할 것이며,
위의 하늘이 어두워질 것이라(렘 4:28).

　그리고 끝내 모든 인류는 자기의 "영원한 집"으로 간다(전 12:5). 흥미로운 표현이다. 영원한 집은 어디인가? 무덤, 저 세상의 집이다. "영원"은 시간적 개념이지만 "집"과 만나면서 공간적인 개념으로 통합된다.[28] 전도서 12:3의 "집"은 지상에 거주하는 동안 살아가는 공간이지만 "영원한 집"은 저 세상의 공간이다. 앞서 코헬렛은 "한 세대가 간다"(전 1:4)라고 노래하면서도 그곳이 어디인지 말하지 않았다. 이제 그는 그곳이 "영원한 집"이라고 밝힌다.

　지금까지 코헬렛은 일관되게 죽음에 관해 말해왔다. 모든 사람이 죽는다(전 3:20; 5:15; 9:3). 지혜로운 자든 어리석은 자든 모두 죽음을 맞

28　"영원한 집으로 간다"라는 표현에서 사용된 동사는 죽음을 말하는 완곡어법이다. 이는 "모두가 한곳으로 가고…먼지로 간다"(전 3:20), "나온 곳으로 간다"(전 5:15), "죽은 자들에게로 간다"(전 9:3)라는 구절에서도 사용된다. 이환진은 "올람"을 시간 개념으로만 읽으면 그 정확한 의미를 발견하기 어렵다고 평가한다. 그는 북방 셈어로 기록된 새김글을 인용하면서 공간 개념에 관해 설명했다. 다음 자료를 참고하라. 이환진, "히브리어 올람, 그 시간과 공간", 「헤르메니아 투데이」 21(2003), 55-72.

이한다(전 2:15-16). 또한 죽음 앞에서는 사람이나 짐승이 똑같은 존재일 뿐이다(전 3:18-20). 그리고 이제 그는 일정한 공간에서 수립된 창조질서가 깨지는 것을 인류의 죽음, 곧 종말의 순간으로 묘사한다. 앞서 그는 독자에게 말을 건네며 반복적인 자연의 질서와 인류의 역사를 노래했다(전 1:4-11). 하지만 그 모든 것은 "그 끝" 곧 종말을 맞이해야 한다.

이런 관점에서도 전도서 12:2-5을 노화의 과정에 관한 묘사로만 읽어야 하는지 의문이 생긴다. 오히려 창조 때의 빛과 대비되는 어둠의 날로 표현되는 종말의 묘사로 읽어야 하지 않을까? 언제 닥칠지 모르는 불행이나 죽음, 곧 인간의 통제 밖에 있는 개별적인 죽음과 세상의 끝을 알리는 우주적인 종말의 묘사가 전도서의 끝자락에 자리한다.

코헬렛이 예언자의 언어를 자유롭게 사용하며 종말에 관해 무엇인가를 말하려 했다면 그의 진짜 의도는 무엇이었을까? 그는 "그날에"라는 말과 함께 종말론적인 심상을 떠올리게 하는 사건들을 묘사한다. 그의 언어는 좀 더 먼 창조의 시점까지 확장되며 주제를 통합한다(전 1:4-11; 12:1-7). 앞서도 살펴보았지만 이스라엘의 신앙은 일반적으로 배타적인 선민사상에 뿌리를 두고 있었다. 하지만 코헬렛은 우주 및 그 안에서 일정한 법칙과 질서를 보이는 창조세계를 노래했다(전 1:4-11). 그리고 담론을 마무리할 즈음에 이르러 창조의 질서가 철회되는, 모든 것의 죽음과 종말의 순간을 묘사한다. 이는 우리 주변에서 일어나는 작은 죽음들이 앞으로 닥칠 종말론적인 죽음과 관계된다는 사실을 천명한 셈이다.

이런 의미에서 코헬렛의 마지막 시에 "종말론적 죽음의 시사회"

라는 제목을 붙여도 좋을 듯하다.[29] 이 시는 크니림(Rolf P. Knierim)이 말하는 대로 하늘과 땅의 양극 개념이 갖는 신학적이고 인간적인 측면이 우주론적인 측면과 상응하는 그림을 보여준다. 우주적 질서를 보편 질서로서 인식하는 것은 지혜 안에서 수립된 법칙이다.[30] 따라서 모든 인류와 온 땅에 영향을 끼치는 우주적인 빛의 철회를 묘사하는 말들은 예언자들만의 것이 아니었다. 자연 세계와 일상의 갖가지 문제를 관찰하며 교훈들을 생산하고 전달하는 지혜자로서 코헬렛 역시 거기에 관심을 두었다. 그는 예언자들처럼 직접적인 계시를 받지는 않았다. 하지만 그는 직관력과 통찰력, 감수성을 가지고 예언자처럼 남들이 볼 수 없는 세계를 묘사할 수 있었다.

그런데 코헬렛은 우주적인 마침표가 마치 개인이 맞이해야 하는 죽음인 듯이 말한다. 이는 그가 "해 아래", "하늘 아래" 사는 사람에 관한 관심을 저버리지 않은 시대의 지식인이었기 때문이다. 그는 예언자들의 언어를 빌려 우주의 종말과 인간의 죽음을 묘사한다. 하지만 그렇다고 해서 그가 예언자들처럼 사회의 변혁이나 정치적 변화를 요구한 것은 아니었다. 오히려 그는 사람이 사는 동안 맞닥뜨리게 되는 소유, 지혜, 가치, 고통 등의 갖가지 문제들에 대해 어떤 태도를 지녀야 할지 고민하며 일상의 작은 변화를 꿈꾸는 사람이었다. 그의 말대로 인류는 "영원한 집"으로 간다(전 12:5). 사람(아담)은 자신의 근거인 "흙"(아다

---

29 "종말론적 죽음의 시사회"는 나의 스승인 류호준 교수가 먼저 사용한 표현이다.

30 Knierim은 야웨의 동료로 제시되는 지혜와 창조의 관련성을 이야기하며 야웨의 현존성을 우주의 질서 안에서 파악했다. 롤프 크니림, 『구약신학의 과제 1』, 강성열 옮김 (크리스천다이제스트, 2001), 318-50을 참고하라.

마)으로 돌아가고 생명을 주신 하나님께로 간다(전 12:7).

(3) 너의 창조자를 기억하라. 하나님께 돌아가기 전에(전 12:6-7)

"너의 창조자를 기억하라(전 12:1)…하나님께 돌아가기 전에"(전 12:7)
라는 명령은 마치 장엄한 선언문 같다. 이제 "~전에"라는 단위로 구분
되는 마지막 시행에 도착했다. 이 시행에서는 금으로 만들어진 등잔대
와 우물에 관한 묘사가 두드러진다. 은줄은 끊어지고 금 그릇은 깨지
며 샘의 물동이는 부서지고 우물의 도르래가 깨진다(전 12:6). 은줄과
연결된 등잔대(금 그릇)는 생명과 빛의 상징이다. 생명과 빛을 상징하는
물건들의 파괴는 죽음을 의미한다. 우주적인 빛이 소멸하는 장면과(전
12:2) 황폐한 거리의 광경을 지나(전 12:3-5) 이제 일상의 빛이 소멸하
고 샘이 파괴되는 상황이 펼쳐진다.

    샘에서 물동이가 깨지는 모습은 삶의 종말을 나타낸다. 구약에서
죽을 운명의 존재, 즉 사람은 신적 도공에 의해 흙으로 빚어진 그릇으
로 간주된다(참조. 창 2:4-7; 사 29:16; 64:8; 렘 18:6). 그래서 죽음은 종종
그릇이 깨지는 것과 연결되곤 한다(렘 22:28).[31] 또한 "보르"는 살아 있
는 물의 근원인 우물을 가리키지만(창 26:19), 무덤을 뜻하는 말이기도
하다(사 14:19; 잠 28:17; 시 30:3).

    더군다나 앞서 살펴본 대로 "보르"는 "너의 창조자"를 의미하는
"보르에카"(전 12:1)와 발음이 비슷해 창조의 의미를 다시 떠올리게 한

---

31   Seow, *Ecclesiastes*, 366-37; "Qohelet's Eschatological Poem," 232.

다.[32] 본문을 눈으로 읽지 않고 낭송으로 듣게 된다면 "너의 창조자를 기억하라"라는 말은 "너의 무덤을 생각하라"라는 소리로 들릴 수 있다. 코헬렛은 삶과 죽음이라는 시작과 끝을 말하면서 언어의 음가를 고려해 신중하게 어휘를 선택한다. 그 덕에 독자들은 또다시 삶의 양극성을 묵상하는 시간을 갖게 된다.

코헬렛은 이어서 먼지는 있었던 땅으로 돌아가고 생명은 그것을 주신 하나님께로 돌아간다고 말한다(전 12:7). 코헬렛은 "그 먼지"(הֶעָפָר[헤아파르])가 땅 위로 되돌아가고, "그 호흡"(הָרוּחַ[하루아흐]) 곧 생명(life-breath)은 그것을 주신 그 하나님께(הָאֱלֹהִים[하엘로힘])로 돌아간다고 말하며 인류의 본질을 규명한다(전 12:7). 가고 오는 세대의 지속적인 걸음은(전 1:4) 끝내 멈추고 만다. 모든 반복적인 운동의 종결이 선언되고 모든 인류는 맨 처음 사람에게 "숨"(루아흐; 영[개역개정])을 불어넣어 주셨던 분에게로 돌아간다.

하나님은 인류의 시조인 아담을 창조하실 때 땅의 "먼지"를 취해서 빚으신 후 당신의 호흡을 불어넣으셨다. 그리고 사람은 흙에서 왔으니 흙으로 돌아갈 것이라고 말씀하셨다(창 3:19). 사람의 생명은 전부 하나님께로 돌아간다. 죽음을 말하는 코헬렛은 삶의 끝(종말)을 알리는 데 목적을 둔다. 신약성경에서 강조되는 영원한 삶은 고려되지 않는다. 따라서 죽음은 땅의 먼지로 회귀하는 것으로 묘사된다. 하나님이 "땅의 먼지로부터" 사람을 지으셨기 때문에(창 2:7) 사람은 결국 땅의 먼

---

32   H. A. J. Krüger, "Old Age Frailty Versus Cosmic Destruction?", in *Qohelet in the Context of Wisdom*, ed. Anton Schoors(Leuven: Leuven University Press, 1998), 409.

지로 돌아간다(창 3:19). 이렇게 강조되는 창조 질서는 하나님이 삶과 죽음의 주인이심을 드높인다(전 12:1, 7). 삶과 죽음이, 그리고 모든 것의 시작과 끝이 창조자 하나님께 속한다.

코헬렛은 전도서 곳곳에서 "하늘 아래" 또는 "해 아래"라는 자기만의 언어로 인간사와 세상사를 제한하며 묘사했다. 반면 사후에 관해서는 어떤 관점도 밝히지 않았다. 다만 그는 다양한 담론의 끝자락에서 지상에서의 마지막 사건에 주목한다. 코헬렛이 삶과 죽음, 시작과 종말에 관해 말하려고 비유의 소재로 사용하는 용품들은 친근하면서 상징성이 강하다. 앞서 먹고 마시며 노동의 몫을 즐기라고 권고한 코헬렛은 죽음을 논하는 일에서조차 소소한 일상의 도구를 사용한다. 가장 평범한 일상과 사소한 것의 가치를 높이 사는 그의 태도가 오롯하다.

코헬렛은 하나님이 창조하신 세계에서 반복되는 질서 때문에 "해 아래" 새로운 것이 없다고 노래했다(전 1:9). 하지만 이제 그는 어제와 오늘, 그리고 내일의 모든 기억까지(전 1:10-12) 완전히 사라질 날을 노래한다. 바톨로뮤에 따르면 코헬렛은 인간의 개별적인 죽음을 말하는 동시에 주님의 날에 대한 종말론적인 비전을 연결하여 "너의 창조자를 기억하라"는 명령으로 하나님의 우주적 심판이라는 예언자적인 환상을 환기시켰다.[33] 앞서 밝혔듯이 코헬렛이 예언자들처럼 강렬한 종말의 환상을 경험한 것은 아니다. 또 그가 사후 세계에 관한 어떤 관점을 밝히는 것도 아니다. 하지만 끈질기게 삶과 죽음 중 어느 하나를 우위에 두지 않았던 그의 태도는(전 3:2; 4:2-3; 7:1-4), 종말을 마주한 순간까

---

33   Bartholomew, *Ecclesiastes*, 353.

지 지속된다.

어쩌면 코헬렛은 죽음(종말)이 두려움과 공포의 대상이 아니라 또 다른 복이라고 말하고 싶었는지도 모른다. 거기서 현재의 "즐거움"과 "종말"은 자연스럽게 연결된다. 언제 도래할지 모를 종말 앞에서 누리는 삶의 즐거움은 뜻밖에 허락되는 하나님의 선물이다. 이런 사실을 인식할 때 "지금 여기"를 위한 기쁨의 명령이 현실화한다. 모든 것의 끝, 죽음과 종말은 걸리적거리거나 불편한 장애물이 아니라 삶을 위한 추진력이 될 수 있다. 즐거움을 누리지 못하는 죽음(종말)의 시간을 생각하는 사람은 "지금"이라는 순간을 소중하게 여기기 때문이다.

마지막 시간은 언제 올지 아무도 모른다. 그래서 코헬렛은 그때가 이르기 전에 순간순간을 즐거워하는 것보다 더 좋은 것이 없다고 열정적으로 말한다. 그 누구보다 먼저 코헬렛은 한 송이 꽃에서 우주를 보았을 것이다. 그리하여 모든 담론의 끝자락에서 종말과 즐거움은 동등한 수준의 신학적인 천명(天命)이 된다.

코헬렛은 마지막으로 다시 말한다. "덧없고 덧없어라. 모든 것이 덧없어라"(전 12:8). 이제 코헬렛의 독특한 "헤벨" 경구가 삶에 대한 염세적인 절망을 표현한 것이 아님은 분명해졌다. 오히려 그것은 삶의 덧없음, 곧 일시성을 상기시켜 삶과 죽음의 창조자를 기억하도록, 모든 것의 시작과 종말을 헤아리도록 안내하는 지혜 신학의 초청이다. 코헬렛은 사람들이 말하고 싶어 하지 않는 삶의 "부정성"(negativity)을 피하지 않는다. 그는 비관적인 세상을 촘촘하게 들여다볼지언정 세상을 혐오하는 염세주의자나 비관주의자가 되지는 않는다. 다만 그는 냉철한 눈을 가진 현실주의자로서 자신이 하늘 위의 세계를 알지 못한다는 한계를 충실하게 인식한다. 그리고 "하늘 아래"의 덧없는 삶을 어떻게 살 것인지 질문하고 깨닫는 신앙인의 발걸음을 재촉한다. 그런 그가 전도서의 마지막 "헤벨" 경구(전 12:8)를 통해 삶과 죽음이 먼 거리에 있지 않고 지금 여기에 함께 존재한다는 사실을 기억하고 성찰하도록 다시 한번 촉구한다.

이제 전도서 12:9-14의 "맺음말"만 남았다. 하나님은 착한 것이든 악한 것이든 모든 행위와 은밀한 일을 판단하는 분이시다(전 12:14; 참조. 전 3:17; 11:9). 그렇기에 "하나님을 두려워하고 그분의 명령을 준수하라"(전 12:13)는 조언은 코헬렛의 마지막 조언으로 잘 어울린다. 또 같은 맥락에서 코헬렛의 모든 가르침은 일상적인 삶 가운데 종말론적 심판의 관점으로 고동치는 희망의 목소리로 전해진다. 모든 것은 "순간"(헤벨)이니 젊음의 날을 즐거워하되 창조자를 기억하고(전 12:1), 하나님을 두려워하며 그분의 명령을 지키라고 촉구하는(전 12:13), 마지막 한마디까지 일관된 그의 사상과 신학이 의미심장하다. 이런 관점을 유지하며, 편지의 "추신"처럼 전도서의 마지막에 기록된 맺음말을 자세히 읽어보자.

7장
맺음말
지혜자 코헬렛, "하나님을 경외하라"

(전 12:9-14)

전도서의 "맺음말"은 저자 코헬렛 자신의 해석적인 가필이다. 지금까지는 "나는 ~이었다"라든지 "나는 마음을 다해 살폈다" 등의 1인칭 화법이 전도서의 담화를 줄곧 이끌어왔다. 그러나 맺음말에 이르러 전도서 1:1에서처럼 3인칭 주어가 다시 등장한다. 이런 변화 때문에 전도서에 제3의 저자가 존재하고 그가 맺음말을 덧붙였다는 가설이 당연시되어왔다. 그런 가설이 지지를 받은 이유 중 하나는 코헬렛의 주된 메시지와는 달리 맺음말이 전도서를 정경다운 책으로 만들어준다는 것이었다. 이는 오랜 해석의 역사 속에서 전도서가 정통 신앙과 어울리지 않는 책으로 평가되어왔다는 증거이기도 하다.

그러나 제3의 저자에 의한 편집적 가필의 가능성이 활발하게 논의되었어도 맺음말과 전도서의 중심인 1인칭 담론들 사이에 깊은 유사성이 있다는 사실을 간과할 수 없다. 구체적으로 어휘와 주제의 측면에서 놀라울 정도의 일치성이 엿보인다. 맺음말에 사용된 단어 74개 중 58개가 본문의 단어와 일치한다. 이는 일관된 논조로 같은 주제를 제시하는 저자의 존재를 짐작하게 해준다. 따라서 제3자의 가필을 단정할 근거가 명확하다고 할 수는 없다. 또한 앞서 전도서의 이중 틀(전 1:1/1:2/12:8/12:9-14)을 다루면서 살펴보았듯이,[1] 맺음말을 이질적인 범주라고 단정하며 정경성 확보를 위한 후대의 첨가로 보는 것은 성급한 판단이다.

실제로 전도서를 읽으면 다른 지혜서와는 달리 독특한 문체와 수사 기법들의 모호성 때문에 당혹감이 느껴진다. 하지만 지금까지 전도서의 본문을 읽어온 것처럼 코헬렛이 이스라엘의 지혜 전통에서 심각하게 비켜난 것은 아니다. 그는 지혜 전통의 가장 중요한 하나님 경외 신앙을 견지하되 무비판적으로 수용하는 것이 아니라 현실 문제에 대한 비판적 상상력을 가지고 전통을 재해석하여 적용한다.

더군다나 맺음말에 등장하는 하나님 경외 및 심판의 주제는 갑작스러운 것이 아니다. 같은 주제가 이미 여러 차례 코헬렛의 담론 사이에서 발견되었다. 코헬렛은 내일을 알 수 없는 인간의 한계를 짚어가며 하나님을 두려워하라고 조언했다. 그뿐만 아니라 모든 일과 행위에는 심판의 때가 있음을 거듭 강조했다(전 3:16-17; 5:7; 7:18; 8:12, 13). 따라서 하나님 경외와 하나님의 심판이라는 주제가 반드시 경건한 제3의 저자에 의해 첨가되었다고 말할 수 없다. 전도서의 불온성을 전제한 채 이스라엘 지혜의 정통성을 옹호한다는 명분으로 또 다른 편집자

---

1   전도서의 이중 틀 구조는 Shead가 최초로 고안한 내용을 수정·보완한 것이다. Andrew G. Shead, "Reading Ecclesiastes The Outside In," *The Reformed Theological Review* 55(1996), 24-37을 참조하라.

전 1:1	전 1:2	"헤벨" 경구	전 12:8	전 12:9-14
	코헬렛의 정체성			

를 상정하는 것은 지나친 비약이다.

　　코헬렛은 지혜자였다(전 12:9). 그는 지식을 가르치며 지혜의 자료들을 수집하고 연구했던 사람이다. 코헬렛이 자기 글의 부록처럼 "남겨놓은"(יֹתֵר[베요테르]) 말이 맺음말이다. "베요테르"는 편지에 누락된 내용을 덧붙일 때 쓰는 "추신"과 비슷한 말로서 전도서 12장에 2회 등장한다(전 12:9, 12). 이 단어를 기준으로 전도서의 맺음말은 두 단락으로 구분된다.[2]

| 전 12:9-11 | 3인칭 서술(코헬렛의 정체 혹은 신분) |
| 전 12:12-14 | 명령형("나의 아들아": 전형적인 훈계 형식) |

"베요테르"로 시작하는 두 단락

　　코헬렛은 익명성을 고집하며 진짜 이름이 아니라 직임을 필명으로 사용한다. 여기서도 어휘의 모호함이 수수께끼처럼 작용한다. 코헬렛은 마치 자기가 편집자인 양 객관적 거리를 확보하며 실명을 제시하

2　전도서 12:9-11은 2(9, 10절)+1(11절)의 구성인 반면, 12-14절은 1(12절)+2(13, 14절)의 구성으로 되어 있다. 9-10절은 지혜자의 정체성과 활동 범위를 설명하고, 11절은 지혜자 집단과 지혜자들이 내놓는 잠언의 기원을 밝힌다. 12절은 보통 지혜 선생이 자기의 제자를 부를 때 쓰는 "나의 아들아"라는 어구로 시작한다. 이는 전형적인 지혜문학 양식을 보여준다(참조. 잠 1:8). 따라서 전도서 12:12은 특정 집단을 향한 권고라고 할 수 있으며 지혜자의 정체성과 활동 영역에 걸맞게 "공부"와 책 쓰는 일과 관계된 내용을 다룬다. 반면 13-14절은 모든 사람을 대상으로 하는 권고다.

구 분	구성 방식	대상(개별→전체)
전 12:9-11	2(9, 10절)+1(11절)	코헬렛→지혜자들
전 12:12-14	1(12절)+2(13, 14절)	"나의 아들"→모든 사람

지 않고 지혜자로서의 정체성만 드러낸다(전 12:9-11). 그리고 제자들을 향한 풍자적인 조언에 이스라엘 지혜 신학의 명제를 덧붙이는 것으로 글을 마무리한다(전 12:12-14).

1. 코헬렛의 정체(전 12:9-11)

> 전도자는 지혜자이어서 여전히 백성에게 지식을 가르쳤고
>
> 또 깊이 생각하고 연구하여 잠언을 많이 지었으며(전 12:9[개역개정]).

개역개정 성경의 번역에서는 드러나지 않지만 "추가 사항" 또는 "부록"이라고 읽을 수 있는 "베요테르"(전 12:9, 12)가 전도서의 마지막 단락을 열어준다.[3] 곧이어 코헬렛이 지혜자라는 사실이 밝혀진다. 앞서 코헬렛은 자신이 이스라엘 왕실의 후손인 것처럼 말했다(전 1:1). 또 자신이 실제 왕이라도 되듯이 1인칭 관점에서 왕으로서의 경험을 묘사했다(전 1:12). 그것도 모자라 전도서 7:27에서는 3인칭 여성형 동사(아메라)를 사용함으로써 의혹을 증폭시켰다. 하지만 그 모든 논란을 뒤로하고 "코헬렛은 지혜자"라는 사실이 분명해진다.

그 뒤에 이어지는 4개의 강조형 동사(가르치다, 경청하다, 조사하

---

3   마소라 학자들은 וְיֹתֵר에 분리 액센트(자켐 가돌)를 표시했다. 따라서 이 단어는 문장의 나머지 부분들과 분리해서 이해해야 한다. 이와 관련한 구문론적 논의와 설명은 다음 자료를 참고하라. 김순영, 『열쇳말로 읽는 전도서』, 300; Seow, "The Epilogue of Qoheleth Revised," 127-28.

다, 정리하다)는 코헬렛이 수행했던 일들을 요약해서 보여준다. 그는 백성들에게 지식을 가르치고 잠언들을 경청하며 조사하고 정리했다(전 12:9). 여기서 "경청하다"라는 말은 주의 깊게 생각한다는 의미를 지닌다. 또 "조사하다"라는 말은 생각하고 발견한다는 뜻이다. 더 나아가 "정리하다"라는 말은 "편집하다"라는 뜻까지 포함한다.[4] 따라서 코헬렛은 잠언을 기계적으로 정리한 것이 아니라 잠언들을 모으고 새로운 상황에 적용하며 의미를 새롭게 부여하는 해석학적인 작업을 수행했다고 보아야 한다. 시아우의 말대로 코헬렛의 활동은 쇄신(교정하고 개선하는 일)과 혁신(창조하고 구성하는 일)의 요소를 포함한다.[5]

다시 강조하지만 코헬렛은 지혜 선생답게 여러 차례 지혜의 글들을 인용했다. 코헬렛이 했던 일을 요약한 4개의 동사를 살펴보면 그가 잠언들을 새롭게 창조적으로 재구성했을 가능성은 매우 크다. 따라서 코헬렛은 진리의 말과 글을 찾고 정리하되 안전한 답습에 머물지 않고 전통을 쇄신하며 혁신을 꿈꿨던 지혜자라 하겠다.

이어서 코헬렛은 자신이 속한 지혜자 그룹이 어떤 성격의 글을 보존하고 생산해냈는지 설명한다(전 12:10-11). 코헬렛은 특별히 "기쁨의 말들"(דִּבְרֵי-חֵפֶץ[디브레 헤페츠])을 찾으려고 애썼다. 또 "진리의 말들"(דִּבְרֵי אֱמֶת[디브레 에메트])을 바르게 기록하려고 노력했다(전 12:10). "기쁨의 말들"(아름다운 말들[개역개정])과 "진리의 말들"(진리의 말씀들[개역개정])은 서로 평행 관계를 이룬다. 즉 "기쁨의 말들"은 곧 "진리의

---

4   Seow, *Ecclesiastes*, 385.

5   Seow, *Ecclesiastes*, 385.

말"과 동등하다. 진리의 말은 사람을 소생시키는 힘을 가졌기에 기쁨의 말이 될 수 있지 않을까? 지금까지 "헤벨"과 "기쁨"을 일관되게 병행시켜온 코헬렛에게 기쁨의 말은 단순히 감각적인 즐거움과만 관계되는 것이 아니다. 기쁨은 삶의 으뜸 되는 강령으로서 진리와 깊이 연결되어 있다. 이는 행복한 사람의 즐거움이 하나님의 "가르침"(토라) 안에 있다고 고백하는 시편의 내용을 떠올리게 한다(시 1:2). 이처럼 코헬렛은 진실함, 곧 진리가 함께하는 기쁨의 가치를 강조한다.

이어서 코헬렛은 조금 다른 각도에서 지혜자들의 말이 어떤 성격을 띠는지 설명하고 그 출처를 밝힌다.

> 지혜자들의 말은 몰이 막대기와 같고,
> 수집된 잠언들은 잘 박힌 못과 같다.
> 이것들은 한 목자로부터 받은 것이다(전 12:11).

> 지혜자들의 말씀들은 찌르는 채찍 같고
> 회중의 스승들의 말씀들은 잘 박힌 못과 같으니
> 다 한 목자가 주신 바이니라(전 12:11[개역개정]).

코헬렛은 자신을 포함한 지혜자들의 말이 가축들에게 사용하는 "몰이 막대기"(채찍[개역개정])나 몰이 막대기 끝에 "잘 박힌 못"과 같다고 말한다. 즉 그들의 말은 한마디로 "못 박힌 몰이 막대기"다. 이는 목자들이 지니고 다니며 목축에 사용하는 도구였다. 팍스의 표현을 빌리면 막대기와 못은 둘 다 찌르고 자극하는 것이어서 아픔을 느끼게 한다.[6] 목자는 양들이 위험한 곳으로 가면 찌르고 자극하는 고통을 주어 옳은 방향으로 이끈다. 그와 마찬가지로 지혜자들의 가르침에는 고통이 수반된다.

지혜자들의 말은 듣는 사람의 마음을 찔러 내적 고통을 유발한다. 이에 관해 침멀리(Walter Zimmerli)는 전도서가 "가시 박힌 책"이라고 표현했다.[7] 본래 진정한 앎과 깨달음에는 고통이 뒤따르기 마련이다. 지혜자의 말은 쉬이 위안을 허락하는, 듣기 좋은 말이 아니다. 그러니 지혜를 추구하는 사람은 듣고 싶은 것만 들으면 안 된다. 지혜의 말은 고통을 감내하며 받아들일 만한 가치가 있다. 여기서 우리는 "지혜로운 사람의 책망을 듣는 것이 우매한 자들의 노래를 듣는 것보다 낫다"(전 7:5)는 코헬렛의 말을 기억해야 한다.

코헬렛은 기쁨의 말들, 진리의 말들, 지혜자들의 말들, 수집된 잠언들이 모두 "한 목자로부터"(מֵרֹעֶה אֶחָד[메로에 에하드]) 온 것이라고 말한다(전 12:11). "한 목자"는 누구를 가리킬까? 이 문제에 대해 우리는 우선 지혜의 원천이며 제공자이신 하나님을 생각하게 된다(잠 2:6). 하나님을 목자에 비유하는 표현은 낯설지 않다(시 23:1; 사 40:11). 하지만 코헬렛은 하나님과의 직접적인 관계를 가리키는 표현을 꺼리며 하나님을 부를 때 야웨가 아니라 엘로힘을 사용해왔다. 따라서 코헬렛이 하나님을 "한 목자"라고 표현했을지 의문이 생긴다.

그러나 우리는 코헬렛이 "너의 창조자"(전 12:1)라는 독특한 말로

---

6   Fox, *A Time to Tear Down*, 354-55.

7   차준희, "전도서는 안티 페미니스트인가?", 127에서 재인용.

하나님을 지칭했다는 사실을 기억해야 한다. 그렇다면 "한 목자" 역시 하나님을 지칭한 것으로, 지혜의 근원이신 하나님을 목자에 빗대어 말한 셈이다. 이는 하나님이 이스라엘의 목자로서 광야에서 그들을 인도하셨다고 묘사하는 구약의 전승과 맥을 같이한다. 하나님의 구원 행위를 서술하는 성경의 문맥에서 하나님은 자기 백성을 안전한 초장으로 인도하는 목자로 등장하신다. 이는 고대 근동 사회에서 궁정을 배경으로 신적 권위를 묘사하는 냉정한 방식들과는 구별되는 표현 방법이었다.[8]

그런데 구약성경에서 "목자"는 이스라엘의 지도자들을 가리키기도 한다. "목자"로 번역되는 히브리어 "로에"(רֹעֶה)는 파수꾼과 구원자의 자격을 갖춘 사람을 일컫는 말로 사용된다. 예레미야 3:15─"내가 또 내 마음에 합한 목자들을 너희에게 주리니 그들이 지식과 명철로 너희를 양육하리라"(개역개정)─은 이에 관한 분명한 예다. 여기서 목자들은 하나님이 아닌 다른 사람들을 가리킨다. 또한 예언서가 묘사하는 심판의 맥락에서도 목자는 하나님이 아니라 다른 누군가다(사 13:20; 38:12; 렘 12:10; 33:12; 51:23; 암 1:2; 습 2:6; 참조. 사 31:4; 렘 49:19; 50:44; 암 3:12; 슥 11장).

고대 이스라엘의 족장 시대로 거슬러 올라가면 "아벨"도 목자였고(창 4:2), 다윗 역시 양 떼를 돌보는 목자였다(삼상 17:34-35). 다윗은 자신의 경험을 토대로 사망의 음침한 골짜기에서도 함께하시는 주님이 "나의 목자"이심을 고백했다(시 23:1). 또 다른 문맥에서는 하나님이 자신을 목자로 묘사하거나(겔 34:12), 다윗을 "한 목자"로 세워 양 떼를

---

8   I. Cornelius, "רֹעֶה," *NIDOTTE*, 3:1141.

구원하겠다고 선언하신다(겔 34:23). 더 나아가 목자의 이미지는 메시아적 의미로 수렴되어 고난받는 종의 모습과 겹쳐지기도 한다(슥 13:7; 12:10; 미 5:5).[9] 여기서 많은 글을 수집하며 백성들을 가르친 코헬렛이 "몰이 막대기"와 "한 목자"의 은유를 통해 메시아적인 기대를 미묘하게 드러낸 것이 아닌가 하는 생각도 든다.

이처럼 "한 목자"가 전달하는 심상은 다중적이다. 하지만 목자의 심상은 기본적으로 성실한 돌봄을 연상시킨다. 그리고 그 의미는 궁극적으로 하나님을 가리키는 것으로 수렴될 수밖에 없다. 따라서 지혜자들의 말이 "한 목자"로부터 왔다는 것은 그들의 말이 신적 권위를 갖는다는 의미다. 코헬렛은 이미 지혜의 근원이 하나님께 있음을 밝혔다. 그는 하나님이 당신의 마음에 드는 자에게 지혜를 주신다고 말했다(전 2:26). 욥도 지혜와 능력, 경륜, 지식, 조언, 슬기의 기원을 하나님께 돌렸다(욥 12:13). 예언자 이사야도 지식과 조언과 슬기의 기원을 하나님께 두었다(사 40:12-15).

이처럼 "한 목자"는 목가적인 풍경의 아름다움을 전하기 위한 표현이 아니다. 하나님께 기원을 두는 지혜자의 말은 목자가 사용하는 "못이 박힌 몰이 막대기"(전 12:11)처럼 독자들의 마음을 콕콕 찌른다. 하나님으로부터 발원한 지혜의 가르침은 필연적으로 고통을 불러일으킨다. 그렇다면 독자는 코헬렛의 가르침에 어떻게 반응해야 할까?

---

9   *NIDOTTE*, 3:1144.

2. 하나님을 두려워하라(전 12:12-14)

이어지는 맺음말의 후반부는 전반부와 동일하게 "베요테르"로 시작한다(וְיֹתֵר מֵהֵמָּה[베요테르 메헴마], 이것들 외에).[10] "한 목자"로부터 기원한, 지혜자들의 찌르는 말들에 코헬렛의 마지막 말이 덧붙는다.

> 나의 아들아, 이것들 말고도 경계할 것이 있다.
> 책들을 많이 만드는 것은 끝이 없고
> 많이 공부하는 것은 몸을 피곤하게 한다(전 12:12).

"나의 아들"은 지혜자들의 글에서 제자를 일컬을 때 전형적으로 사용하는 어구다. 그에게 주는 코헬렛의 경고는 독특하고 실제적이다. 책을 아무리 지어도 끝이 없고 많이 공부하는 것은 몸을 피곤하게 한다는 그의 조언은 꽤 널리 알려졌다.

여기서 "공부"로 번역된 히브리어 "라하그"(לַהַג)는 다른 성경에서 발견되지 않는 독특한 어휘다. "라하그"는 사전적으로 어떤 사물을 조사하고 생각하며 낱낱이 따져보는 행위를 의미한다. 더 나아가 "책에 열중하는 것"을 가리키는데,[11] 한마디로 무엇인가에 몰두하고 전념하여 연구하는 행위를 가리킨다. 전도서 12:12은 "책을 많이 만드는 것"과 "많이 공부하는 것"을 평행 관계로 배치하면서 이 두 가지 일이 서

---

10   이 구문은 문자적으로, "이것들에 더하여"로 읽을 수 있다. Fox는 "그리고 추가 사항이
      있다"로 번역한다(Fox, *A Time to Tear Down*, 356).

11   BDB, 529; *HALOT*, 173.

로 긴밀하게 연결된다는 사실을 알려준다.

책을 "쓰다"라고 하지 않고 "만들다"라고 표현한 점도 독특하다. 그가 말하는 책 만들기가 저술인지, 편집인지, 필사 작업인지 특정하기가 쉽지 않다. 아무래도 코헬렛은 그 모든 것을 아우르는 포괄적인 작업을 했을 듯하다(전 12:9). 그는 책 만드는 일을 얼마나 오랫동안 했을까? 얼마나 오랜 세월을 공부와 책 만드는 일에 매진했으면 끝이 없는 그 일이 몸을 피곤하게 한다고 느꼈을까?

전도서 1장에서 코헬렛은 돌고 도는 자연의 질서 속에 "모든 것이 지쳐 있다"고 말했다(전 1:8). 그런 그가 이제는 공부하고 책 만드는 일이 몸을 지치게 한다고 말한다. 이처럼 만물의 피곤함과 자기 일의 끝없는 고달픔을 하나로 묶어 역설적으로 풀어낸 최초의 지식인이 곧 코헬렛이 아니었을까 싶다.

하지만 "끝이 없는" 고달픔에도 끝이 찾아온다. 이제 코헬렛은 "끝말"(דָּבָר סוֹף[소프 다바르])을 제시한다. "끝"은 "처음"의 반대다. 앞서 코헬렛은 "모든 사람의 끝"을 말할 때 이 어휘를 사용했다(전 7:2). 그런데 "끝말"(소프 다바르)이라는 표현은 고대의 문학작품에서 발견되는 전형적인 용어로서 종결 양식에 사용되곤 했다(예. 단 7:28).[12] 한마디로

---

12 Seow, *Ecclesiastes*, 390. 이 종결 양식과 관련된 예를 살펴보자. "이것이 환상의 끝이다 (עַד־כָּה סוֹפָא). 나 다니엘은 이 생각 때문에 고민하여 얼굴색이 변하였지만, 이 일을 마음에 간직하였다"(단 7:28[새번역]). 여기서 주목할 점은 다니엘 2:4b-7:28이 아람어로 기록되었다는 사실이다. 따라서 이 본문은 코헬렛의 언어들이 아람어의 영향을 받은 후대 미쉬나 히브리어와 연결된다는 증거다. 욥기 31:40도 종결 양식을 사용한다("…이것으로 욥의 말이 모두 끝났다"[새번역]). 이 외에 "여기까지가 예레미야의 말이다"(렘 51:64[새번역]), "이새의 아들 다윗의 기도가 여기에서 끝난다"(시 72:20[새번역]) 등의 종결 양식은 욥기나 전도서의 경우와 정확하게 일치하지는 않

코헬렛은 지금까지 이야기한 모든 말의 결론을 제시한다.

> ¹³주의해야 할 모든 것이다. 마지막 말이다.
>
> 하나님을 두려워하고
>
> 그분의 명령을 지켜라.
>
> 실로 이것이 모든 사람의 임무다.
>
> ¹⁴하나님은 선한 것이든 악한 것이든
>
> 모든 행위와 모든 은밀한 일을 심판하신다(전 12:13-14).

코헬렛은 독자의 폭을 제자들에서 모든 사람으로 넓히며 마지막
으로 당부한다. 먼저 그는 하나님을 두려워하라고 말한다. 전도서에
서 "두려워하다"(ירא[야레])라는 동사의 목적어는 늘 하나님이었다(전
3:14; 5:6; 7:18; 8:12[×2], 13). 코헬렛은 현실의 도처에서 하나님을 두
려워해야 할 이유를 발견했다. 그는 하나님의 모든 일이 영원히 있을
것이지만 거기에 더하거나 뺄 수 없게 하신 이유 역시 사람이 그를 경
외하게 하려는 것이라고 말했다(전 3:14). 옛적이나 오늘이나 미래에
도 인간은 하나님의 일 앞에서 무력함과 앎의 한계에 봉착하게 된다.
전도서는 시종일관 측량할 수 없는 하나님의 일과 인간의 한계에 관해
말한다. 조급한 마음과 말의 실수(전 5:1-7), 지나친 의와 지나친 악으
로 표출되는 극단의 문제(전 7:15-18), 의인과 의, 악과 죄인의 문제(전
8:9-13)는 하나님을 두려워하라는 명령과 분리될 수 없는 주제들이다.

지만 비슷한 형식을 띤다.

그렇다면 "두려움" 곧 "경외"라는 말의 의미는 무엇인가? 앞서 밝혔듯이 하나님을 향한 두려움은 독단적이고 위협적인 신에 대한 공포, 원시적 개념의 두려움이 아니다. 오히려 사람이 스스로 한계상황을 인식하고 발현하는 자발적인 공경의 태도다. 궁극적으로 모든 인류의 현실은 하나님의 손안에 있다. 인간의 지혜와 지식으로 도무지 도달할 수 없는 무엇인가가 있음을 인식하는 지점에서 하나님을 향한 두려움이 발현된다.

코헬렛은 단 한 번도 하나님의 언약적 이름인 "야웨"를 부르지 않았다. 하지만 하나님을 두려워하라는 명령은 다른 지혜서에서처럼 중요한 주제로 다루어진다. 즉 "하나님 경외" 신앙은 지혜문학을 포함한 다른 구약성경에서와 마찬가지로 전도서에서 중요한 흐름으로 자리 잡는다. 이에 관해 델리취는 전도서가 하나님 경외에 관한 최고의 노래이며, 성경적 경건의 전형이라고 평가했다.[13] 사실 코헬렛은 야웨를 말하지 않으면서도 하나님을 "너의 창조자"(전 12:1), "한 목자"(전 12:11)로 부르면서 오묘한 방식으로 창조자 하나님과 언약의 하나님을 연결했다. 따라서 맺음말에 등장하는 하나님 경외 명령은 또 다른 편집자의 가필이나 첨가가 아니라 코헬렛의 메시지와 지혜 사상을 집약하는 해석학적인 열쇠다.

---

13 성경에 관한 비평적 연구가 활발해지면서 성경 본문의 본문 이전 단계에 관한 관심이 증폭되었기 때문에 학자들은 지혜의 인간적인 필요에는 관심을 두지 않고 오로지 본문의 역사 재구성에만 매달렸다. 자연스럽게 지혜서는 구약신학의 주변으로 밀려났는데, 그 이유는 이스라엘의 역사를 재구성하고 신학을 구조화하는 데 지혜서의 내용을 융화시키기가 어려웠기 때문이다. 그러나 Delitzsch는 지혜를 알레고리로 해석하지 않고 지혜의 문자적 의미를 추구했다.

"하나님을 두려워하라"는 지혜 신학의 주제를 제시한 뒤 코헬렛은 "그의 명령을 지키라"고 말한다. 이는 이스라엘의 오랜 역사 속에서 분명한 자취를 남긴 명령으로서 그 기원은 출애굽 이후 광야의 상황까지 거슬러 올라간다(신 5:29; 6:2; 8:6; 13:5; 17:19; 31:12).

다만 그들이 항상 같은 마음을 품어

나를 경외하며 나의 모든 명령을 지켜서

그들과 그의 자손이 영원히 복 받기를 원하노라(신 5:29[개역개정]).

코헬렛은 "토라"—"율법서" 또는 "율법"의 히브리어 명칭이다— 와 지혜 권면을 연결하며 율법의 지혜적인 성격을 드러낸다. 더군다나 코헬렛은 "가르침", "교훈", "안내"라는 본래 뜻의 "토라"를 일상의 삶으로 끌어들인다. 그의 명령 안에서 토라는 삶의 방향을 결정하고 이끄는 지혜와 유기적으로 연결된다. 그러니 코헬렛은 또 다른 편집자가 황급히 변호해주어야 할 이단적이며 불온한 사상을 가진 지혜자가 아님이 분명하다. 그는 지혜 전통을 계승하되 비판적인 방식으로 변용하며 쇄신과 혁신을 모색했던 지혜자라 할 만하다.

코헬렛은 전도서의 마지막 절에서 "심판"의 주제를 다시 꺼내 든다(전 12:14). 하나님은 모든 행위와 모든 은밀한 일을 선과 악 사이에서 심판하실 것이다. 이는 앞서 은유적인 방식으로 묘사한 종말론적인 광경과 이어지는 듯하다(전 12:1-6). 맺음말을 제3자의 가필이라고 주장하는 사람들은 여기서 말하는 심판이 전도서의 주된 내용과 이질적이라고 평가했다. 그러나 심판의 주제는 여기서 처음 등장하는 것이 아니다. 다음 구절을 살펴보자.

> 나는 마음속으로 생각했다.
> 하나님이 의인과 악인을 심판할 것이다.
> 왜냐하면 모든 일과 모든 행위에 대한 때가 있기 때문이다(전 3:17).

> 이 모든 것들에 대해 하나님이 심판으로 부르실 것이다(전 11:9).

마치 편지의 "추신"처럼, 또는 책의 부록처럼 쓰인 전도서의 맺음말에서까지 코헬렛은 종말론적인 심판을 놓치지 않는다. 물론 그는 그 심판이 구체적으로 어떤 모양일지 밝히지 않았다. 하지만 이로써 코헬렛이 줄곧 권하고, 긴급한 마음으로 명령했던 삶을 즐기라는 기쁨의 명령과 마지막 심판은 팽팽한 긴장 관계 안에 놓이게 된다.

앞서 코헬렛은 청춘의 짧음과 즐거움, 슬픔과 고통을 묘사하며 지금의 순간을 즐기라고 명하면서도 "너의 창조자"를 기억하라고 촉구했다. 또 그는 개인의 죽음과 우주적인 종말을 예언자의 언어로 엮어 노래했다(전 11:7-12:7). 하지만 그는 해 아래서 일어나는 온갖 일을 세심하게 관찰했던 사람답게 하나님의 심판을 다시 말하지 않을 수 없었을 것이다. 그가 남긴 마지막 말은 의미심장하다. "숨겨진 모든 것들과 모든 행위를 심판하시는 하나님을 잊지 말라"(전 12:14)는 당부는, 아직 도래하지 않은 심판에 대한 경각심을 일깨우며 무거운 책임감을 부여한다.

전도서의 맺음말(전 12:9-14)이 또 다른 편집자의 가필이라는 숱

한 주장들이 있었다. 하지만 그런 주장이 전도서 전체를 이해하는 데 어떤 공헌을 했을지를 묻는다면 코헬렛의 독특한 습관을 따라 "글 쎄요, 그랬을까요?" 하고 반문해야 할지도 모르겠다. 머피(Roland E. Murphy)의 말처럼 "저자와 그 가면 사이의 구별은 전도서 주석에 도움이 된다고 해도 많은 도움이 되지는 않는다."[14] 그리고 사실 전도서에서 코헬렛의 목소리와 다른 목소리를 구분하는 것 자체가 매우 모호한 작업이다.

창조자를 기억하라는 명령(전 12:1)과 하나님을 두려워하고 도래할 심판을 경계하라는 권면(전 12:14)은 분리될 수 없다. 선과 악 사이에서 은밀한 모든 것까지 판단하실, 최고의 재판장이신 하나님의 고유한 영역을 상기시키는 코헬렛의 마지막 말은 "너의 짧은 삶을 즐겨라. 그러나 기억하라"는 권고와 통합된다. 그리고 전도서의 구조를 결정하듯 반복된 말, 즉 모든 것은 "순간"(헤벨)이니 먹고 마시고 노동하며 즐거워하라는 촉구는 "끝"(종말과 죽음)이 이르기 전에 실천해야 할 기쁨의 강령이 된다. 모순처럼 보이는 "헤벨"과 "기쁨"의 어울림, 곧 먹고 마시며 노동하며 즐기는 삶으로 요약되는 행복 명령은 "하나님을 두려워하라"는 지혜의 큰 강물에 다시 합류한다.

---

14   머피, 『전도서』, 320.

전도서 읽기를 마치며
일상의 변화를 이끄는 작은 담론의 생산자로 부름 받다

전도서의 구조와 글의 질감을 표현하는 어휘, 구문, 문체들은 참 모호하다. 그러나 전도서의 모호성은 저자 코헬렛의 수사적인 전략이다. 수사 기법으로서의 모호성은 "낯설게 하기"를 목표로 하는 듯하다. 즉 독자들은 코헬렛이 만들어놓은 말의 숲속에서 그동안 익숙했던 신학과 신앙을 낯설게 느끼게 된다.

코헬렛의 언어는 저자와 독자 사이를 이어주고 소통하게 하는 도구가 아니라 훼방꾼처럼 느껴지기도 한다. 그래서 전도서 연구에 뛰어들었던 많은 해석자에게 전도서는 일관성 없이 써 내려간, 통일성이 없는 문제작처럼 보였다. 그 결과 여러 해석자가 전도서의 내용이 급진적이고 비정통적이라는 평가를 쏟아냈다.

전도서는 전통적이고 관습적인 지혜 문헌보다 좀 더 사색적이고 실존적인 성격이 짙다. 게다가 허를 찌르는 솔직한 발언이나 "이것이다"라고 말하다가도 "저것이다"라고 말을 바꾸는 모습이 불편하게 느껴진다. 하지만 "성경은 폭넓고 다양한 신학적인 신앙들을 표현하기 때문에 어느 것은 다른 것보다 더 정통적이라고 비교하여 논쟁하는 것은 불가능하다."[1] 오히려 구약의 다른 지혜서와 전도서 사이의 차이를 섬세하게 살피는 것이 더 옳지 않을까?

한편 전도서가 이스라엘의 전통 지혜가 맞닥뜨리게 된 위기 상황에서 출발했다고 보는 관점도 있다. 하지만 전도서는 여전히 지혜 전통의 핵심 가치인 "하나님 경외"의 신앙을 견지한다. 다만 코헬렛은 전통적인 지혜의 관점이 옹호하는 인과응보와 같은 기계적인 보상의 원리를 낙관적으로 적용하지 않는다. 그는 현실의 모순을 적나라하게 지적하며 전통 지혜에 대한 비판적인 수용과 통합을 시도한다. 이런 전도서의 시도는 다르게 보기를 통해 생겨나는 상상력을 통해 새로운 대안과 혁신을 꿈꾸게 한다.

하지만 전도서가 예전에 전혀 없던, 소스라치게 놀랄 만한 내용을 말하는 것은 아니다. 코헬렛은 삶과 죽음의 문제를 중심에 두고 삶의 양극적인 현실들을 동등하게 다룬다. 그는 "헤벨" 경구를 통해 삶의 현상들을 판단할 때마다 먹고 마시며 노동의 몫으로 즐거워하라고 조언한다. 단순하지만 가장 심원한 기쁨의 삶이 추천된다. 실제로 우리는 가장 사소한 곳에서 삶의 행복을 발견하지 않는가? 전도서는 가장 사소한 일상이 가장 신성한 것이라는 가르침을 선사하며 교리적으로 경직된 신학에 균열을 가져온다.

무엇보다 코헬렛은 삶과 죽음으로 대표되는 삶의 양극적인 사태에 관심을 둔다. 그가 죽음을 생명과 동등한 가치로 여기는 것은 죽기

---

1   Jennifer L. Koosed, *(Per)Mutations of Qohelet: Reading the Body in the Book*(London: T & T Clark International, 2006), 116.

를 원해서가 아니라 삶과 죽음의 창조자가 하나님이심을 말하기 위함이다. 그는 죽음의 보편성을 자각했다. 죽음은 인간이나 동물, 지혜로운 자나 어리석은 자, 의로운 자나 불의한 자, 깨끗한 자나 깨끗하지 않은 자, 악한 자나 선한 자가 차별 없이 동등하게 대면하는 일이다. 죽음은 말하기 껄끄러운 이야깃거리다. 그러나 코헬렛은 사람이 끝내 "영원한 집" 곧 무덤으로 돌아간다는 사실을 누누이 강조한다. 그는 사람이 흙에서 와서 흙으로 돌아가는 존재라는 창조의 원초적 원리를 각인한다.

코헬렛은 예언자들처럼 하나님의 직접적인 계시를 받아 말하지 않았다. 오히려 지혜를 교훈하기 위해 그가 신중하게 선택한 어휘들과 정교한 문체는 고백의 언어이자 토론의 언어다. 그의 언어는 삶의 문제를 다루되 생각의 폭이 유연해지고 넓어지도록 돕는 안내자 역할을 한다. 사실 그가 사용한 어휘들의 뉘앙스는 매우 모호하다. 하지만 그런 성격은 그만큼이나 세상이 깔끔하고 단정한 질서에 따라 작동하지 않는다는 사실을 드러내 준다. 우리가 사는 세상은 전통적인 지혜 가르침이 말하듯이 인과율에 따르는 보응의 원리가 지배하는 곳이 아니다. 굴곡과 희비극의 연속으로 얼룩진 세상에는 고통과 가난과 학대가 실재한다. 그래서 코헬렛은 지혜의 탁월성을 말하면서도 지혜가 항상 낙관적인 미래를 보장하는 것은 아님을 일깨운다. 그는 세상에 대한 정확한 판단과 일상의 구원을 고심할 수밖에 없었다.

그렇다면 지혜를 추구하는 인간의 갈증, 그 본질은 어디에 있을까? 지혜는 감추어져 있다. 이에 관해 코헬렛은 자신이 지혜 있는 사람이 되겠다고 결심했지만 지혜가 자신을 멀리했다고 고백한다(전 7:23). 또한 지혜는 너무도 멀고 깊어 누가 그것을 알 수 있겠느냐고 반문한다(전 7:24). 물론 잠언은 지혜가 지혜를 찾는 자에게 자신을 기꺼이 드러낸다고 말한다(잠 8:1-5). 하지만 욥이 사람의 손이 미치지 못하는 곳에 감춰진 상태를 묘사한 것처럼(욥 28:20-22), 코헬렛은 하나님이 자기가 하는 일을 처음부터 끝까지 깨닫지 못하도록 "미지"의 세계를 남겨두셨다고 말한다(전 3:11).

이처럼 하나님의 일을 깨닫지 못하는 인간의 현실을 논한 코헬렛은 "해 아래"의 모든 것을 "헤벨"(수수께끼, 이해할 수 없음)이라고 천명할 수밖에 없었다. 지혜는 너무 멀고 깊다는 사실, 세상은 수수께끼와 부조리로 가득하다는 현실을 직시하면서 그 "부정성"(negativity)을 피하지 않은 냉철한 현실주의자가 코헬렛이다. 그러나 냉철한 눈을 가진 현실주의자 코헬렛이 발설한 부정성은 하나님의 신비를 밝혀내는 긍정의 요소로 뒤바뀐다. 코헬렛은 독자들이 가장 사소한 것들의 소중함과 그것이 선사하는 즐거움, 그리고 그 안에 숨으신 하나님의 은밀한 질서를 발견하면서 차곡차곡 쌓이는 기쁨을 누리기를 기대한다. 하나님은 멀리 계시는 것 같아도 아주 가까이, 가장 작고 사소한 것들 속에서 기쁨을 주시는 분이기 때문이다.

결국 전도서는 하나님에 대한 믿음을 저버리지 말고 삶의 기쁨을 용기 있게 실천하면서 인생의 밝고 어두운 양면을 정직하게 대면하라고 우리를 부른다. 그 부름에 따라 우리는 삶과 죽음을 가로지르는 삶의 모든 양극적인 사태들을 공정하게 치우침 없이 마주해야 한다.

하나님에 관한 진실과 삶에 관한 진실을 말하기에 정직했던 코헬렛은 하나님이 사람에게 "영원"을 주셨지만 사람은 하나님이 하시는 일을 어렴풋이 알 수 있을 뿐, 그 일을 온전히 알 수는 없다고 말한다

(전 3:11). "하나님은 하늘에 계시고 너는 땅 위에 있다. 그러니 말을 적게 하라"(전 5:1)는 그의 조언은 감추어진 하나님을 있는 그대로 받아들이라는 권면이다.

> 형통한 날에는 기뻐하고 곤고한 날에는 생각하라.
> 하나님이 두 가지를 병행하사
> 사람이 그 장래 일을 능히 헤아리지 못하게 하셨다(전 7:14).

코헬렛은 계시를 받은 것은 아니었지만 예언자처럼 남들이 볼 수 없는 것을 보는 사람이었다. 그는 시인의 감수성과 통찰력, 그리고 직관으로 삶의 문제들을 살피면서 윤리적인 행위들과 신중함과 명민함에 초점을 맞추어 가르침을 베풀었다. 그의 지혜 가르침은 다른 신학적인 영역들과 중첩되기도 하는데 그 중심점에는 "토라"가 있다. 구약의 예언과 지혜는 토라가 무게중심에 자리한 이등변 삼각형을 구성한다. "토라의 원리 전개가 예언이라면 지혜는 토라에 대한 반응이다."[2] 따라서 지혜와 토라의 관계는 현실적인 신앙의 차원에서 결코 분리될 수 없다. 더군다나 "율법"으로 번역된 "토라"는 본래 "가르침", "교훈", "방향", "안내"를 의미한다. 즉 토라는 예배뿐만이 아니라 사회적·도덕적·경제적 일상을 하나님의 뜻에 맞게 살아가는 것에 대한 지침이다. 물론 지혜와 법률적 가르침인 토라가 똑같지는 않다. 하지만 토라는 법

---

2   C. Hassell Bullock, "Wisdom, The 'Amen' of Torah," *JETS* 52/1 (2009), 5-18. 이 논문은 지혜와 토라의 관계를 충실하게 이해하는 데 큰 도움을 주었다.

적인 의미를 넘어서 일상에 관한 일관된 가르침이기도 하다. 따라서 토라에 대한 반응은 지혜로 이어질 수밖에 없다.

이런 흐름에서 지혜의 실제적인 측면과 계시가 통합된다. 다시 말해 지혜는 일상적이고, 자연적이고, 인간적이고, 신학적인 차원들과 결합해 삶에 대한 개인의 태도를 형성한다. 신적인 주제보다는 인간과 세상에 관심을 두는 구약의 지혜문학은 인간 중심적으로 보일 수 있지만 도리어 그 반대다. 특히 갖가지 삶의 현실을 직시하며 그 한계를 드러내고 하나님을 두려워하도록 요청하는 전도서의 지혜 가르침은 인간 중심적인 생각을 혁파한다. 코헬렛은 모든 담론을 정리하면서 우주의 시작과 끝을, 인류의 시작과 끝을 주관하고 조절하시는 창조자 하나님을 두려워하라고 촉구하는 지혜 강령을 제시한다.

마지막으로 나는 전도서가 현실에 뿌리내린 경건을 위한 가르침이라는 사실을 다시 한번 강조하고 싶다. 전도서는 세상과 삶의 보편성과 예외성을 포괄하는 담론들을 제공하는 현실 해부의 현장성을 갖추었다. 우리는 전도서를 통해 숨겨진 실체의 이면을 발견하며 사물을 새롭게 보게 된다. 이로써 지혜 선생 코헬렛은 시간의 간극을 초월하여 지금 우리 시대에 영향력을 행사한다. 코헬렛은 마치 철학자처럼 우리에게 말을 걸어온다. 그는 익숙함을 잠시 제쳐 두고 당연함에 물음표를 던지며 일상의 세계, 곧 타인을 만나고 교신하는 "지금 여기"에서 마음의 밑자리를 성찰하도록 우리를 이끈다. 그의 손에 이끌려 지혜 전통의 신앙을 계승하는 우리, "지금 여기" 존재하는 교회는 신앙과 현실 이해의 역동적인 상호작용을 폭넓게 다루어 일상의 변화를 이끄는 작은 담론들의 생산자가 되라는 부름 앞에 서게 된다.

김광식.『김광석과 철학하기』. 서울: 김영사, 2016.

김순영. "전도서의 일상과 노동의 관점: 전도서 2:18-26을 중심으로". 「성경원문연구」 42(2018): 22-43.

____.『열쳇말로 읽는 전도서』. 한국구약학총서 20. 용인: 프리칭아카데미, 2011.

____. "모호한 이름 코헬렛의 정체성 탐색". 「구약논단」 70(2018): 94-123.

류호준. "하나님의 파토스와 예언자 예레미야". 「구약신학저널」 1권(2000): 51-76.

머피, 롤란드 E.『전도서』. WBC. 김귀탁 옮김. 서울: 솔로몬, 2008.

박동환.『x의 존재론』. 서울: 사월의책, 2017.

볼프, 한스 발터.『구약성서의 인간학』. 문희석 옮김. 서울: 분도출판사, 2003.

브루그만, 월터.『구약신학』. 류호준, 류호영 옮김. 서울: 기독교문서선교회, 2003.

엘룰, 자크.『존재의 이유』. 박건택 옮김. 서울: 규장, 2005.

유종호 등.『문학비평용어사전』. 한국문학평론가협회 편. 서울: 국학자료원, 2006.

이환진. "히브리어 올람, 그 시간과 공간". 「헤르메니아 투데이」 21(2003): 55-72.

장켈레비치, 블라디미르.『죽음에 대하여』. 서울: 돌베게, 2016.

침멀리, 발터.『잠언·전도서』. 서울: 한국신학연구소, 1992.

크니림, 롤프 P.『구약신학의 과제 1』. 강성열 옮김. 서울: 크리스천다이제스트, 2001.

크렌쇼, 제임스 L.『구약 지혜문학의 이해』. 강성열 옮김. 서울: 한국장로교출판사, 1993.

클리포드, 리처드 J.『지혜서』. 안근조 옮김. 서울: 대한기독교서회, 2015.

차준희. "코헬렛은 안티페미니스트인가?: 전도서 7장 25-29절을 중심으로". 「구약논단」 20권 2호(2014); 127-55.

촘스키, 노엄, 베로니카 자라쇼비치, 드니 로베르.『촘스키, 누가 무엇으로 세상을 지배
　　하는가』. 강주헌 옮김. 서울: 시대의 창, 2015.

현창학.『구약 지혜서 읽기』. 수원: 합신대학원 출판부, 2009.

Bartholomew, Craig G. *Ecclesiastes*. Grand Rapids: Baker Academic, 2009.

Barton, George A. *Ecclesiastes*. International Critical Commentary. Edinburgh: Clark,
　　1971.

Bullock, C. Hassell. "Wisdom, The 'Amen' of Torah." *JETS* 52/1(2009): 5-18.

Crenshaw, James L. *Ecclesiastes*, OTL. London: SCM Press, 1988.

Fox, Michael V. "Aging and Death in Qoheleth 12," in ed. Roy Zuck, *Reflecting with
　　Solomon: Selected Studies on the Book of Ecclesiastes*. Grand Rapids: Baker
　　Books, 1994.

_____. *The JPS Bible Commentary: Ecclesiastes*. Philadelphia: The Jewish Publication
　　Society, 2004.

_____. *A Time to Tear Down & A Time to Build Up*. Grand Rapids: Baker Academic,
　　1999.

Fredericks, Daniel. C. *Qohelet's Language: Reevaluating Its Nature and Date*. Ancient
　　Near Eastern Texts and Studies 3. Lewiston, NY: Mellen Press, 1998.

Fredericks, Daniel C., Daniel J. Estes. *Ecclesiastes & The Song of Songs*. Apollos Old
　　Testament Commentary. Nottingham: Apollos, 2010.

Garrett, Duane A. *Proverbs, Ecclesiastes, Song of Songs*. NAC. Nashville: Broadman,
　　1993.

Gault, Brian P. "A Reexamination of Eternity in Ecclesiastes 3:11." *Bibliotheca Sacra*
　　165(2008): 39-57.

Goshen-Gottstein, M. "Tanakh Theology: The Religion of the Old Testament and the
　　Place of Jewish Biblical Theology," in eds., Patrick D. Miller, Paul D. Hanson,

S. D. McBride, *Ancient Israelite Religion: Essays in Honor of Frank Moore Cross.* Philadelphia: Fortress, 1987.

Hengstenberg, Ernest W. *A Commentary on Ecclesiastes.* Eugene, Oregon: Wipf & Stock Publishers, 1998.

Horne, Milton P. *Proverbs-Ecclesiastes.* Smyth & Helwys Bible Commentary 12. Macon: Smyth & Helwys Publishing, 2003.

Hubbard, David. *Mastering the Old Testament: Ecclesiastes, Song of Solomon*, ed., Lloyd J. Ogilvie. Dallas: Word Publishing, 1991.

Johnson, Raymond Eugene. *The Rhetorical Question as a Literary Device in Ecclesiastes.* Ph. D. Dissertation. The Southern Baptist Theological Seminary, Louisville, 1986.

Koosed, Jennifer L. *(Per)Mutations of Qohelet: Reading the Body in the Book.* London: T & T Clark International, 2006.

Krüger, H. A. J. "Old Age Frailty Versus Cosmic Destruction?," in ed. Anton Schoors, *Qohelet in the Context of Wisdom.* Leuven: Leuven University Press, 1998.

Krüger, Thomas. *Qoheleth.* trans. O. C. Dean Jr. ed. Klaus Baltzer. Hermeneia: A Critical and Historical Commentary on the Bile. Minneapolis: Fortress, 2004.

Limbrug, James. *Encountering Ecclesiastes: A Book for Our Time.* Grand Rapids: Eerdmans, 2006.

Longman III, Tremper. *The Book of Ecclesiastes.* NICOT. Grand Rapids: Eerdmans, 1998.

Miller, Douglas B. "What the Preacher Forget: The Rhetoric of Ecclesiastes." *CBQ* 62(2000): 215-35.

Ogden, Graham S. "The better-proverbs(tob-spruch), Rhetorical Criticism, and Qoheleth." *JBL* 96/4(1977): 489-505.

Ogden, Graham S., Lynell Zogbo. *A Handbook on Ecclesiastes.* New York: United Bible Societies, 1997.

Parsons, Greg W. "Guidelines for Understanding and Proclaiming the Book of Ecclesiastes, Part I." *Bibliotheca Sacra* 160(2003): 159-73.

Perdue, Leo G. *Wisdom Literature: A Theological History.* London: Westminster John Knox Press, 2007.

Perry, T. Anthony. "Kohelet's Minimalist Theology," in ed. Anton Schoors, *Qohelet in the Context of Wisdom.* Leuven: Leuven University Press, 1998.

_____. *Dialogue with Kohelet: The Book of Ecclesiastes.* Pennsylvania: The Pennsylvania State University, 1993.

Schoors, Anton. *The Preacher Sought to Find Pleasing Words: A Study of the Language of Qoheleth I, II.* Leuven: Peeters, 1992-2004.

Seow, Choon-Leong. *Ecclesiastes*, The Anchor Bible 18C. New York: Doubleday, 1997.

_____. "Qohelet's Eschatological Poem." *JBL* 118(1999): 209-34.

Shead, Andrew G. "Reading Ecclesiastes The Outside In." *The Reformed Theological Review* 55(1996): 24-37.

Taylor, C. "The Dirge of Qoheleth in Ecclesiastes 12," in ed. Roy Zuck, *Reflecting with Solomon: Selected Studies on the Book of Ecclesiastes.* Grand Rapids: Baker Books, 1994.

Treier, Daniel J. *Proverbs and Ecclesiastes.* Brazos Theological Commentary on the Bible. Grand Rapids: Brazos, 2011.

Watson, Wilfred. *Traditional Techniques in Classical Hebrew Verse.* Journal for the Study of the Old Testament Supplement 170. Sheffield: Sheffield Academic, 1994.

Wright, Addison G. "Additional Numerical Patterns in Qoheleth." *CBQ* 45(1983): 32-43.

일상의 신학, 전도서
지금, 여기, 행복한 일상을 위한 코헬렛의 지혜 탐구

Copyright © 김순영 2019

1쇄 발행	2019년 5월 24일
4쇄 발행	2021년 9월 30일

지은이	김순영
펴낸이	김요한
펴낸곳	새물결플러스

편 집	왕희광 정인철 노재현 한바울 정혜인
	이형일 나유영 노동래 최호연
디자인	박인미 황진주 김은경
마케팅	박성민 이원혁
총 무	김명화 이성순
영 상	최정호 곽상원
아카데미	차상희

홈페이지	www.holywaveplus.com
이메일	hwpbooks@hwpbooks.com
출판등록	2008년 8월 21일 제2008-24호
주 소	(우) 04118 서울시 마포구 마포대로19길 33
전 화	02) 2652-3161
팩 스	02) 2652-3191

ISBN 979-11-6129-109-3 03230

책값은 뒤표지에 있습니다.